HANS-ULRICH RUDEL
MEIN KRIEGSTAGEBUCH

Aufzeichnungen eines Stukafliegers

Geleitwort von Pierre Clostermann
Vorwort von Douglas Bader

Mit 56 Fotos aus dem Privatarchiv Rudel

ADORIA

Genehmigte Lizenzausgabe 2019

1983 by Limes Verlag in der F.A. Herbig Verlagsbuchhandlung GmbH, München

für

ADORIA-Verlag
04703 Naunhof Nr. 6

Kontakt@Adoria-Verlag.de

ISBN 978-3-944951-21-8

Hans-Ulrich Rudel

ZUM GELEIT

Es gibt den Krieg der Soldaten, mit seinen Dramen, seinen ehernen Waffen, seinen monströsen Tötungsmaschinen – und es gibt den Krieg gegen Unschuldige, mit seinen schändlichen Massakern ... von Oradour bis Hamburg, von Buchenwald bis zur Atombombe auf Hiroshima.

Und wenn der letzte Schuß gefallen ist, hinterlassen alle diese Tragödien tiefe Zweifel, berechtigten Groll, unsinnige Verhaltensweisen, Abrechnungen, die nichts anderem dienen als der Verewigung des Hasses ... Aus diesem Grunde habe ich offengestanden lange gezögert, ehe ich dieses Geleitwort schrieb.

Schließlich gewann der gesunde Menschenverstand die Oberhand. Warum sollte ich es nicht tun?

Bin ich ein Kommunist, wenn ich schreibe, daß die MIG 25 vielleicht das beste Jagdflugzeug der Gegenwart ist? Bin ich ein Nazi, wenn ich die aerodynamischen Feinheiten der Messerschmitt 262 bewundere?

Technik, Wissenschaft, die Archive – sie sind Bereiche, die Rachsucht nicht erreicht, sofern man sie von Propaganda freihält.

Auch die Würde des Menschen, der aus den Begriffen von Grenze und Sprache herausgelöst, von den Ideologien befreit ist, gewissermaßen der Mensch vor dem Sündenfall, ist unantastbar.

Ein Buch, das versuchen wollte, die Ausrottungsmethoden der Nazis zu verteidigen, würde mich anwidern, und ich würde keinerlei Skrupel haben, es verbieten zu lassen. Hingegen begrüße ich es, daß Rudels Bericht auch den französischen Lesern zugänglich ist. Es gibt Bücher, die dazu beitragen, den Menschen in seiner ganzen Größe zu zeigen. Jenen Menschen, dessen hilfloser Körper gequält wird – gleichviel, ob er in einer Khakiuniform steckt oder im blauen Tuch der Luftwaffe oder in der Uniform der Feldgrauen. Jenen Menschen, der inmitten eines gnadenlosen dramatischen Kampfes auf Leben und Tod doch immer wieder den Funken des Mutes entdeckt, den Funken der Solidarität oder der Selbstlosigkeit ... Rudels Kriegstagebuch hat mich fasziniert, und zwar weniger in bezug auf die Gefühle, die die Lektüre in mir wachrief, sondern in erster Linie als Dokument.

Fachmännisch betrachtet – ach! da höre ich schon die Dummköpfe höhnisch lachen, die niemals in einem Flugzeug gesessen haben, und die ihrem angeblichen Weltbürgertum zutrotz niemals begreifen werden, daß es oberhalb der Stacheldrahtverhaue, die die Grenzen markieren, zwischen Flugzeugführern Achtung und Solidarität gibt – ist Rudel das As der deutschen Luftwaffe, der größte bisherige Schlachtflieger der Geschichte. 2530 Feindflüge geben ihm unbestreitbar das Recht auf diesen Titel. In dieser Beziehung ist sein Buch, das einfache Aufzeichnungen über die einzelnen Operationen enthält und auf schmükkendes literarisches Beiwerk verzichtet, von größtem Interesse.

Die Entwicklung des taktischen Angriffsflugzeugs, von Guadalajara 1936 bis nach Korea 1951 hat das gelegentliche Eingreifen des Flugzeugs in das Geschehen auf dem Schlachtfeld in einen täglichen Nahkampf mit dem gepanzerten Feind verwandelt.

Anfangs wurden die Stukas in Polen und im Verlauf des Feldzuges in Frankreich mit Aufträgen zur Unterstützung der kämpfenden Bodentruppen eingesetzt, später griffen die Stukas unmittelbar in die Kampfhandlungen ein. Die Notwendigkeit, sich ständig über der Kampflinie zu behaupten, das heißt also, sich den gegnerischen Jagdflugzeugen zu stellen, hat schließlich die Techniker dazu gezwungen, die Formel »reines Angriffsflugzeug« aufzugeben und den Jagdbomber zu entwickeln. Auch der Korea-Krieg hat diese These nicht widerlegt.

Das beste Beispiel für sie ist jedoch die Geschichte des Geschwaders Immelmann, das von Rudel geführt wurde. Rudel schildert uns, wie der Stuka, die JU 87, ein robustes, aber langsames Schlachtflugzeug, zunächst als »vertikale Artillerie« mit großer Reichweite eingesetzt wurde und dann später ein hoch spezialisiertes Panzerbekämpfungsflugzeug wurde, in das man zwei 37-mm-Kanonen einbaute, die unter den Flächen aufgehängt waren.

Später, als die geschwächte Luftwaffe der Unmöglichkeit gegenüberstand, die unterlegenen Stukas vor Jägern zu schützen, erhielt das Geschwader Immelmann Focke-Wulffs 190.

Rudel schreibt:

»Seit ein paar Wochen sind die meisten von unserer Gruppe auf FW 190 umgerüstet. Ich bin nicht sicher, ob sie von dieser Modernisierung des Geschwaders sonderlich begeistert sind ... Tatsache ist, daß die Focke Wulff zwar wendiger und schneller ist als die alte JU 87, aber insofern auch einen großen Nachteil hat, als sie weit weniger robust ist ...«

Später flog Rudel die Focke Wulff 190 D-9 »Langnase«, in die sein Mechaniker Handbremsen eingebaut hatte, weil Rudel mit seinem amputierten Bein keine Pedale mehr bedienen konnte – doch er bevorzugte immer wieder seine alte JU 87.

Als Hitler ihm vorschlägt, das Kommando über 180 Abwehrjäger zu übernehmen, um die Armee Wenck, die sich in Hamburg neu formiert hat, zu decken, lehnt er ab, weil er entschlossen ist, diese Operation mit der JU 87 durchzuführen.

Für Techniker wie für Militärhistoriker sind Rudels Aufzeichnungen ein außerordentlich wertvolles Buch. Es zeigt uns nicht nur einen neuen Aspekt jener gigantischen Schlacht um Rußland, sondern auch die Atmosphäre, die im Bereich des deutschen Oberkommandos herrschte. Ein Flugzeug für das Schlachtfeld wie die Ju 87, flexibel, robust, einfach, war hervorragend geeignet für schnelle Interventionen auf begrenztem Raum, gewissermaßen in nächster Nähe. Über England im Herbst 1940 hatte sie versagt, weil ihre Ziele zu weit ablagen und infolgedessen die Stukaformationen ohne ausreichenden Jagdschutz unterwegs abgeschossen wurden. Dagegen war an der russischen Front mit ihrer ungeheuren Ausdehnung die wechselnde, blitzartige Intervention des Stukas auf Ziele, deren Mobilität jegliche organisierte Verteidigung unmöglich machte, ausschlaggebend.

Die 500 zerstörten Panzer, die auf Rudels Konto und das seines Verbandes gehen, vermitteln nicht nur das Ausmaß der Kämpfe an der Ostfront, sondern sie zeigen auch die wesentliche Rolle auf, die den Luftstreitkräften in diesem Fall zufiel.

Ende des Jahres 1944 lag die Front zweitausend Kilometer weiter westlich, hatte sich verengt auf den Raum zwischen Wien und Königsberg, und die Masse der zahlenmäßig erdrückend überlegenen russischen Jäger war entsprechend auf viel engerem Raum zusammengedrängt. Die Jäger der deutschen Luftwaffe, die gleichermaßen den anglo-amerikanischen Operationen am Rhein begegnen mußten, sahen sich nicht in der Lage, länger beide Fronten zu schützen. So wurde unter dem Druck der Verhältnisse, zu denen der geringere Ausstoß der Flugzeugproduktion hinzukam – ein Großteil der Flugzeugwerke war den Bomben der Alliierten zum Opfer gefallen –, das Geschwader Immelmann mit Focke Wulff 190 ausgerüstet.

Das beeinträchtigte die Wirksamkeit seiner Aktionen. Außerdem existierte keine geordnete Führung mehr für die Luftwaffe.

In *Le Grande Cirque* (Deutsch unter dem Titel: *Die große Arena*) schrieb ich:

»Nach dem Ereignis vom 1. Januar 1945 verfügte die Luftwaffe praktisch nicht mehr über eine zentrale Führung, und die Staffeln/Gruppen waren gezwungen, nach eigener Entscheidung zu kämpfen. Ihre Führer erhielten nur noch vage allgemeine Anweisungen, während die Kontrolle über ihre Ausführung mit größter Lässigkeit gehandhabt wurde. Jeder Verband der Luftwaffe gruppierte sich um einen Hauptflugplatz, dem zahlreiche Einsatzhäfen unterstellt waren. Ihre Gefechtsstände, Flak-Einheiten sowie Verpflegungs- und Reparaturdienste standen nur noch in sehr lockerer Verbindung zum Oberbefehlshaber der Luftwaffe.

Rudel bestätigt das mit seinem Geschwader Immelmann, das praktisch ohne Führung handeln mußte. Die Kommandeure des Heeres wandten sich unmittelbar an ihn, wenn sie Luftwaffenunterstützung brauchten. Häufig löste Rudel aus eigener Machtvollkommenheit komplizierte Operationen aus, die von Jägern unterstützt wurden, nachdem er selbst Aufklärung geflogen hatte.

Im übrigen habe ich in Rudels Aufzeichnungen eine Menge interessanter Details über Aktionen gefunden, deren Zeuge ich von der anderen Seite der Grenzschranke her war.

So zum Beispiel den Vorfall vom 1. Januar 1945, von dem man nur in den geheimsten alliierten Archiven diskrete Spuren aufzufinden vermag. Rudel berichtet uns davon, und er bestätigt meine Aussage mit den folgenden Sätzen:

»Am 1. Januar früh sind wir im Raum Frankfurt. Ich höre Flugzeuggeräusch und schaue raus in den grauenden Morgen. Viele Jäger sausen im Tiefflug vorbei. Mein erster Gedanke ist: Amerikaner! So viele Flugzeuge auf einmal habe ich lange nicht mehr auf eigener Seite gesehen. Aber das ist ja unglaublich: alle tragen deutsche Hoheitsabzeichen, und es sind Me 109 und FW 190. Sie fliegen Kurs West. Später sollte ich erfahren, welches Unternehmen sie ausführten ...

... Die Flugzeuge von heute morgen waren Teile eines der Verbände, die im Tiefflug die alliierten Flugbasen angreifen sollten. Wir hofften, so viele Flugzeuge zerstören zu können, daß die feindliche Luftüberlegenheit über der zum Stillstand gekommenen Ardennenoffensive nicht mehr groß ist.«

All das macht Rudels Aufzeichnungen zu einem Buch, das jeder Flieger, der während des letzten Krieges auf alliierter Seite gekämpft hat, mit Gewinnn lesen wird.

Wenn man Rudels Buch analysiert, so sind zwei seiner Eigenschaften von herausragender Bedeutung: Seine moralische Widerstandskraft und seine Einsatzbereitschaft. Diese Eigenschaften sind unumschränkt zu bewundern.

Man muß Flieger im Kriege gewesen sein, um zu begreifen, was 2530 Feindflüge bedeuten. Abgesehen vom Glück, das bei einer solchen Zahl, die alle Wahrscheinlichkeitsberechnungen über den Haufen wirft, eine große Rolle spielt, sind der persönliche Mut und das fliegerische Können Rudels unvergleichlich.

Er wurde mehrmals schwer verwundet und flog zum Schluß seine hundert letzten Einsätze, nachdem ihm ein Flak-Treffer das rechte Bein abgerissen hatte, mit blutendem, eiterndem Beinstumpf.

Ich kann nur das wiederholen, was wir in der R.A.F. von Walter Nowotny sagten: »Schade, daß er nicht unsere Uniform trug.«

POSTSKRIPTUM – JUNI 1983

Ich bin heute noch froh darüber, daß ich mich vor dreißig Jahren dazu entschlossen habe, für die französische Ausgabe von Rudels Kriegstagebuch ein Geleitwort zu schreiben. Auch die jungen deutschen Flieger von heute können sich meinen Freund Rudel zum fliegerischen Vorbild nehmen.

Rudel hat zu keiner Zeit seine soldatische Ehre verletzt. Vor der Geschichte wird es nicht verborgen bleiben, daß Tausende von deutschen Müttern Rudels Tapferkeit das Leben ihrer Söhne verdanken. Gelang es doch ihm und seinen Kameraden vom Geschwader Immelmann in zahllosen Fällen, durch ihren unermüdlichen Einsatz gegen die sowjetischen Panzer deutsche Heereseinheiten vor der drohenden Einkesselung zu bewahren.

Aus Gründen der Selbstachtung und seinen Prinzipien treu, hat sich mein Freund Rudel 1945 der Demütigung seines Vaterlandes gegenüber den Alliierten verweigert, ganz ebenso wie ich mich, gemeinsam mit meinen Kameraden von der France Libre, der feigen Befriedung durch den Waffenstillstand, der Selbstdemütigung der Vichy-Regierung und dem Denunziantentum verweigert habe …

Rudel ist aufs übelste verleumdet worden, er, der es *stets* – und ich weiß das wohl besser als die meisten andern – abgelehnt hat, seinen Namen politischen Zielen oder Machenschaften zur Verfügung zu stellen.

Das Waffenglück war nicht mit Rudels Vaterland. Er begriff, daß er seine Selbstachtung nur im äußersten Extrem, das heißt in seinem Fall im freiwilligen Exil, würde bewahren können. Nur so konnte er das Bild des heldenhaften Kämpfers ungetrübt erhalten.

Das berühmte »right or wrong, my country« ist noch immer die beste Devise, wenn verstandesmäßige Überlegungen und Argumente nicht den richtigen Weg zu weisen vermögen.

Mein Freund Rudel kann jedoch in Frieden ruhen, denn eines Tages wird ihm die Geschichtsschreibung der großen, uns befreundeten deutschen Nation die Gerechtigkeit zuteil werden lassen, die seine außerordentlichen Leistungen verdienen.

Pierre Clostermann

Pierre Clostermann, Frankreichs erfolgreichster Jagdflieger während des Zweiten Weltkriegs, flog ab 1942 in der R.A.F., wo er nach einiger Zeit Gruppen- und später Geschwaderführer wurde. Für seine Einsätze in der R.A.F. wurde er mit dem Distinguished Flying Cross und dem Distinguished Service Order ausgezeichnet. Er schrieb mehrere Fliegerbücher, die auch in deutscher Sprache erschienen; am bekanntesten wurde *Die große Arena* (Le Grand Cirque). Mit dem ehemaligen Kriegsgegner verband ihn vom Ende des Krieges bis zu Rudels Tod eine herzliche Freundschaft. Für diese Ausgabe von Rudels Kriegsaufzeichnungen hat Pierre Clostermann sein ursprünglich für die französische Übersetzung geschriebenes Geleitwort mit einem Postskriptum ergänzt.

VORWORT ZUR AMERIKANISCHEN AUSGABE

Im Krieg hört man oft, besonders bei den Luftwaffen, die Namen von Piloten auf der Seite des Gegners. Aber selten nur trifft man später auch mit einem von ihnen zusammen. Am Ende des letzten Krieges hatten jedoch einige von uns die Gelegenheit, mehrere bekannte Flieger der deutschen Luftwaffe kennenzulernen, die für uns bis dahin eben nur Namen gewesen waren. Inzwischen habe ich einige dieser Namen vergessen, aber gut erinnere ich mich an Galland, Rudel und einen deutschen Nachtjäger namens Mayer. Sie besuchten im Juni 1945 für einige Tage das zentrale Hauptquartier der Jäger der R.A.F. in Tangmere, und das gab einigen ihrer früheren Gegner von der R.A.F. die Möglichkeit, mit ihnen über Luftkampf und Flugzeuge zu diskutieren, für Flieger stets faszinierende Themen. Ein Zufall, der uns alle amüsierte, war – wenn man mir diese Anekdote gestattet –, daß Mayer sich mit unserem bekannten Jagdflieger Brance Burbidge unterhielt und dabei feststellte, daß es Brance war, der ihn über seinem eigenen Flugplatz eines Nachts abgeschossen hatte, als er zur Landung herunterkurvte.

Da ich die längste Zeit des Krieges in Deutschland in Kriegsgefangenschaft war, hatte ich natürlich von Hans-Ulrich Rudel gehört. Seinen Heldentaten an der Ostfront mit seinem Sturzkampfflugzeug widmete die deutsche Presse von Zeit zu Zeit großen Raum. Deshalb war es natürlich für mich von großem Interesse, ihn zu treffen, als er im Juni 1945 nach England kam. Nur kurze Zeit bevor er kam, hatte Rudel sein eines Bein unterhalb des Knies verloren, wie er es in diesem Buch beschreibt. Zur Zeit seines Besuches war der bekannte R.A.F.-Offizier Dick Atcherley Kommandeur in Tangmere. Außerdem waren damals noch Frank Carey und Bob Tuck da (der mit mir zusammen in Deutschland in Kriegsgefangenschaft gewesen war), »Raz« Berry, Hawk Wells und Roland Beamont (der später Testpilot bei English Electric war). Wir alle meinten, daß wir irgendwie versuchen müßten, eine Prothese für Rudel zu beschaffen. Wir waren traurig darüber, daß uns dies nicht gelang, obwohl ein Gipsabdruck gemacht und die notwendigen Maße genommen wurden. Es stellte sich heraus, daß die Amputation zu kurze Zeit zurücklag, um schon eine Prothese anfertigen zu können, und wir waren so höchst widerwillig gezwungen, den Plan aufzugeben.

Wir alle lesen die Autobiografie eines Menschen, dem wir begegnet sind, wenn es auch nur für kurze Zeit war, mit größerem Interesse als die eines Fremden. Dieses Buch Rudels ist ein Bericht aus erster Hand über sein Leben in der deutschen Luftwaffe während des Krieges, namentlich an der Ostfront. Ich stimme mit einer Reihe der von ihm gezogenen Schlußfolgerungen und mit einigen seiner Gedanken nicht überein. Schließlich stand ich eben doch auf der anderen Seite.

Der Rahmen dieses Buches ist nicht breit angelegt, beschränkt es sich doch auf das Leben eines einzigen Mannes – eines tapferen Mannes –, der seinen persönlichen Kampf mit unbedingter Entschlossenheit geführt hat. Es wirft aber auch ein interessantes Licht auf Rudels Gegner an der Ostfront, auf die Piloten der sowjetischen Luftwaffe. Das ist vielleicht der aufschlußreichste Teil des ganzen Buches.

Ich bin glücklich, daß ich dieses kurze Vorwort für Rudels Buch schreiben kann. Denn obwohl ich ihn nur während einiger Tage getroffen habe, ist er doch auf jeden Fall ein feiner Kumpel, und ich wünsche ihm Glück.

Douglas Bader, D.S.O., D.F.C.

Group Captain Douglas Bader war einer der bekanntesten Jagdflieger der Royal Air Force. Er hatte vor dem Krieg bei einem Flugzeugabsturz beide Beine verloren. Als er dann im Sommer 1940 von einem deutschen Jäger abgeschossen wurde, konnte er sich zwar mit dem Fallschirm retten, aber er verlor seine Prothese. Die deutschen Jäger nahmen mit der englischen Luftwaffe Funkverbindung auf und baten, daß man doch für Douglas Bader ein neues Bein heranschaffen solle. So geschah es, ein englisches Flugzeug warf an einer vereinbarten Stelle mit einem kleinen Fallschirm eine Prothese ab. Erst als er diese hatte, wurde Bader nach Deutschland in ein Kriegsgefangenenlager für Offiziere gebracht.

I

VOM REGENSCHIRM ZUM STUKA

1924. – Wir wohnen in unserem Pfarrhaus in Seiferdau, Schlesien. Ich bin acht Jahre alt. Eines Sonntags fahren Vater und Mutter zum »Flugtag« in die nahe Stadt Schweidnitz. Ich bin wütend, daß ich nicht mitfahren darf, und nach ihrer Rückkehr müssen meine Eltern ganz genau und immer wieder erzählen, was sie da gesehen haben. So höre ich von einem Mann, der aus großer Höhe mit einem Fallschirm abgesprungen und unten sicher angekommen ist. Das begeistert mich, und meine beiden Schwestern müssen mir gleich vorzeichnen, wie Mann und Schirm ausgesehen haben. Die Mutter näht ein kleines Modell, ich befestige unten einen Stein und bin stolz, wie Stein und Schirm langsam zur Erde schweben. Was ein Stein kann, muß ich auch können, denke ich mir, und als ich am nächsten Sonntag einige Stunden alleine bin, werte ich meine neuen Erkenntnisse gleich aus.

Auf zum ersten Stock! Mit einem Regenschirm stelle ich mich aufs Fensterbrett, spanne den Schirm auf, gucke nach unten, und bevor ich noch Zeit habe, Angst zu kriegen, springe ich ab. Ein weiches Blumenbeet empfängt mich, und ich bin erstaunt, daß ich mir alle Glieder verstaucht und sogar ein Bein gebrochen habe. Heimtückisch, wie Regenschirme nun einmal sind, hat sich das Ding bei der Luftfahrt umgestülpt und den Fall kaum gebremst. Aber dennoch, mein Entschluß steht fest: ich will zur Fliegerei.

Nach kurzer Gastrolle auf der Oberrealschule werde ich jedoch Humanist mit Latein und Griechisch. In Sagan, Niesky, Görlitz und Lauban – mein Vater wechselte mehrfach seinen Wohnsitz im schönen Schlesien – verbringe ich meine Schulzeit. Die Freizeit gehört fast ausschließlich dem Sport, das Motorradfahren einbegriffen. Zehnkampf im Sommer und Skilaufen im Winter schaffen für später die Grundlagen für eine robuste Natur. Alles

macht mir Freude, und so werde ich nicht Spezialist auf einem einzelnen Gebiet. In unserem kleinen Dörfchen ist es auch schwer – Sportgeräte lernte ich nur aus Zeitschriften kennen –, darum springe ich mit einer langen Baumstütze über Mutters aufgehängte Wäsche und übe so Stabhochsprung. Mit einer sportgerechten, richtigen Bambusstange springe ich dafür später sofort recht hoch ... Als zehnjähriger Junge fahre ich mit zwei Meter langen Skiern, die ich zu Weihnachten bekommen habe, allein in das fünfzig Kilometer entfernte Eulengebirge und lerne, ohne Anleitung, Skifahren ... Auf einen Sägebock vom Vater lege ich ein paar Bretter, das gibt eine schiefe Ebene zur Erde. Dann wird die Sache noch einmal auf Festigkeit nachgeprüft. Jetzt nicht gezittert – und mit Vollgas fege ich mit meinem Motorrad über die Bretter hinweg ... ein Sprung ... fester Boden, nun eine tolle Kurve und zurück zu den Brettern und dem treuen Sägebock! Daß ich bei all dem auch noch ein guter Schüler sein muß, will mir, zur Sorge meiner Eltern, nicht einleuchten. Es gibt kaum einen Streich, den ich meinen Lehrern gegenüber ausgelassen hätte. Je näher das Abitur rückt, um so wichtiger wird aber die Berufsfrage. Meine Schwester studiert Medizin, darum kommt die teure Zivilfliegerausbildung für mich keinesfalls in Betracht – schade. So will ich Sportlehrer werden.
Ganz überraschend wird die Luftwaffe aufgestellt, und deshalb werden Freiwillige für den Offiziersnachwuchs gesucht. Als schwarzes Schaf gebe ich mir selbst nicht viel Aussicht, die schwierigen Aufnahmeprüfungen zu bestehen. Einige Bekannte, die etwas älter sind und es vorher versuchen, haben Pech. Angeblich will man von sechshundert Bewerbern nur sechzig aussuchen, und daß ich bei diesen zehn Prozent sein könnte, kann ich mir selbst nicht vorstellen. Aber das Schicksal will es anders, und im August 1936 habe ich meinen Annahmeschein zur Kriegsschule Wildpark-Werder für Dezember des gleichen Jahres in der Tasche. Dem Abitur im Herbst folgen zwei Monate Arbeitsdienst zur Neißeregulierung bei Muskau. In Wildpark-Werder haben wir im ersten Lehrgang eine scharfe Rekrutenzeit; nach einem halben Jahr sind wir als Infanteristen ausgebil-

det. Flugzeuge sehen wir nur von unten, besonders dann mit großer Sehnsucht, wenn wir gerade irgendwo auf der Nase liegen. Nicht rauchen und nicht trinken, in der Freizeit fast nur Sport treiben und dem nahen Hauptstadtleben gleichgültig gegenüberstehen, bringt allerlei Schwierigkeiten mit sich. Mein Milchtrinkerleben steht nicht allzu hoch im Kurs, um es vorsichtig auszudrücken. Bei der militärischen und sportlichen Ausbildung kriege ich keinen Tadel, und so ist mein Aufsichtsoffizier, Leutnant Feldmann, ganz zufrieden. Um das Urteil »komischer Kauz« komme ich aber in einigen Dingen nicht ganz herum.
Der zweite Lehrgang findet uns im benachbarten Werder, einem Ausflugsort zwischen den Havelseen. Endlich geht es ans Fliegen. Gute Lehrkräfte bemühen sich, uns in die Geheimnisse der Fliegerei einzuweihen. Platzrunde um Platzrunde wird mit Feldwebel Dieselhorst gedreht. Nach dem sechzigsten Male etwa geht es dann allein, und damit bin ich ein durchschnittlicher Schüler meines Lehrgangs. Parallel zum Fliegen geht der technische und militärische Unterricht sowie die Weiterbildung zum Offizier. Der zweite Lehrgang schließt zugleich die fliegerische Ausbildung ab, und wir erhalten unsere Flugscheine. Der dritte Lehrgang, der wieder in Wildpark stattfindet, ist nicht mehr so abwechslungsreich; fliegen wird klein geschrieben, dafür stehen aber Lufttaktik, Erdtaktik, Wehrwesen und andere Fächer um so stärker im Vordergrund. Zwischendurch werde ich kurze Zeit als Fähnrich zu einem Kampfverband nach Giebelstadt bei Würzburg, der alten schönen Stadt am Main, abgestellt. Langsam geht es schon auf die Abschlußprüfung zu und das Rätselraten beginnt, zu welchen Verbänden und Gattungen wir endgültig kommen. Fast alle möchten wir Jäger werden; daß es nicht sein kann, ist uns klar. Manche munkeln, unser Jahrgang soll zur Kampffliegerei. Am Ende des bestandenen schweren Examens steht die Beförderung zum Oberfähnrich und Versetzung zum endgültigen Verband. Kurz vor dem Verlassen der Kriegsschule sind wir noch zu Besuch bei einer Flakschießschule am Ostseestrand. Ganz überraschend kommt Göring und spricht zu uns. Am Ende seiner Rede fragt er, wer sich freiwillig zur Sturz-

kampffliegerei melden wolle, er brauche in den neuaufgestellten Stukaverbänden noch eine Anzahl junger Offiziere. Ich schalte kurz: »Jäger *möchtest* du werden, Kampfflieger *sollst* du werden; dann ist es schon besser, du bist freiwillig Stukaflieger.« Von den schweren Kampfflugzeugen verspreche ich mir sowieso wenig. Schneller Entschluß, und schon bin ich als Stukakandidat notiert. Wenige Tage darauf trifft für alle der Versetzungsbefehl ein: fast unser gesamter Jahrgang kommt – zur Jagdfliegerei. Meine Enttäuschung ist groß, aber es ist nicht mehr zu ändern, ich bin Stukaflieger. So sehe ich denn meine Kameraden freudig abziehen!

Als Oberfähnrich komm ich im Juni 1938 zu einem Stukaverband nach Graz in die schöne Steiermark. Vor drei Monaten sind die deutschen Truppen hier einmarschiert, und die Bevölkerung ist begeistert. Die Gruppe draußen im Thalerhof hat vor kurzem das Muster Junkers 87 erhalten, die einsitzige Henschel wird nicht mehr als Stuka verwendet. Stürzen lernen bis zu fast 90 Grad, Verbandsfliegen, Schießen aus der Luft und Bombenwerfen sind die Grundbegriffe der neuen Waffe; bald ist sie uns nicht mehr fremd. Daß ich schnell lerne, kann man nicht behaupten, zumal der übrige Verband schon gut eingeflogen ist, als ich hinzukomme. Der Groschen fällt langsam – meinem Staffelkapitän anscheinend zu langsam, so daß er an das Fallen überhaupt nicht mehr glaubt. Daß ich meine Freizeit mehr in die Berge und auf die Sportplätze verlege als in das Offizierskasino und hier bei gelegentlichen Besuchen auch nur Milch trinke, macht meinen Stand nicht leichter.

Indessen werde ich Leutnant, und Weihnachten 1938 kommt an die Gruppe eine Anfrage um einen Offizier zur Spezialausbildung für operative Luftaufklärung. Alle Staffeln melden Fehlanzeige, keine will einen Mann hergeben. Für die »Erste« aber eine glänzende Gelegenheit, um endlich den Milchtrinker in die Wüste schicken zu können. Natürlich wehre ich mich dagegen, ich will bei den Stukas bleiben; aber meine Bemühungen, die Maschinerie der militärischen Versetzungsmaßnahmen in den Rückwärtsgang zu werfen, scheitern alle restlos.

So besuche ich im Januar 1939 die Aufklärungsfliegerschule in Hildesheim und bin todunglücklich. Wir werden im Luftbildwesen theoretisch und praktisch ausgebildet, und es wird geflüstert, wir kämen anschließend zu Verbänden, die Spezialaufträge für die operative Luftkriegführung fliegen sollen. In den Aufklärungsmaschinen ist der Beobachter zugleich Kommandant, und so werden wir alle Beobachter. Statt selbst zu fliegen, müssen wir jetzt stillsitzen und uns öfter einem Flugzeugführer anvertrauen, von dem wir natürlich sagen, daß es mit seinen Künsten nicht weit her sei und er eines Tages sicher runterfiele – mit uns. Schräg- und Senkrechtaufnahmen, Flächenbilder und andere Dinge werden hier im Raum von Hildesheim gemacht. In der übrigen Zeit graue Theorie. Abschließend geht es zum Verband; ich komme zur Fernaufklärungsgruppe 2 F 121 nach Prenzlau.

Zwei Monate später verlegen wir in den Raum von Schneidemühl. Der Polenfeldzug beginnt. Unvergeßlich, wie ich das erste Mal über die Grenze eines Landes fliege. Gespannt sitze ich in der Maschine und warte darauf, was nun kommen soll. Die erste Flak bestaunen wir mächtig, und sie wird für ziemlich ernst befunden; ein selten erscheinender polnischer Jäger ist immer langes Gesprächsthema. Was früher trockener Lehrstoff war, wird jetzt spannende Wirklichkeit: wir machen Luftbilder von den Bahnhöfen in Thorn, von Kulm usw., um Belegung und Verkehr festzustellen. Nachher geht es weiter nach Osten auf die Eisenbahnstrecke Brest-Litowsk–Kowel–Luck. Die Führung will erkennen, wie die Polen ihre Truppen im Ostraum verschieben und was die Russen machen. Aufträge im Südraum fliegen wir von Breslau aus.

Die Kriegstage in Polen sind bald vorbei, und ich kehre mit dem EK II zurück nach Prenzlau. Mein Staffelkapitän hier spürt, daß mein Herz nicht der Aufklärungsfliegerei gehört. Er meint aber, ein Gesuch um Rückversetzung zur Stuka-Fliegerei habe bei der jetzigen gespannten Lage keinen Zweck; eigene Versuche scheitern.

Den Winter verbringen wir in Fritzlar bei Kassel, im hessischen

Raum. Von hier aus fliegt unsere Gruppe Aufträge im Westen und Nordwesten von einem jeweiligen Absprungplatz aus, der weiter westlich oder nordwärts gelegen ist. Diese Aufträge werden in sehr großer Höhe geflogen, und daher muß sich jede Besatzung von uns einer Spezialhöhenuntersuchung unterziehen. Meine Höhentauglichkeit sei nicht ausreichend, lautet das Urteil in Berlin. Da die Stukas tiefer fliegen, befürwortet nun meine Gruppe meinen Versetzungsantrag zur Stukafliegerei doch, und ich hoffe, so wieder zu meiner ersten »Liebe« zurückzukehren. Als kurz hintereinander zwei Besatzungen wegbleiben, schickt man mich noch mal zur Untersuchung. Ich sei ein selten höhenfester Mensch lautet nun der Befund, bei der ersten Prüfung sei wohl ein Irrtum vorgefallen. Vom Ministerium kommt aber weder ein »hier« noch ein »dort« zurück, sondern ich werde zu einem Fliegerausbildungsregiment nach Wien-Stammersdorf versetzt, das später nach Crailsheim übersiedelt.

Als Regimentsadjutant tue ich meinen Dienst, während der Feldzug in Frankreich beginnt. Alle Dienstwegübergehungen in Form von Anrufen im Personalamt der Luftwaffe nützen nichts – Radio und Zeitung alleine bringen mir den Krieg. So niedergeschlagen wie in dieser Zeit bin ich noch nie gewesen; ich komme mir schwer bestraft vor. Nur der konzentrierte Sport, der mich außerdienstlich ausfüllt, hilft meinen Kummer etwas vergessen. Zum Fliegen komme ich in der Zeit wenig, und wenn, dann meistens nur mit kleinen Sportmaschinen. Militärische Ausbildung für unsere Rekruten ist die Hauptaufgabe. Bei einem Wochenendflug mit einer Heinkel 70 von Wien, mit dem Kommandeur hinten drin, brause ich, bei schlechtestem Wetter, fast in die Schwäbische Alb. Doch ich habe Glück und erreiche noch heil unser Crailsheim.

Unzählige Briefe und Anrufe von mir haben endlich Erfolg – man will den Quälgeist wohl los sein. Ich lande wieder bei meinem alten Grazer Stukaverband, der derzeit in Caën am Kanal liegt. Für Einsätze ist die Zeit hier so gut wie vorbei, und ein ehemaliger Staffelkamerad aus der Grazer Zeit versucht mir die Erfahrung aus den Einsätzen in Polen und Frankreich in Übungsflügen nachzuliefern. Am guten Willen liegt es sicher nicht, denn diesen Augenblick habe ich seit zwei Jahren herbeigesehnt. Aber von heute auf morgen ist nicht alles nachzuholen, und ich bin auch jetzt kein guter Schüler, der alles schnellstens erfaßt – es fehlt mir doch die Übung, ich merke es selbst. Meine gesunde und sportliche Lebensweise und die ewige Milchtrinkerei fallen hier im vergnügungssüchtigen Frankreich noch mehr auf. So kommt es, daß ich bei Verlegung der Gruppe nach Südosten zu einer Ergänzungsstaffel nach Graz gehen soll, um weiterzulernen. Werde ich es je können?

Der Balkanfeldzug beginnt – ich bin wieder nicht dabei. Graz ist vorübergehend sogar Einsatzhafen für Stukaverbände. Zuschauen müssen ist schwer. Der Krieg stürmt weiter über Jugoslawien nach Griechenland, ich aber sitze zu Hause und übe Verbandsfliegen, Bombenabwürfe und Schießen. Nach drei Wochen sage ich mir plötzlich eines Morgens: »Jetzt ist der Groschen gefallen und jetzt kannst du alles mit der Maschine machen was du willst.« So ist es dann auch, die Lehrer sind erstaunt. Dill und Joachim – sie können nunmehr vorn im sogenannten Zirkus fliegen, wie sie wollen. Wie mit unsichtbaren Fäden miteinander verbunden, wird meine Maschine immer dichter hinter der ihren sein, ob in einem Looping, ob im Sturz- oder Rückflug. Beim Bombenwerfen werfe ich kaum eine Bombe außerhalb des 10-Meter-Kreises. Beim Schießen aus der Luft erziele ich einmal von hundert möglichen Treffern über neunzig. Kurzum, nun ist es soweit, und beim nächsten Abruf von Besatzungen an Frontgruppen soll ich dabeisein.

Bald nach den Ostertagen, die ich mit Kameraden im Gebiet um den Prebichl auf Skiern verbringe, kommt der ersehnte Augenblick. Der Auftrag lautet, Maschinen nach Griechenland zum Stukageschwader zu überführen, das im Süden Griechenlands liegt. Dorthin lautet auch der Versetzungsbefehl. Über Agram – Skopje nach Argos. Dort erfahre ich, daß ich noch südlicher muß: Die I. Stuka 2 liegt auf der Südspitze der Peloponnes in Molai. Der Flug ist für mich Humanisten besonders eindrucksvoll und ruft viele Schulerinnerungen wach. Nach der Ankunft melde ich mich sofort im Gruppenzelt meiner neuen Einheit. Ich bin aufs äußerste gespannt, denn endlich hat jetzt die Stunde geschlagen, daß ich zum ernsthaften Kriegseinsatz kommen werde. Als erster begegnet mir der Gruppenadjutant: seine und meine Mienen verfinstern sich gleichzeitig, wir kennen uns ... er ist mein Lehrer aus Caën.

»Was wollen Sie denn hier?« fragt er mich, und sein Ton verwirrt mich völlig.

»Zum Einsatz kommen!«

»Um zum Einsatz zu kommen, müssen Sie aber erst das Stukafliegen ganz beherrschen.« Ich platze fast, aber beherrsche mich, auch dann, als er mit einem überlegenen Lächeln hinzufügt: »Haben Sie schon so viel dazugelernt?«

Eisiges Schweigen – bis ich die unerträgliche Stille unterbreche: »Ich beherrsche meine Maschine ganz und gar.«

Fast herablassend – oder empfinde ich es im Augenblick nur so? – sagte er mit einem unheimlichen Nachdruck:

»Ich werde Ihren Fall dem Kommandeur vorlegen, und wir wollen dann für seine Entscheidung das Beste hoffen. Sie können sich jetzt Unterkunft besorgen.«

Als ich aus dem Zelt in die blendende Sonne trete, blinzle ich mit den Augen – nicht nur wegen der Sonne. Ich kämpfe gegen ein immer stärker werdendes Gefühl der Hoffnungslosigkeit. Dann aber sagt mir die Vernunft, daß ich die Hoffnung nicht zu verlieren brauche: der Adjutant mag zwar gegen mich voreingenommen sein, aber seine Meinung ist *eine* Sache, die Entscheidung des Kommandeurs aber eine *andere*. Und wenn der Adjutant nun doch so viel Einfluß auf den Kommandeur hat, – sollte das möglich sein? – Nein, der Adjutant *kann* den Kommandeur nicht beeinflussen, denn dieser kennt mich noch nicht mal und wird sich sicher sein eigenes Urteil bilden. Ein Befehl, mich sofort beim Kommandeur zu melden, beendet mein Grübeln. Ich habe Vertrauen zu der Unabhängigkeit seines Urteils. Ich melde mich. Er erwidert meinen Gruß etwas lässig und besieht mich schweigend eine Zeitlang. Dann sagt er langsam:

»Wir kennen uns ja schon«, und als er wahrscheinlich auf meinem Gesicht einen verneinenden Ausdruck bemerkt, macht er eine abweisende Armbewegung: »Natürlich kennen wir uns, denn mein Adjutant kennt Sie ja. Ich kenne Sie sogar so gut, daß Sie vorläufig in meiner Gruppe nicht fliegen dürfen. Wenn mal der Ausfall an Personal ...«
Was er weiter sagt, höre ich gar nicht. Zum ersten Male kommt etwas über mich, dringt etwas in mich, was ich erst wieder erlebe, als ich mich Jahre später mit einem vom Feind zerschossenen Flugzeug nach Hause schleppe und schwerster Blutverlust mir sämtliche Körperkräfte raubt. Dieses »Etwas« ist eine dunkle Ahnung, daß trotz allem der Mensch des Krieges Maß ist und sein Wille des Sieges Geheimnis.
Wie lange der Kommandeur noch spricht, weiß ich nicht, ebensowenig, was er sagt. Aufstand will in mir auflodern und ich spüre, wie es in meinem Kopf hämmert: »Nicht doch ... nicht doch ... nicht doch ...« Dann bringt die Stimme des Adjutanten mich zur Wirklichkeit zurück.
»Sie können gehen.« Ich sehe ihn zum ersten Male an, hatte seine Anwesenheit noch gar nicht bemerkt. Sein Gesichtsausdruck ist steinern. Jetzt habe ich mich wieder vollkommen unter Kontrolle.
Wenige Tage später beginnt das Unternehmen Kreta. Auf dem Flugplatz heulen die Motoren auf, ich sitze im Zelt. Kreta ist die Kraftprobe zwischen Stukas und Flotte. Kreta ist eine Insel; nach allen bisherigen militärischen Gesetzen können nur überlegene Seestreitkräfte die Insel dem Engländer entreißen. Und England ist eine Seemacht, wir nicht, bestimmt nicht da, wo die Straße von Gibraltar die Heranführung unserer Marineeinheiten unmöglich macht. Die bisherigen militärischen Gesetze, die englische Überlegenheit zur See, sie werden weggefegt von den Stukabomben. – Ich sitze im Zelt.–
»... daß Sie vorläufig in meiner Gruppe nicht fliegen dürfen!« Tausendmal am Tage springt mich dieses Wort an, spottend, verächtlich, höhnisch. Draußen höre ich zurückgekehrte Besatzungen aufgeregt erzählen von ihren Erlebnissen und von dem

wirkungsvollen Einsatz unserer Fallschirmjäger. Ich versuche sie manchmal zu überreden, mich an ihrer Stelle fliegen zu lassen, es hilft nichts; sogar freundschaftliche Bestechungen nützen mir nicht. Einige Male glaube ich etwas wie Mitleid auf den Gesichtern der Kameraden zu lesen. Dann wird mir die Kehle trokken vor grimmigem Zorn. Als die Maschinen zum Einsatz fliegen, möchte ich meine Fäuste in die Ohren bohren, um nicht den Sang der Motoren zu hören. Aber ich kann es nicht, ich *muß* es belauschen, ich *muß*! Die Stukas fliegen Einsatz auf Einsatz, sie machen Geschichte da drüben um Kreta; ich sitze im Zelt und heule vor Wut.

»Wir kennen uns ja schon!« Wir kennen uns eben *nicht*. Ganz und gar nicht. Ich weiß genau, daß ich schon sehr nützlich sein würde mit meinem Einsatz, ich beherrsche meine Maschine vollkommen. Ich habe den Willen zum Fliegen, zum Einsatz. Ein Vorurteil steht zwischen mir und meiner Erprobung vor dem Feind. Ein Vorurteil von Vorgesetzten, die einem noch nicht mal die Möglichkeit geben, sie von der Falschheit ihres »Urteils« zu überzeugen.

Ich werde es noch beweisen, daß Unrecht geschehen ist. Trotz eurem Vorurteil werde ich rankommen an den Feind. So behandelt man einen Untergebenen nicht, das erkenne ich jetzt. Öfters lodern die Flammen der Aufsässigkeit hoch in mir auf. Disziplin, Disziplin, dich selbst beherrschen, nur so kannst du etwas werden. Verständnis mußt du haben für alles, auch für die Fehler, die groben Fehler deiner Vorgesetzten. Nur so kannst du selber ein besserer Vorgesetzter werden. Und Verständnis haben für die Fehler deiner Untergebenen. Bleib ruhig auch in deinem Zelt, beherrsche dich selber, deine Zeit kommt noch, wenn du wirklich etwas taugst. Verliere nie dein Selbstvertrauen!

II

KRIEG GEGEN DIE SOWJETS

Die Aktion Kreta geht langsam ihrem Ende entgegen. Ich soll eine reparaturbedürftige Maschine zu einer Werkstatt in Kottbus überfliegen und dort auf weitere Befehle warten. Über Sofia–Belgrad geht es wieder nach Deutschland.

In Kottbus bleibe ich ohne jede Nachricht vom Geschwader und weiß nicht, was mit mir werden soll. In den letzten Tagen mutmaßte man hier viel von einem neuen Feldzug, da zahlreiche Bodeneinheiten und auch fliegende Verbände nach dem Osten abgerückt sind. Die meisten, mit denen ich darüber spreche, glauben, es gehe mit einem freien Durchmarsch durch Rußland in den Vorderen Orient, um von dieser Seite aus an das alliierte Öl und an die anderen Rohstoffe und Kraftreserven heranzukommen. Aber dies alles sind Vermutungen.

Am 22. Juni früh morgens um 4 Uhr höre ich im Radio, daß der Krieg mit Rußland soeben begonnen hat. Gleich bei Morgengrauen gehe ich in die Werft, wo Reparaturmaschinen vom Geschwader »Immelmann« stehen, und frage, ob nicht eine davon klar sei. Kurz vor Mittag ist es soweit, und nun hält mich nichts mehr. Irgendwo an der ostpreußisch-polnischen Grenze soll mein Geschwader liegen. Zunächst lande ich in Insterburg, um zu fragen. Hier bekomme ich auch bei einem Luftwaffenstab Auskunft. Mein gesuchter Platz heißt Razci und liegt in südöstlicher Richtung. Eine halbe Stunde später lande ich dort zwischen vielen Maschinen, die vom Einsatz kommen und teils wieder erneut starten. Es wimmelt nur so von Flugzeugen. Eine ganze Weile vergeht, bis ich meine 1. Gruppe gefunden habe, die mich seinerzeit in Griechenland etwas verarztet hat und die ich seitdem nicht mehr gesehen habe. Man hat beim Gruppenstab wenig Zeit für mich – man lebt im Einsatz.

Der Kommandeur läßt mir durch den Adjutanten sagen, ich solle zur 1. Staffel gehen. Dort melde ich mich bei meinem Staffel-

kapitän, einem Oberleutnant, der auch derzeit etwas exponiert ist und mich allein schon deswegen nimmt, weil mich die Gruppe als schwarzes Schaf erklärt hat. Da er nun skeptisch allem gegenübersteht, was von seinen Gruppenfreunden gesagt wird, bin ich ihm von vornherein wohl nicht unsympathisch. – Mein Flugzeug, das ich aus Kottbus mitgebracht habe, muß ich abliefern, kann aber auf einer alten Maschine gleich beim nächsten Einsatz mit. Ich fliege als zweite Maschine hinter dem Staffelkapitän, der mir aufgetragen hat, mich außerhalb der Einsätze um die technischen Belange der Staffel zu kümmern. Mit Hilfe des Oberwerkmeisters der Staffel zusammen dafür zu sorgen, daß so viele Maschinen wie möglich zu jedem Einsatz klar sind und nach oben hin mit dem technischen Offizier der Gruppe Fühlung zu halten, das ist meine Aufgabe.
Im Einsatz hänge ich wie eine Klette an der Staffelkapitänmaschine, so daß dieser Rammgefahr fürchtet, bis er merkt, daß ich die Maschine völlig in der Gewalt habe. Bis zum Abend des ersten Tages war ich viermal mit über dem Feind im Raum von Grodno und Wolkowysk. Riesige Panzermengen der Sowjets sind mit ihren Nachschubkolonnen aufgefahren. Hauptsächlich sehen wir Typen wie KW I, KW II und T 34. Bomben auf die Panzer und die Flak, die Maschinengewehrmunition für die Fahrzeuge und die Infanterie! So geht es auch die nächsten Tage, früh morgens um 3 Uhr starten wir – abends um 10 Uhr kommen wir oft erst von der letzten Landung. Nachtruhe wird klein geschrieben. Jede freie Minute legen wir uns unter ein Flugzeug und schlafen sofort ein. Wird dann von irgendeiner Seite gerufen, so springt man auf und weiß gar nicht, wo es hergekommen ist. Völlig wie im Traum ist jede Bewegung.

Gleich beim ersten Einsatz fallen mir die unzähligen Befestigungsanlagen längs der Grenze auf. Die Feldstellungen laufen tief hinein nach Rußland, Hunderte von Kilometern. Teilweise sind die Anlagen noch im Bau. Wir überfliegen halbfertige Flugplätze, hier wird gerade an der Betonstartbahn gebaut, da stehen schon einige Maschinen. An der Vormarschstraße nach Witebsk beispielsweise ist so ein halbfertiger Flughafen voll von Martinbombern. Entweder fehlt es an Betriebsstoff oder Besatzungen. Wenn man so über einen Flugplatz nach dem anderen fliegt, dann denkt man: »Gut, daß wir losgeschlagen haben.« ... Es sieht doch danach aus, als wollten die Sowjets dies als Aufmarschgebiet gegen uns aufbauen. Gegen wen sonst im Westen wollte Rußland marschieren? Wären die Russen mit ihren Vorbereitungen fertig geworden, so gäbe es kaum noch eine Chance, sie irgendwo aufzuhalten.

Wir kämpfen vor den Heeresspitzen, wie es unsere Aufgabe ist. Für jeweils kurze Zeit sind wir in Ulla, Lepel und Janowici. Ziele sind immer die gleichen: Panzer, Fahrzeuge, Brücken, Feldstellungen und Flak. Ab und zu geht es irgendwo zur Eisenbahnstreckenunterbrechung oder auf einen Panzerzug, wenn die Sowjets einen zur Artillerieunterstützung heranziehen. Jeder Widerstand vor unseren Spitzen muß gebrochen werden, um so schneller und zügiger geht der Vormarsch. Die Abwehr ist verschieden. Doch vom Boden aus, von Infanteriewaffen angefangen bis zur Flak übers Fliegerabwehrmaschinengewehrfeuer, ist sie in den meisten Fällen erheblich. An Jägern haben die Sowjets derzeit nur den Typ Rata J 15, der unsern Jägern Me 109 weit unterlegen ist. Wo die Ratas auftauchen, fallen sie runter wie die Fliegen. Sie sind keine ernsten Gegner für unsere Messerschmitt. Aber wendig sind sie, sehr wendig und natürlich wesentlich schneller als wir Stukas; darum dürfen wir sie nicht ganz außer acht lassen. Die operative Luftwaffe der Sowjets, die Kampf- und Bomberverbände, werden in der Luft und am Boden restlos zerschlagen. Ihre Kampfkraft ist gering, die Modelle in der Mehrzahl veraltet, wie die Martinbomber und die D.B. III. Von den neuen Mustern, P. II, sieht man nur wenig. Erst später machen sich auch auf diesem Gebiet die amerikanischen Lieferungen des zweimotorigen Musters »Boston« bemerkbar. Nachtstörungsangriffe mit kleinen Flugzeugen, um uns die Nachtruhe zu stehlen und den Nachschub zu stören, erleben wir häufig. Ihre sichtbaren Erfolge sind in den meisten Fällen gering, wir bekommen in Lepel eine kleine Probe davon. Einige

Kameraden werden in den Zelten im Walde verwundet. Wo die Drahtverhaue, so nennen wir die drahtverspannten kleinen Doppeldecker, Licht sehen, werfen sie ihre leichten Splitterbomben. Das machen sie überall, auch in der vorderen Linie. Oft stellen Sie den Motor ab, damit man ihren Standpunkt nicht finden soll, und gleiten ein Stück nach unten; man hört dann nur das Surren der Verspannungsdrähte, und aus dieser Stille fallen dann die Bömbchen, und schon schnurrt der Motor wieder. Es ist mehr eine Nervensäge als ein normales Kampfmittel.

Unser neuer Staffelführer ist Hauptmann Steen. Ursprünglich kommt er aus dem Verband, in dem ich 1938 meine ersten Stukabelehrungen erhielt. Er gewöhnte sich bald daran, daß ich wie ein Schatten bei ihm im Einsatz dranbleibe und ihn nur wenige Meter vor mir lasse, auch im Sturz. Er wirft sehr gut – trifft *er* die Brücke nicht, so dann bestimmt *ich*. Die Staffelmaschinen hinter uns können dann auf die Flak oder auf andere Ziele werfen. Nicht zuletzt freut er sich deshalb, weil er auch gleich von der Gruppe über seine Schäfchen – und damit auch über mich – orientiert worden ist. Er hält mit seiner Meinung nicht zurück, als er von dieser Stelle eines Tages gefragt wird, »ob es mit Rudel noch ginge«. Auf die Antwort: »Er ist mein bester Mann in der Staffel«, fragt man nicht ein zweites Mal. Er erkennt meinen Einsatzwillen an, doch gibt er mir nur eine kurze Lebensdauer, weil ich ein »verrückter Kerl« sei. Es liegt etwas Scherzhaftes in diesem Ausdruck, unter Fliegern eine Anerkennung. Er weiß, daß ich meistens so tief stürze, um auf jeden Fall zu treffen und jede Patrone bei Tiefangriffen ausnütze.
»Das kann auf die Dauer nicht gutgehen!« meint er. Er mag weitgehend recht haben, wenn ich in dieser Zeit nicht so viel Glück hätte. Aber mit jedem Einsatz mehr wächst die Erfahrung. Hauptmann Steen habe ich viel zu verdanken, und ich bin glücklich, bei ihm fliegen zu können.
In diesen ersten Wochen sieht es manchmal danach aus, als ob Hauptmann Steen doch noch recht behalten solle mit seiner Meinung über mich. Bei Tiefangriffen auf eine russische Vor-

marschstraße zwingen feindliche Treffer eine Maschine von uns zur Notlandung. Auf einem kleinen Geländeausschnitt, der auf drei Seiten von Gebüsch und Sowjets umgeben ist, rollt die Maschine der Kameraden aus. Die Besatzung nimmt Deckung hinter der Maschine. Ich sehe die russischen MG-Garben im Sand aufspritzen. Wenn die Kameraden nicht sofort aufgenommen werden, sind sie verloren. Aber die Sowjets stehen unmittelbar daran ... Ach was, es muß gelingen: Klappen raus, und schon schwebe ich zur Landung an. In dem Waldstück erkenne ich die hellgrauen Uniformen des Iwans. Es knallt in der Maschine: Eine Maschinengewehrgarbe im Motor! Landen mit zerschossenem Motor ist zwecklos, wir können dann nicht mehr starten. Die Kameraden sind verloren. Winkende Hände sind das Letzte, was ich von ihnen sehe. Der Motor rappelt wie verrückt, nimmt aber doch Gas an und läuft gerade so viel, daß ich noch über das andere Waldstück drüben ziehen kann. Das Öl hat mir die Kabinenscheiben verklebt, und jeden Augenblick warte ich auf den Kolbenfresser. Wenn der kommt, steht mein Motor endgültig still. Unter mir Sowjets; sie werfen sich vor dem Vogel hin, einige schießen darauf. Die Staffel ist auf einige hundert Meter gestiegen und außerhalb des Bereichs der vielen Handfeuerwaffen. Meine Maschine tut es noch gerade bis zu den ersten eigenen Truppen; dort lande ich. Dann jage ich mit einem Heeresfahrzeug zur Staffel.

Hier ist Fähnrich Bauer eingetroffen, ich kenne ihn schon von der Ergänzungs-Staffelzeit in Graz. Er leistet Hervorragendes und soll einer der wenigen Überlebenden von uns aus diesem Feldzug bleiben. Er kommt aber an einem Pechtag zu uns. Ich beschädige die rechte Fläche meiner Maschine, weil mir die mächtige Staubaufwirbelung beim Rollen auf dem Platz die Sicht nimmt und ich an eine andere Maschine anrolle. Ich muß nun meine Fläche wechseln, aber hier am Platz ist keine. Auf unserem letzten Rollfeld in Ulla soll noch eine Bruchmaschine stehen, sie hat aber eine heile rechte Fläche. Hauptmann Steen ist wütend: »Wenn Ihre Maschine wieder klar ist, können Sie fliegen, eher nicht.« Nicht fliegen ist unsere schwerste Strafe. Heute

ist sowieso der letzte Einsatz, und ich fliege sofort nach Ulla. Da sind zwei Mechaniker einer anderen Staffel zurückgeblieben, sie helfen mir. Über Nacht lösen wir die Flächen, auch ein paar Kameraden von der Infanterie helfen mit. Frühmorgens 3 Uhr sind wir fertig. Glück muß der Mensch haben. Vor dem ersten Einsatz um 4.30 Uhr morgens melde ich mich mit heiler Maschine zurück. Hauptmann Steen lächelt und schüttelt den Kopf.
Ein paar Tage nachher werde ich als technischer Offizier zur Dritten Gruppe versetzt und muß also aus der Ersten Staffel ausscheiden. Hauptmann Steen kann nichts dagegen unternehmen und so bin ich nun T.O. der Dritten Gruppe. Kaum bin ich dabei, geht der Kommandeur weg, es kommt ein neuer. Wer? Hauptmann Steen: Glück muß der Mensch haben!
»Es war doch halb so schlimm mit Ihrer Versetzung, das sehen Sie jetzt doch. Ja, man soll nicht allzusehr selbst Schicksal spielen wollen!« sagte bei der Begrüßung Hauptmann Steen. Als er in Janowici zum ersten Mal zu uns ins Gruppenzelt kommt, ist gerade großer Lärm. Ein uralter Obergefreiter wollte sein Feuerzeug an einem großen Benzinfaß füllen. Um es gut zu machen, neigte er das Faß und Benzin läuft über das Feuerzeug, woran er dauernd fleißig dreht, um zu sehen, ob es noch geht. Es tut einen unheimlichen Knall, das Faß fliegt ihm um die Ohren und der Obergefreite zieht ein Gesicht, als ob das Faß gegen die militärischen Vorschriften geplatzt wäre. Schade um das Benzin; denn viele alte Frauen tauschen gern Benzin gegen Eier. Natürlich ist das verboten, weil das Benzin eine andere Bestimmung hat als die Branntweinerzeugung bei alten Weibern. Wir können davon noch nicht mal einen Tropfen auf der Haut vertragen. Alles ist eine Frage der Gewohnheit. Auch die Kirche in diesem Dorf ist im vorderen Teil als Kino und im hinteren als Pferdestall eingerichtet. »Andere Völker, andere Sitten«, meint Hauptmann Steen lächelnd.
Die große Autobahn von Smolensk nach Moskau erlebt viele unserer Einsätze, unübersehbare Materialmassen der Russen stehen hier aufgefahren. Fahrzeug an Fahrzeug, Panzer an Panzer in dichtestem Abstand, oft drei Reihen nebeneinander.

Wenn sich diese Materialmassen über uns ergossen hätten ..., muß ich jedesmal denken, wenn ich hier angreife. Jetzt wird dies alles in wenigen Tagen ein riesiges Trümmerfeld. Alles wird zusammengeschossen und zusammengebombt. Der Vormarsch des Heeres geht unaufhaltsam weiter. Bald starten wir von Duchowtchina, das liegt nördlich vom Bahnhof Jarzewo, um den später noch heiß gekämpft werden wird.
In diesen Tagen stürzt eine Rata von oben in unseren Verband und rammt Bauer; die Rata fällt runter, und Bauer fliegt mit schwerstbeschädigter Maschine heim. Abends singt der Moskauer Rundfunk ein Loblied auf den sowjetischen Leutnant, der »durch Rammstoß ein Stukaschwein zum Absturz brachte«. Der Rundfunk muß es wissen, und wir haben schon als Kinder gerne Märchen gehört.
Etwa drei Kilometer von uns bahnt sich eine neue Großoperation des Heeres an. So kommt ganz überraschend für uns ein Verlegungsbefehl in einen neuen Raum. Unser neuer Platz heißt Rehilbitzy und liegt 150 km westlich des Ilmensees. Von früh bis spät unterstützen wir das Heer nach Osten und Norden.

III

GEWITTERFLUG

In Rehilbitzy ist der Sommer heiß, jede freie Minute liegen wir im schattigen Zelt. Zusammen mit uns wohnt auch unser Kommandeur Hauptmann Steen. Ich spreche nie viel mit ihm, und doch haben wir beide das Empfinden, uns sehr gut zu verstehen. Wir müssen wohl einige wesentliche Grundzüge gemeinsam haben. Abends nach dem Einsatz läuft er ein Stück durch den Wald oder über die Steppe, und wenn ich ihn nicht begleite, so bin ich sicher mit Kugel und Diskus beschäftigt oder mache einen Dauerlauf um unseren Flugplatz. So finden wir beide eine Entspannung nach hartem Einsatz und sind frisch für den nächsten Tag. Später sitzen wir dann im Zelt; er trinkt nicht viel und ist mir nicht böse, daß ich überhaupt nicht trinke. Nachdem er eine Zeitlang gelesen hat, fixiert er jemanden aus der Runde und sagt:
»Na, Wernicke, Sie sind wohl sehr müde, was?« Bevor man sich anders äußern kann, fügt er hinzu:
»Also gehen wir schlafen.« So kommen wir immer zeitig zum Schlafen, und das ist mir angenehm. »Leben und leben lassen!« ist sein Grundsatz. Hauptmann Steen hat die gleichen Erfahrungen hinter sich wie ich, und daraus hat er gelernt und sich vorgenommen, es besser zu machen. Im Einsatz übt er eine seltsame Wirkung auf uns aus. Starke Abwehr der Flak ist ihm genauso zuwider wie uns allen, aber es gibt keine Abwehr, die ihn veranlassen könnte, die Bomben mal aus größerer Höhe abzuwerfen. Er ist ein feiner Mensch, ein hervorragender Offizier, ein sehr guter Flieger und mit diesen drei Eigenschaften zusammen eine Seltenheit. Hauptmann Steen hat den ältesten Bordschützen in unserem Verband, Oberfeldwebel Lehmann. Den jüngsten habe ich, Unteroffizier Alfred Scharnovski. Alfred ist das dreizehnte Kind einer einfachen ostpreußischen Familie, er spricht nur ganz selten, und vielleicht deshalb bringt ihn gar nichts aus

der Ruhe. Mit ihm fühle ich mich vor Jägern sicher, denn so stur wie Alfred kann selbst der Iwan nicht sein.
Hier in Rehilbitzy erleben wir manchmal Gewitter von größter Heftigkeit. Rußland hat in ausgedehnten Gebieten ein Kontinentalklima, und für kühleres Wetter müssen wir anständige Donnerschläge in Kauf nehmen. Es wird dann mitten am Tag stockfinster, und die Wolken hängen fast am Boden, es schüttet Wasser. Sogar auf der Erde geht die Sicht auf wenige Meter zurück. Meistens umfliegen wir respektvoll die Kernpunkte der Unwetter. Es sieht aber so aus, als sollte ich mir dies noch einmal ganz aus der Nähe anschauen.
Wir unterstützen das Heer im Abschnitt Luga in Angriff und Abwehr. Manchmal fliegen wir auch operative Aufträge weit hinter der Front. Ein solcher Auftrag gilt dem Bahnhof Tschudowo, dieser liegt an der Verbindungslinie Leningrad–Moskau und ist von größter Wichtigkeit für die Nachschubtransporte der Russen. Von vorhergehenden Aufträgen kennen wir die Stärke der feindlichen Flak und Jäger. Die Flak ist stark, aber wenn keine neue Jagdeinheiten in den Raum gekommen sind, wird es keine sonderlichen Überraschungen geben.
Gerade vor dem Start greift ein Verband von russischen Schlachtflugzeugen, die wir »eiserne Gustavs« nennen, unsern Platz an. Wir: rein in den Splittergraben hinter den Maschinen! Leutnant Stahl springt als letzter und mir ins Kreuz. Das ist unangenehmer als der Angriff der »eisernen Gustavs«. Unsere Flak ballert drauf los, »Gustav« läßt die Bomben ungezielt fallen und drückt im Tiefflug weg. Dann starten wir und gehen auf Kurs Nordwest in einer Höhe von dreitausend Metern. Am Himmel kein Wölkchen. Vor mir mein Kommandeur. Während des Fliegens bin ich mit meiner Fläche dicht an der seinen und schaue ihm regelrecht in die Kabine; sein Gesicht ist der Ausdruck des ruhigen Selbstvertrauens.
Nach einiger Zeit schimmert tiefblau der Ilmensee vor uns auf. Wie oft waren wir schon hier, nördlich von Nowgorod und südlich von Staraja Russa; beides sind Schwerpunkte, und schlagartig tauchen die Erinnerungen an die kritischen Situationen auf,

die wir hier durchkämpft haben. Dicht vor dem Ziel steigt am Horizont eine schwarze Gewitterwand auf. Ist das kurz vor oder hinter dem Ziel? Ich sehe, wie Hauptmann Steen in die Karte schaut, und jetzt fliegen wir auch schon durch unzusammenhängende Wolkenbänke, Vorboten der Gewitterfront.
Ich kann das Ziel nicht erkennen, also muß es unter dem Gewitter liegen, der Zeit nach müssen wir dicht dran sein; die Orientierung nach Sicht durch die Wolkenfetzen wird in diesem eintönigen Gelände noch erschwert. Sekundenweise sind wir im Dunkel, dann ist es wieder hell. Ich gehe noch dichter ran, vielleicht auf ein oder zwei Meter, um die Fläche der Kommandeurmaschine in den Wolken nicht aus den Augen zu verlieren. Sonst besteht leicht Zusammenstoßgefahr. Warum dreht Hauptmann Steen noch nicht um? In diesem Gewitter wird er nicht angreifen wollen, es wäre nicht möglich. Die hinter uns her fliegenden Staffeln haben schon Abstand genommen, sie werden denselben Gedanken haben. Vielleicht sucht der Kommandeur in der Karte, wo die vordere Linie verläuft, um eventuell dort ein Ziel anzugreifen. Er gibt etwas Höhe auf. Aber in allen Höhen Wolkenbänke. Dann fliegen wir über der schwarzen Decke, unter uns ist es jetzt hoffnungslos dicht. Hauptmann Steen sieht von der Karte auf, plötzlich macht er eine Kehrtkurve, indem er die Ju 87 auf die Flügelspitze stellt; er bemerkt wohl die schlechte Wettersituation, denkt natürlich nicht daran, daß ich mit meiner Fläche dicht an der seinen bin. Blitzschnell reagiere ich, drehe stark, noch stärker, und damit verhindere ich den Zusammenstoß. Ich habe so weit gedreht, daß ich fast in Rückenlage fliege. Unter der Maschine hängen 700-kg-Bomben. Dieses Gewicht zieht jetzt die Maschine in rasender Geschwindigkeit auf den Kopf, und ich verschwinde in die pechschwarzen Wolken.
Um mich herum ist Nacht, ich höre es pfeifen und sausen. Wasser läuft zur Kabine rein. Manchmal wird alles durch Blitze taghell erleuchtet. Die Böen schütteln und rütteln das Flugzeug, es bebt in allen Fugen zum Zerbersten. Keine Erde zu sehen, kein Horizont, nach dem ich meine Maschine aufrichten könnte. Meine Instrumente stehen auf Weltuntergang. Das Variometer

gibt das Steigen und Fallen in Metersekunden an, es steht auf Anschlag! Kugel und Pinsel zeigen Drehung des Flugzeuges um Quer- und Längsachse an, sie liegen ganz in der Ecke! Schön übereinander müßten sie stehen, das Variometer auf Null. Der Geschwindigkeitsmesser, der Staudruck, nimmt von Sekunde zu Sekunde zu. Ich muß versuchen, alles wieder in die Normallage zu bringen, und zwar in kürzester Zeit, denn der Höhenmesser beweist, daß es rasend abwärts geht.

Der Geschwindigkeitsmesser erreicht bald 600 km; klar, ich befinde mich im annähernd senkrechten Sturz. Ich lese an den Leuchtziffern vom Höhenmesser 2300, 2200, 2000, 1800, 1700, 1600, 1500 Meter! Wenn das so weitergeht, tut es in wenigen Sekunden einen Knall, und aus ist es. Ich schwitze, mir läuft das Wasser nur so herunter. Ist es das Wasser von außen oder Schweiß? 1300 Meter, 1100, 800, 600, 500 Meter auf dem Höhenmesser, langsam bekomme ich die Instrumente klar, nur auf dem Höhenmesser ist ein unheimlicher Druck. Also brause ich immer noch auf die Erde zu. Das Variometer ist immer noch auf Anschlag. Nach wie vor völlige Nacht um mich. Gespenstische Blitze durchzucken die Düsternis, sie erschweren das Fliegen nach Instrumenten. Ich ziehe mit beiden Händen, um das Flugzeug noch abzufangen, in die Horizontallage, ich schnappe nach Luft. Etwas in mir möchte den Kampf mit dieser entfesselten Naturgewalt aufgeben. Warum noch weiterziehen? Es ist ja doch alles zwecklos! Jetzt fällt mir auch ein, daß der Höhenmesser mit 200 Metern nachhängt; er arbeitet wie ein Barometer mit einer luftleeren Dose und einer gewissen Trägheit. Also wird es bei 200 Metern Höhenanzeige spätestens den Knall tun. Nein, weiterziehen, stur, so sehr ich kann. Ein dröhnender Schlag. So, nun bin ich tot ... denke ich. Tot? Dann könnte ich doch gar nicht denken! Ich höre auch noch den Motor. Es ist nach wie vor finster um mich; jetzt sagt die Stimme Scharnovskis seelenruhig:

»Herr Oberleutnant, wir scheinen wo angestoßen zu sein.«

Die selbstverständliche Ruhe Scharnovskis verschlägt mir die Stimme. Aber eines weiß ich jetzt: ich fliege noch! Und dieses Bewußtsein hilft mir, mich weiter zu konzentrieren. Zwar werde ich trotz Vollgasgeben nicht schneller, aber die Instrumente zeigen, daß ich zu steigen anfange. Und das ist mir schon genug. Noch ist es dunkel. Der Kompaß steht auf West, das ist nicht gerade ungünstig. Hoffentlich funktioniert das Ding noch. Ich stiere auf die Instrumente, ich hypnotisiere sie völlig, unsere Rettung hängt davon ab! Den Steuerknüppel muß ich ganz in eine Ecke pressen, sonst geht die »Kugel« zur Ecke. Ich gehe mit dem Flugzeug vorsichtig um, als wäre es ein lebendiges Wesen. Ich rede der Maschine zu und muß plötzlich an Old Shatterhand und sein Pferd Rih denken. Scharnovski unterbricht meine Gedanken:

»In den Flächen haben wir zwei Löcher – es sind Birkenstämme darin – ein großes Stück des Querruders und der Landeklappe fehlt auch!« Ich schaue raus und stelle fest, daß ich die unterste Wolkendecke wieder durchstiegen habe und über ihr fliege. Tageslicht um mich herum! Ich sehe, es ist wie Scharnovski sagt: zwei große Löcher in beiden Seiten der Flächen, durchgeschlagen bis auf den Hauptholm; Birkenstämmchen stecken darin. Auch die Landeklappe und das Querruder sind in dem beschriebenen Zustand. Jetzt verstehe ich auch: die Luft verfängt sich in den Flächen, darum der Geschwindigkeitsverlust; die Steuerschwierigkeiten sind auch klar. Wie lange wird es die brave Ju 87 noch machen? Ich befinde mich vermutlich 50 Kilometer hinter der russischen Front. Jetzt erst denke ich an die Bomben und lasse die fallen; damit wird der Flugzeugstand etwas besser. Bei jedem Einsatz hier haben wir feindliche Jäger. Heute brauchte mich keiner abzuschießen, sondern vermutlich nur scharf anzusehen. Ich entdecke keinen. Endlich überfliege ich die vordere Linie und nähere mich langsam unserem Platz.

Scharnovski gebe ich Anweisung, auf meinen Befehl sofort abzuspringen, sofern die Maschine nicht mehr steuerbar sein sollte. Ich rekonstruiere das soeben vollzogene Wunder, das mir das Leben noch einmal verlängert: Das Gewitter lag auf; nachdem die anderen Instrumente einreguliert waren, befand ich mich durch das beständige Weiterziehen am Höhensteuer in Bodennähe gerade in dem Punkt, wo die Maschine in die horizontale

Lage kam. Mit dieser Geschwindigkeit raste ich durch eine Birkenallee oder zwischen zwei einzelnen Birken hindurch, wovon die Baumreste stammen. Ein unheimliches Glück, daß es genau in der Mitte der Flächen ist und die Luftschraube nicht in Mitleidenschaft gezogen wurde, denn sonst wäre sie unwuchtig geworden und in wenigen Sekunden weggeflogen. Bei solchen Stößen doch noch die Festigkeit behalten und sogar einen noch heil nach Hause bringen, das kriegt auch nur die Ju 87 fertig.

Der Rückflug dauert mir viel zu lange, aber endlich sehe ich Stoltzy vor mir. Die Spannung löst sich fühlbar, und ich strecke die Schultern wieder. In Stoltzy liegen unsere eigenen Jäger, und jetzt werden wir bald an unserem Standort sein.

»Scharnovski, Sie springen über dem Platz mit dem Fallschirm ab!«

Ich weiß nicht, wie der Vogel von unten aussieht und wie die Löcher in der Fläche die aerodynamischen Eigenschaften bei der Landung beeinflussen werden. Es soll jetzt keine unnötigen Verletzungen geben.

»Ich werde nicht abspringen. Herr Oberleutnant werden schon gut landen«, antwortet er fast tonlos. Was soll man da sagen?

Unter uns liegt der Flugplatz. Ich besehe ihn mit neuen Augen, er kommt mir viel vertrauter vor als sonst. Da kann meine Ju ausruhen, da sind die Kameraden, die wohlbekannten Gesichter. Irgendwo da unten hängt meine Uniformjacke mit dem letzten Brief von zu Hause. Was schrieb die Mutter auch noch? Man soll Mutters Briefe doch immer noch viel besser lesen!

Da vor dem Gefechtsstand ist die Gruppe anscheinend zum Appell angetreten; ist das etwa Befehlserteilung für einen neuen Einsatz? Dann müssen wir schnell sein. Jetzt starren sie alle zu unserem Vogel herauf und treten weg. Ich setze zur Landung an, und um einen Sicherheitsfaktor zu haben, gehe ich mit viel Fahrt an den Boden ran. Nach längerer Rollstrecke sitze ich heil unten. Einige Kameraden sind die letzten Meter mitgelaufen. Ich steige aus dem Flugzeug. Scharnovski auch, aber ganz behäbig. Jetzt stehen alle Kameraden um uns herum und gratulieren uns. Schnell mache ich mich aus dem Kreise los und melde mich beim

Kommandeur: »Oberleutnant Rudel vom Feindflug zurück; besonderes Vorkommnis – Bodenberührung im Zielraum – Maschine unklar.« – Er drückt uns die Hand, ein Lächeln liegt auf seinem Gesicht, dann geht er kopfschüttelnd aufs Gruppenzelt zu. Wir müssen natürlich den Kameraden erzählen; sie sagen uns, daß sie gerade angetreten waren, da der Kommandeur eine kurze Trauerrede gehalten hat: »Die Besatzung Oberleutnant Rudel wollte Unmögliches möglich machen und durch das Gewitter stürzend das befohlene Ziel angreifen. Sie hat den Tod gefunden.« Als er gerade Atem holte zu einem neuen Satz, erschien die zerfledderte Ju 87 am Platzrand. Da wurde er noch blasser und ließ schnell wegtreten. Auch jetzt im Zelt will Hauptmann Steen mir nicht glauben, daß ich nicht mit Absicht ins Gewitter kam, sondern daß ich durch seine plötzliche Kehrtkurve, da ich so dicht an seiner Maschine flog, in eine stockfinstere Nacht hineinfiel. Er glaubt es einfach nicht.
»Es war bestimmt nicht meine Absicht, Herr Hauptmann.«
»Ach was, Sie sind so ein verrückter Kerl, Sie wollten unbedingt den Bahnhof angreifen.«
»Sie überschätzen mich, Herr Hauptmann.«
»Die Zukunft wird mir schon recht geben. Übrigens geht es gleich wieder los.«
Eine Stunde später fliege ich mit einer anderen Maschine wieder neben ihm im Luga-Abschnitt. Am Abend löst sich die innere Spannung und äußere Erschlaffung des Tages im Sport. Nachher tue ich etwas sehr Wichtiges: wunderbar schlafen.

Am anderen Morgen fliegen wir nach Nowgorod; hier fällt die große Brücke über den Wolchow unter unseren Bomben in sich zusammen. Die Sowjets versuchen, über den Wolchow und den südlich vom Ilmensee fließenden Lowat möglichst viel Menschen und Material hinüberzubringen, bevor es zu spät ist. Deshalb sollen wir immer wieder Brücken angreifen. Brückenzerstörungen verzögern, aber nicht für lange Zeit, das erkennen wir bald. Pontons sind schnell dazwischen geschoben, damit flicken die Sowjets immer wieder die von uns beschädigten Stellen.

Der pausenlose Einsatz bringt viele Ermüdungserscheinungen mit sich, manchmal von sehr unangenehmer Art, das merkt unser Kommandeur auch bald. Einsatzgespräche, die Mitternacht oder später vom Geschwader telefonisch durchgegeben werden, müssen nun von zweien mitgehört und mitgeschrieben werden. Öfter haben sich am kommenden Tag Mißverständnisse ergeben, wo jeder vom anderen annimmt, daß er die Schuld trägt. Ursache ist in Wirklichkeit die allgemeine Ermüdung.

Auf Befehl hören der Adjutant und ich die nächtlichen Einsatzgespräche mit unserem Geschwader mit ab. Einmal läutet das Telefon bei uns im Gruppenzelt, es spricht der Kommodore des Geschwaders:

»Steen, den Jagdschutz treffen wir morgen früh um fünf über Batjeskoje!« Der Punkt ist sehr wichtig, wir suchen lange mit der Taschenlampe auf den Karten und finden nichts. Eine nähere Bezeichnung gibt er nicht. Rußland und unsere Verzweiflung sind gleich groß. Zuletzt meinte Steen:

»Verzeihung, Herr Oberstleutnant, ich kann es nicht auf der Karte sehen.«

Jetzt verfällt der Kommodore vor Wut in seinen Berliner Dialekt:

»Wat, Sie woll'n Kommandeur von de dritte Jruppe sein und wissen nich, wo Batjeskoje liejt?«

»Können Herr Oberstleutnant mir das Planquadrat der Karte geben?«

Langes Schweigen, längeres Schweigen, wir sehen uns an. Dann auf einmal:

»Ick weeß et ooch nich, aber ick jebe mal Peckrun, der weeß et!«

Sein Adjutant erklärt dann in Ruhe, wo dieses kleine Nest im Sumpfgebiet liegt. Ein eigenartiger Mensch, unser Kommodore, er berlinert, wenn er wütend oder aber freundlich ist. Was Disziplin und Ordnung anbelangt, hat unser Geschwader ihm viel zu verdanken.

IV

KAMPF UM DIE FESTUNG LENINGRAD

Der Schwerpunkt der Kämpfe verlagert sich immer mehr nach Norden. So kommen wir im September 1941 nach Tyrkowo, südlich Luga im Nordabschnitt der Ostfront. Wir fliegen täglich in den Raum Leningrad, wo das Heer im Angriff vom Westen nach Süden steht. Die Lage Leningrads ist für die Verteidigung sehr günstig, da es zwischen dem Finnischen Meerbusen und dem Ladoga-See liegt, so daß die Angriffsmöglichkeiten sehr beschränkt sind. Seit einiger Zeit geht es hier langsam vorwärts, fast hat man den Eindruck, wir träten auf der Stelle.

Am 16. September läßt Hauptmann Steen uns antreten und gibt eine Erklärung zur militärischen Lage: Der weitere Vormarsch des Heeres wird besonders erschwert von der russischen Flotte; sie bewegt sich in gewissem Abstand von der Küste und greift mit der gefürchteten Schiffsartillerie in die Kämpfe ein. Zentrum der russischen Kriegsflotte ist der größte sowjetische Kriegshafen Kronstadt, eine Insel im Finnischen Meerbusen. Ungefähr 20 km ostwärts davon liegt der Hafen von Leningrad und südlich davon die Häfen Oranienbaum und Peterhof. Auf einem 10 km breiten Streifen sind längs der Küste stärkste Feindkräfte um diese beiden Städte konzentriert. Wir müssen alles genau in unseren Karten einzeichnen und erkennen daraus die eigene vordere Linie. Wir vermuten schon, daß es auf diese Truppenkonzentrationen losgehen wird, da gibt Hauptmann Steen der Einsatzbesprechung eine andere Wendung. Er spricht wieder über die Schiffe und erklärt, daß es sich hauptsächlich um zwei Schlachtschiffe handle, die »Marat« und die »Oktobrescaja Revolutia«. Beide haben etwa 23 000 Bruttoregistertonnen. Dazu kommen vier bis fünf Kreuzer, darunter die »Maxim Gorki« und die »Kirov«, sowie einige Zerstörer. Je nachdem, wo ihre rasante und präzise Artillerie auf dem Festland benötigt wird, wechseln sie immerfort ihren Standort. Die Schlachtschiffe aber

bewegen sich meistens nur in der tieferen Fahrrinne zwischen Kronstadt und Leningrad.
Unser Geschwader hat soeben den Befehl bekommen, die sowjetische Flotte im Finnischen Meerbusen anzugreifen. Normale Bombenflugzeuge kommen für die Punktziele nicht in Frage, zumal mit stärkster Abwehr zu rechnen ist. Normale Bomben ebensowenig. Eigens für diesen Zweck sollen 1000-kg-Bomben mit einem Spezialzünder eintreffen. Mit normalen Zündern würde die Bombe auf dem ersten Panzerdeck krepieren, sicher einige Aufbauten wegreißen können, aber nicht die Vernichtung des Schiffes herbeiführen. Die Bombe muß mit verzögerter Zündung erst tief eindringen und dann unten im Schiffsrumpf explodieren; nur so ist mit einem Erfolg zu rechnen, und so kann sogar den großen Schiffsungeheuern der Garaus gemacht werden.
Nach einigen Stunden kommt plötzlich bei schlechtestem Wetter der Befehl zum Angriff auf das Schlachtschiff »Marat«; soeben wurde es von Aufklärern in Aktion festgestellt. Das Wetter sei schlecht bis hart südlich Krasnowardeisk, 30 km südlich Leningrad; über dem Finnischen Meerbusen die Bewölkung 5 bis 7/10, Wolkenuntergrenze 800 Meter. Es bedeutet also ein Durchfliegen der Wolkenschicht, die bei uns 2000 Meter dick ist. Das ganze Geschwader nimmt Kurs nach Norden. Wir sind heute etwa dreißig Maschinen, etatmäßig müßten wir achtzig haben; aber nicht immer ist die Zahl ausschlaggebend. Leider sind die Tausender noch nicht eingetroffen. Da unser einmotoriges Stukaflugzeug nicht blindflugtauglich ist, muß der Verbandsführer mit den wenigen Instrumenten Kugel, Wendezeiger und Variometer die Maschine so halten, als sei sie ein Blindflugvogel. Alle anderen fliegen dann so nahe beieinander, daß sie jeweils die Fläche des Nebenmannes sehen. Wenn wir in diesen dichten, dunklen Wolken fliegen, dürfen wir mit der Spitze des Flügels nie weiter als drei vier Meter vom Nebenmann entfernt sein. Wird der Abstand größer, dann finden wir den Nachbarn nie wieder und können leicht mit voller Geschwindigkeit auf ein anderes Flugzeug stoßen. Dabei bleibt kein Auge trocken! Das

Heil vom ganzen Geschwader ist deshalb bei derartigen Wetterlagen weitgehendst von dem Instrumentenflug des Verbandsführers abhängig.
Bis über 2000 Meter sind wir in einer geschlossenen Wolkendekke, die einzelnen Staffeln sind etwas auseinandergekommen. Nun schließen sie wieder auf. Erdsicht ist immer noch keine, der Zeit nach müssen wir bald über dem Finnischen Meerbusen sein. Jetzt wird auch die Wolkendecke etwas gelockert. Unten schimmert es blau, also Wasser; wir sind in Zielnähe, aber wo genau? Das kann man nicht sagen, weil die Wolkenlöcher nur winzig sind. Von 5 bis 7/10 kann da gar nicht mehr die Rede sein, sondern der dicke Brei zeigt nur hie und da eine einzelne Öffnung. Plötzlich sehe ich etwas durch so eine Öffnung und gebe sofort im Sprechfunk an Hauptmann Steen durch: »König eins von König zwei ... Bitte kommen!« Er antwortet sofort: »König zwei von König eins ... Bitte kommen!« – »Achtung, ich sehe ein großes Schiff unter uns ... vermutlich Schlachtschiff Marat.«
Während des Sprechens noch drückt Hauptmann Steen nach unten und verschwindet im Wolkenloch. Ich beende meinen Satz, als ich selber auch schon stürze. Leutnant Klaus, der die andere Stabmaschine hat, hinterher. Jetzt sehe ich das Schiff: tatsächlich die »Marat«! Ich unterdrücke meine Aufregung eisern. Nicht fragen, blitzschnell die Situation erfassen, dafür habe ich nur Sekunden. *Wir* müssen das Schiff treffen; denn alle Staffeln werden kaum noch durch das Loch kommen. Loch und Schiff sind in Bewegung. Die Flak kann erst gut auf uns zielen, als wir schon im Sturz die untere Wolkengrenze in 800 Meter erreicht haben. Einmal über der geschlossenen Wolkengrenze, kann die Flak nur nach Horchgeräten schießen, das ist nicht wild. Also stürzen, Bomben raus und zurück in die Wolken! Die Bomben aus der Maschine von Hauptmann Steen fallen jetzt runter, ... dicht am Schiff. Ich drücke auf den Auslöseknopf, ... meine Bombe sitzt gut! Genau auf dem Heck; schade, daß sie nur 500 kg hat. Ich aber sehe doch einen Brand entstehen. Lange Zeit zum Schauen habe ich nicht, denn die Flak bellt wütend. Da, die andern stürzen noch immer durchs Loch. Die Sowjetflak hat

jetzt erfaßt, daß die »bösen Stukas« da rauskommen, und alle halten auf diesen Punkt. Wir nützen die günstige Wolkendecke aus und ziehen hinein; so verhältnismäßig unbehelligt sollten wir später nicht mehr aus diesem Raum wegkommen.
Zu Hause gelandet, geht sofort das Rätselraten los: was kann sich nach dem Treffer mit dem Schiff zugetragen haben? Schiffsexperten behaupten, daß man sich mit diesem Bombenkaliber keinen Totalerfolg versprechen dürfe. Einige Optimisten halten es dennoch für möglich, ihre Meinung wird in den nächsten Tagen bestärkt, weil die Aufklärer trotz eifrigstem Suchen die »Marat« nicht auffinden können.
Auf einem weiteren Flug versinkt ein Kreuzer nach kürzester Zeit unter meiner Bombe.

Mit dem Wetter haben wir nach diesem ersten Einsatz kein Glück mehr. Es ist immer strahlend blauer Himmel, die Abwehr mörderisch, an keinem Ort und Kriegsschauplatz sollte sich noch eine gleiche finden. Die Aufklärung besagt, daß im Zielraum auf 10 mal 10 km tausend Flakgeschütze stehen; ich kann es mir vorstellen. Die Flakwolken bilden ganze Wolkenbänke. Um in der fliegenden Maschine Flak zu hören, müssen die Explosionen auf höchstens ein paar Meter Abstand liegen. Wir aber hören keine vereinzelten Explosionen, sondern ein ununterbrochenes Getöse wie ein Weltuntergangsgewitter. Diese massierte Flakzone des Luftraumes fängt schon an beim Überfliegen des Küstenstreifens, den die Sowjets noch halten. Dann kommen Oranienbaum oder Peterhof: als Häfen stärkstens geschützt. Auf freiem Wasser schwimmen Pontons, Barken, Boote, winzige Schifflein, aber alle sind mit Flak bespickt. Alles wird als Flakstellung von den Russen ausgenützt. Die Einfahrt nach Leningrad, zum Beispiel, soll uneren U-Booten verwehrt werden durch große Stahlnetze, die zwischen ins Wasser gelassenen Betonklötzen aufgehängt sind. Auch von diesen Klötzen bellen uns die Flakkanonen an.
Nach etwa 10 km taucht die Insel Kronstadt auf, mit dem großen Kriegshafen und der gleichnamigen Stadt. Hafen und Stadt sind

stärkstens geschützt. In unmittelbarer Nähe liegt außerdem die gesamte russische Ostseeflotte, inner- und außerhalb des Hafens; sie hat eine tödliche Luftabwehr. Wir vorn im Stab fliegen zwischen drei- bis fünftausend Meter Höhe an; das ist sehr tief, aber wir wollen ja etwas treffen. Beim Sturz auf die Schiffe fahren wir auch die Sturzflugbremsen aus, um die Sturzgeschwindigkeit zu vermindern. Damit haben wir viel mehr Zeit zum Zielen und Korrigieren. Zielen wir besser, dann sind die Ergebnisse unserer Angriffe auch besser, und darauf kommt es an. Vermindern wir die Sturzgeschwindigkeit, so kann die Flak uns leichter abschießen, zumal wir ohne überschüssige Fahrt nicht so schnell hochziehen können nach dem Sturz. Aber im Gegensatz zu den Staffeln hinten beabsichtigen wir das meistens nicht, sondern fliegen im Tiefflug übers Wasser ab. Über dem besetzten Küstenstreifen gibt es dann nur wildeste Abwehrbewegungen, und damit ist der Spuk vorbei.
Nach diesen Einsätzen laufen wir auf unserem neuen Platz in Tyrkowo wie im Traum einher und saugen das neuerkämpfte Leben tief in uns ein. Diese Tage sind schwer, sehr schwer. Spaziergänge abends mit Hauptmann Steen sind jetzt meistens sehr schweigsam, jeder errät die Gedanken des anderen. Keiner spricht darüber, wieviel diese Einsätze fordern. Es ist unsere Aufgabe, die Flotte zu vernichten; so wollen wir nicht diskutieren darüber, ob es schwer ist; es hilft nichts, es ist Befehl, und wir kommen ihm nach. So kehren wir nach einer Stunde wieder ins Zelt zurück. Innerlich ruhig, bereit, uns am nächsten Tag wieder in diese Hölle zu begeben.

Bei einem Spaziergang mit Hauptmann Steen breche ich einmal das übliche Schweigen und frage etwas zögernd:
»Woher haben Sie nur Ihre Ruhe und Ausgeglichenheit?«
Er bleibt einen Augenblick stehen, sieht mich von der Seite an und sagt dann:
»Glauben Sie ja nicht, daß ich immer so ruhig gewesen bin, mein Lieber. Harten Lebensjahren und bitteren Erfahrungen verdanke ich es. Sie wissen doch selber auch wohl ein bißchen davon,

wie schwierig es vor allem im militärischen Leben ist, wenn die eigene Lebensanschauung nicht immer im Einklang steht mit der der Vorgesetzten ... Und wenn die Vorgesetzten nicht das Format haben, solche Differenzen außerhalb des Dienstes zu lassen, sondern ins Dienstliche übertragen, dann ist die Hölle los. Der beste Stahl kommt aber aus dem glühenden Feuer, und wenn man seinen Weg alleine sucht, ohne darum die Bindung an die Umwelt zu verlieren, so wird man stark.«
Eine lange Pause entsteht, und mir wird klar, warum er so viel Verständnis für mich hat. Obwohl ich weiß, daß meine Äußerung nicht sehr militärisch ist, sage ich zu ihm:
»Ich habe mir auch manchmal als Untergebener vorgenommen, es später als Vorgesetzter jedenfalls nicht so zu machen wie einige meiner Vorgesetzten.«
Nach langem Schweigen fügt Hauptmann Steen hinzu:
»Dann gibt es noch andere Dinge, die einen Menschen formen. Nur wenige Kameraden wissen es und können daher meine ernste Lebensauffassung verstehen. Ich hatte eine Braut, die ich sehr liebte. Als ich zum Hochzeitstag zu ihr fuhr, war sie tot. Das vergißt man nicht leicht.«
Ich werde still und gehe zum Zelt, meine Gedanken befassen sich noch lange mit dem Menschen Steen. Ich verstehe ihn jetzt noch besser als vorher, und ich begreife, wieviel männliche Kraft und stärkendes Verstehen aus dem stillen Gespräch an der Front, von Mann zu Mann, erwachsen. Es ist nicht des Krieges Art, viele Worte zu machen, und seine Gespräche sind durchaus unbürgerlich, genau so unbürgerlich und schwer wie die, die von ihm gezeichnet wurden. Und weil der Krieg den Menschen aus allen Hüllen und Unechtheiten schleudert, sind die Gespräche des Soldaten, mögen sie auch nur aus einem Fluch oder einer primitiven Sentimentalität bestehen, urwüchsig, wahr und echt.
Am 21. September kommen die Tausend-Kilo-Bomben. Am folgenden Morgen meldet ein Aufklärer, daß die »Marat« im Hafen von Kronstadt liege. Offenbar repariert man die Schäden von unserem Angriff am 16. September. Ich sehe nur noch rot. Jetzt ist der Tag, da ich mein Können beweisen kann. Bei den

Aufklärern erkundige ich mich nach dem Wind und sonstigen Dingen. Dann höre ich um mich herum nichts mehr; ich will nur noch hin. Wenn ich an das Ziel komme, werde ich treffen! – Wir starten, mit dem Gedanken schon völlig beim Angriff. Unter uns die Tausender, die es heute schaffen sollen.
Strahlend blauer Himmel, kein Wölkchen. Auch über dem Wasser. Russische Jäger greifen uns bereits über dem schmalen Küstenstreifen an; aber sie können uns nicht vom Ziel abdrängen, das kommt nicht in Frage. Wir fliegen in dreitausend Meter Höhe, die Flak ist mörderisch, zehn bis fünfzehn Kilometer vor uns sehen wir Kronstadt; es kommt uns ewig weit vor. Bei solcher Abwehr kann man jeden Augenblick getroffen werden. Das Warten macht die Zeit lang. Hauptmann Steen und ich fliegen geradeaus, stur. Wir sagen uns: der Iwan schießt nicht mehr auf einzelne Flugzeuge, sondern legt eine Flaksperre in eine bestimmte Höhe. Die anderen kurbeln wie wild durcheinander, nicht nur innerhalb der Gruppen und Staffeln, sondern auch in den Ketten; sie glauben mit Höhen- und Seitenwechsel der Flak ihre Arbeit erschweren zu können. Da sind die beiden Geschwader-Stabmaschinen mit den blauen Schnauzen, sie fegen durch sämtliche Einheiten hindurch, selbst durch die einzelnen Staffeln. Jetzt verliert die eine ihre Bombe. Ein wildes Durcheinander am Himmel von Kronstadt, die Rammgefahr ist groß. Noch sind einige Kilometer zu fliegen, schräg vor mir sehe ich schon die »Marat« liegen. Das Grollen und Knallen um uns ist laut; Wolkenbänkchen von der Flak tanzen um uns, in allen Farben leuchtet es auf; wenn es nicht so todernst wäre, könnte man von einem Karneval der Luft sprechen. Ich schaue zur »Marat« herunter, dahinter liegt der Kreuzer »Kirov«. Oder ist es der »Maxim Gorki«? Diese Schiffe beteiligen sich noch nicht am allgemeinen Beschuß. So war es aber beim letzten Male auch. Erst wenn wir auf sie zustürzen, beschießen sie uns direkt. Noch nie ist mir der Weg durch die Abwehr so weit vorgekommen wie jetzt, nie so übel. Ob heute Hauptmann Steen wieder die Sturzflugbremsen ausfährt, oder bei dieser Abwehr auch mal »ohne« runterrauscht? Da fährt er sie schon aus, ich tue das gleiche und

schaue ihm noch mal in die Kabine. Auf seinem ernsten Gesicht liegt der Ausdruck der Konzentration. Nun sind wir im Sturz, ganz dicht beieinander; unser Sturzwinkel mag zwischen siebzig und achtzig Grad liegen. Das Visier hat die »Marat« schon erfaßt. Wir stürzen auf sie zu, langsam wird sie riesengroß. Alle ihre Flakgeschütze sind nun auf uns gerichtet. Jetzt gilt nur das Ziel, unsere Aufgabe; wenn wir sie lösen, spart es den Kameraden der Erdtruppe viel Blut. Aber, was ist das? Hauptmann Steens Maschine entfernt sich plötzlich weit von der meinen. Sie ist viel schneller. Hat er doch die Sturzflugbremsen wieder eingezogen, um schneller nach unten zu kommen? Ich tue daher das gleiche. Mit höchster Geschwindigkeit rase ich jetzt auf den Flugzeugschwanz vor mir los; ich bin viel zu schnell und kann nicht mehr stoppen. Ich sehe dicht vor mir das erschrockene Gesicht von Oberfeldwebel Lehmann, dem Bordschützen von Hauptmann Steen. Er erwartet jeden Augenblick, daß ich mit meiner Luftschraube seine Steuerorgane abschneide und ihn damit ramme. Mit allen Kräften drücke ich noch steiler – sicher neunzig Grad – und sitze wie auf dem Pulverfaß. Werde ich Steens Maschine, die jetzt fast auf mir sitzt, berühren, oder werde ich steil drunter durchkommen? Haarscharf flitze ich vorbei! Es ist der Wink vom Schicksal, daß es diesmal gutgehen wird. Die Mitte des Schiffes ist genau im Visier, meine Ju 87 liegt ganz ruhig im Sturz, sie dreht nicht, gar nicht. Ich habe das Gefühl, ein Vorbeiwerfen sei unmöglich. Jetzt sehe ich die »Marat« lebensgroß vor mir, Matrosen hasten über das Deck; sie tragen Munition. Nun drücke ich auf den Bombenlösknopf am Knüppel und ziehe mit allen meinen Kräften. Ob es noch zum Abfangen reicht? Ich bezweifle es, ich stürze ja ohne Bremsen, und meine Auslöshöhe ist nicht mehr als dreihundert Meter. Hauptmann Steen sagte uns in der Einsatzbesprechung, die Tausend-Kilo-Bomben müssen in einer Höhe von über tausend Meter abgeworfen werden, da die Splitterwirkung dieser Bombe bis tausend Meter geht und so die eigene Maschine gefährdet ist. Daran denke ich jetzt nicht! – Die »Marat« will ich ja treffen! – Ich ziehe und ziehe am Knüppel. Ohne Gefühl, nur mit Kraft. Die Be-

schleunigung ist zu groß, ich sehe nichts, habe einen Schleier, eine kurze Bewußtseinsstörung, die ich sonst nicht kenne. Aber wenn es überhaupt noch reicht, dann muß ich eben ruckartig versuchen abzufangen. Ich bin noch nicht ganz klar, da höre ich Scharnovskis Stimme:
»Herr Oberleutnant, das Schiff explodiert!«
Jetzt schaue ich raus, wir fliegen drei bis vier Meter über dem Wasser, und ich mache eine leichte Kurve. Da liegt die »Marat« unter einer vierhundert Meter hohen Explosionswolke; anscheinend hat es die Munitionskammer zerrissen.
»Gratuliere, Herr Oberleutnant.«
Scharnovski ist der erste. Jetzt schallt es von allen anderen Maschinen durch den Äther, es klingt von allen Seiten: »Ausspreche Anerkennung.« Halt, gehört diese Stimme, die das sagt, nicht dem Kommodore? Ich habe ein heißes, gutes Gefühl, so wie nach einer gelungenen sportlichen Leistung. Dann ist es mir, als ob ich in die Augen Tausender dankbarer Infanteristen schaue. Im Tiefflug geht es in Richtung Küste.
»Zwei russische Jäger, Herr Oberleutnant«, meldet Scharnovski.
»Wo?«
»Sie drücken uns nach, Herr Oberleutnant. – Sie umkreisen in ihrer eigenen Flak die Flotte. – Mensch Meyer, sie werden jetzt zu gleicher Zeit von ihrer eigenen Flak abgeschossen!«
Dieser Ausdruck von Scharnovski und vor allen Dingen sein Schreien sind mir völlig neu. Das ist bis jetzt noch nicht vorgekommen. Wir fliegen tief in gleicher Höhe der Betonklötze, wo ebenfalls Flakgeschütze draufstehen; fast könnten wir mit der Fläche den Iwan runterreißen. Sie halten nach oben auf die Kameraden, die greifen jetzt andere Schiffe an; denn durch die Explosionswolke ist im Augenblick nichts zu sehen. Das Getöse unten auf dem Wasser scheint groß zu sein; denn einige Flakbesatzungen bemerken meinen Vogel erst, als er dicht bei ihnen vorbeifliegt. Dann drehen sie die Geschütze und schießen hinterher; alle sind sie abgelenkt durch den Gesamtverband, der hoch oben abfliegt. So habe ich als einzelner Glück. Die Umge-

bung ist voller Flakgeschütze, die Luft ist eisenhaltig. Aber es beruhigt, daß es einem nicht so unbedingt persönlich gilt! Ich überfliege jetzt die Küste – der schmale Küstenstreifen ist sehr unangenehm. Hochziehen wäre unmöglich, weil es zu lange dauert, bis ich eine gewisse Sicherheitshöhe erreicht habe. Also bleibe ich unten. Vorbei an Maschinengewehren, an Flak. Russen werfen sich erschreckt zu Boden, und dann klingt wieder Scharnovskis Stimme:
»Eine ›Rata‹ von hinten.«
Ich drehe mich um und sehe die russische Jagdmaschine auf etwa dreihundert Meter hinter uns.
»Scharnovski, schießen!«
Auf einige Meter neben meiner Kabine flitzen die Leuchtspurgeschosse des Iwans vorbei.
»Scharnovski, Sie sollen schießen!«
Scharnovski gibt keinen Ton von sich, der Iwan schießt nur noch auf Zentimeter vorbei. Ich mache wilde Abwehrbewegungen.
»Scharnovski, sind Sie wahnsinnig? Schießen Sie; ich sperre Sie ein!«
Ich brülle ihn an!
Scharnovski schießt nicht. Jetzt sagt er bedächtig:
»Herr Oberleutnant, ich schieße nicht, denn ich sehe dahinter eine deutsche Me (Messerschmitt), und wenn ich auf die Rata schieße, beschädige ich vielleicht die Me.« Damit ist das Thema für Scharnovski erledigt; aber ich schwitze vor Anspannung. Die Leuchtspur liegt weiter um mich herum, ich kurbele wild.
»Jetzt können Herr Oberleutnant sich mal umdrehen, die Me hat die Rata abgeschossen.« Ich kurve leicht und schaue nach hinten; es ist so, wie Scharnovski sagt: da unten liegt sie. Nun kommt wackelnd auch schon eine Me 109 vorbei.
»Den Abschuß, Scharnovski, wollen wir dem Jäger gern bestätigen.« Scharnovski sagt nichts, er ist etwas beleidigt, daß ich vorhin mit seiner Auskunft allein nicht zufrieden war. Schweigend sitzt er bis zu seiner Landung, ich kenne es an ihm. Wie viele Feindflüge gibt's, wo er vom Start bis zur Landung keinen Ton sagt.

Nach der Landung stehen alle Besatzungen vor dem Gruppenzelt angetreten. Hauptmann Steen erzählt uns, daß der Kommodore schon angerufen habe und zum Erfolg der III. Gruppe gratuliert; er war selbst anwesend bei der imposanten Explosion. Hauptmann Steen soll denjenigen namhaft machen, der als erster stürzte und die erfolgreiche Tausend-Kilo-Bombe warf, um ihn zum Ritterkreuz einzureichen.
Mit einem Seitenblick auf mich sagt er:
»Seien Sie mir nicht böse, aber ich habe dem Kommodore gesagt, ich sei stolz auf meine ganze Gruppe, daß es ein Erfolg von ihr in der Gesamtheit sein soll.«
Im Zelt drückt er mir die Hand: »Bei einem Antrag zwecks Anerkennung Ihrer Leistungen brauchen Sie kein Schlachtschiff mehr« – und lacht, wie ein richtiger Junge.

Der Kommodore ruft an. Neuer Einsatz: »Die Dritte Gruppe hat heute Versenkungstag, sofort Start auf die ›Kirov‹, die hinter der ›Marat‹ liegt. Weidmannsheil.« Die Lichtbilder der letzten Maschine ergeben, daß die »Marat« in zwei Teile zerrissen ist. Nachdem die Riesenexplosionswolke sich etwas verzogen hat, ist das zu sehen. Das Telefon vom Geschwader klingelt nochmals:
»Steen, sagen Sie mal, haben Sie meine Bombe jesehen? – ich nich und Peckrun ooch nich!«
»Herr Oberstleutnant, die Bomben fielen einige Minuten vor dem Angriff ins Wasser.« Wir Jungen im Zelt haben Mühe, ein ernstes Gesicht zu machen. Ein kurzes Knacken im Telefonhörer und nun nichts mehr. Wir haben es unserem Kommodore, der altersmäßig unser Vater sein könnte, nicht übel genommen, wenn er aus Nervosität vermutlich schon vorher mal den Bombenknopf betätigte. Es ist ihm hoch anzurechnen, daß er bei diesen schweren Einsätzen überhaupt selbst mitfliegt. Fünfzig Lebensjahre sind keine fünfundzwanzig, bei der Sturzkampffliegerei gilt das im besonderen Maße.
Auf geht es nun zum weiteren Einsatz gegen die »Kirov«. Beim Zurückrollen von der Landung im letzten Einsatz ist Haupt-

mann Steen ein kleines Malheur passiert, als er mit einem Rad in ein tiefes Loch rollte und durch Kopfstand der Maschine die Luftschraube beschädigt. Die Siebente Staffel stellt nun ein Ersatzflugzeug. Die Staffeln stehen schon am Start, und nun rollen wir von unserem Gruppenstabliegeplatz ab. Hauptmann Steen stößt erneut an ein Hindernis, und diese Maschine wird nun auch unklar. Von den Staffeln kann keine Ersatzmaschine mehr genommen werden; sie sind ja schon am Start. Vom Stab bin ich der einzige, der fliegt. Er steigt also aus der Maschine und kommt zu mir auf die Fläche:
»Daß Sie mir böse sind, wenn ich nun Ihre Maschine nehme, weiß ich, aber ich muß als Kommandeur doch mit. Lassen Sie Scharnovski gleich hinten drin für diesen Einsatz.«
Unzufrieden und ärgerlich gehe ich zu den Liegeplätzen unserer Maschinen, um mich etwas meiner Aufgabe als technischer Offizier zu widmen. Nach etwa eineinhalb Stunden kommt die Gruppe zurück. Vorn fehlt die Stabsmaschine mit der grünen Motorschnauze, meine. Der Kommandeur wird irgendwo notgelandet sein auf eigenem Gebiet.
Sobald die Kameraden gelandet sind, frage ich, wo der Kommandeur sei. Keiner will mir so recht antworten, bis einer erzählt:
»Hauptmann Steen stürzte auf die ›Kirov‹. Zwischen tausendfünfhundert und zweitausend Meter Höhe erwischte ihn ein Flakvolltreffer. Seine Steuerorgane wurden so getroffen, daß die Maschine nicht mehr abzufangen war. Ich sah, wie er versuchte, mit dem Seitenruder die Maschine direkt auf das Schiff zu lenken. Aber unmittelbar an der Vorderwand des Kreuzers stürzte er senkrecht ins Wasser. Die Explosion von seiner Tausender hat die ›Kirov‹ schwer beschädigt.«
Die Trauer der gesamten Gruppe um den gefallenen Kommandeur und den treuen Feldwebel Scharnovski ist groß und gibt dem sonst so erfolgreichen Tag ein trauriges Ende. Scharnovski, der brave Junge, weg. Hauptmann Steen, weg. Beide waren in ihrer Art Idealtypen und sind in keiner Weise voll zu ersetzen. Ein Glück für sie, in einer Zeit zu sterben, wo sie noch selbst

überzeugt sein konnten, daß am Ende allen Leides Deutschlands und Europas Freiheit stehen würde.
Vertretungsweise übernimmt jeweils der älteste Staffelkapitän die Führung der Gruppe; als Bordschützen nehme ich mir den Gefreiten Henschel. Er kommt zu uns aus der Ergänzungsstaffel Graz, wo er mit mir früher einige Übungseinsätze flog. Zwischendurch fliegt dann wieder mal irgendein anderer mit, vom Zahlmeister angefangen über den Nachrichtenoffizier bis zum Arzt, alle möchten sie die Lebensversicherung bei mir nicht auslassen. Als Henschel dann schon von mir als voll genommen wird und Stammbesatzung ist, wird er immer sehr böse, wenn er zu Hause bleiben soll und ein anderer mit mir fliegt. Eifersüchtig wie ein kleines Mädchen.
Bis zum 1. Oktober sind wir noch einige Male über dem Finnischen Meerbusen, und es gelingt, noch einen Kreuzer zu vernichten. Mit dem zweiten Schlachtschiff, der »Oktoberrevolution«, haben wir nicht so viel Glück. Sie wird durch Treffer kleinerer Bomben beschädigt, aber nicht sonderlich schwer. Als es bei einem Einsatz gelingt, sie mit einer Tausend-Kilo-Bombe zu treffen, detoniert an diesem Tage keine Bombe dieses Kalibers. Wo sabotiert worden ist, kann trotz eifrigster Untersuchung nicht festgestellt werden. So behalten die Sowjets eines ihrer Schlachtschiffe.
Im Abschnitt Leningrad wird es ruhiger, und wir werden an einem neuen Schwerpunkt benötigt. Die Entlastung für die Infanterie ist erreicht, der russische Küstenstreifen eingedrückt und damit ein ganz enger Ring um Leningrad geschaffen. Leningrad fällt nicht, denn die Verteidiger behalten den Ladoga-See und damit den Nachschub für die Festung.

V

VOR MOSKAU

Wir fliegen noch einige Male am Wolchow und an der Leningradfront. Bei unseren letzten Einsätzen merken wir, daß sich anderswo etwas anbahnen muß, denn hier oben ist es überall ruhiger geworden. Wir gehen wieder zum Mittelabschnitt der Ostfront zurück, wo wir bald die Angriffslust des Heeres zu spüren beginnen. Man spricht hier vom Vormarsch in Richtung Kalinin – Jaroslaw. Über die Einsatzhäfen Moschna-Kuleschewka geht es an Rshew vorbei nach Staritza. Anstelle unseres gefallenen Kommandeurs hat nun Hauptmann Preßler die Führung übernommen; er kommt aus einem Nachbargeschwader.
Langsam wird es schon kalt, und wir bekommen einen Vorgeschmack vom herannahenden Winter. Technisch macht er mir als Gruppen-T.O. allerlei Sorgen, da plötzlich Dinge bei unseren Maschinen auftreten, die ihre Ursache nur in der Kälte haben. Alles braucht seine Zeit, bis es durch Erfahrung gemeistert wird. Besonders die Oberwerkmeister haben nun ihre Sorgen, wo doch jeder bestrebt ist, möglichst viele Maschinen klarzuhaben. Meiner vom Gruppenstab macht sich noch persönlich welche dazu; er lädt Bomben ab vom Lastwagen, mit dem Steuerschwanz schlägt ihm eine sich überschlagende Bombe die große Zehe ab. Ich stehe im Augenblick gerade daneben; er sagt lange gar nichts, dann meint er: »Sechseinhalb Meter werde ich nun nicht mehr springen« – und schaut traurig auf die Zehe. Noch bleibt es nicht richtig kalt, es bewölkt sich, und es kommen nochmals wärmere Luftmassen mit tiefer Bewölkung. Die können wir für unsere Einsätze nicht gebrauchen.
Kalinin ist von unseren Truppen eingenommen, aber die Gegenwehr der Sowjets ist sehr hart, und sie bleiben dicht an der Stadt stehen. Unseren Divisionen wird der weitere Vormarsch sehr sauer, zumal das Wetter den Russen mächtig nachhilft. Darüber hinaus haben die pausenlosen Kämpfe unsere Einheiten stark

dezimiert. Der Nachschub klappt auch nicht so reibungslos, weil die Hauptzufahrtsstraße von Staritza nach Kalinin dicht vor der Stadt des öfteren vordere Linie gegen den von Osten her angreifenden Feind ist. Wie schwierig und verworren die Lage ist, merke ich bald selbst.
Unser Maschinenstand ist derzeit klein, Ausfälle, Witterungseinwirkungen usw. sind die Gründe dafür. Ich führe – der Kommandeur ist nicht dabei – einen Einsatz nach Torshok, einem Eisenbahnknotenpunkt nordwestlich Kalinin. Der Angriff gilt dem Bahnhof und dem Nachschubverkehr. Das Wetter ist schlecht, die Wolkenhöhe nur um die sechshundert Meter. Für ein stark flakgeschütztes Ziel ist das sehr wenig. Sollte das Wetter noch schlechter werden und der Rückflug gefährdet sein, so sollen wir in Kalinin landen, auf dem Platz südlich der Stadt. Am Treffpunkt warten wir lange auf die Jäger. Sie kommen nicht zum Begleitschutz, vermutlich ist ihnen das Wetter zu schlecht. Viel Benzin ist uns durch das Warten in der Luft verlorengegangen. In geringer Höhe umkreisen wir Torshok, um die abwehrärmste Stelle zu finden. Erst scheint es so, als wenn uns von überall die gleiche Abwehr entgegenschlägt; dann haben wir eine günstige Stelle gefunden und greifen den Bahnhof an. Froh bin ich, wie alle Maschinen wieder hinter mir sind. Das Wetter wird schlechter, dazu starker Schneefall. Mit unserem Benzinvorrat sieht es ungünstig aus; vielleicht gerade genug, um wieder nach Staritza zu kommen, wenn wir nicht allzuviel wegen der Wetterlage umfliegen müssen. Kurz entschlossen fliege ich nach dem näheren Kalinin; außerdem sieht es nach Osten hin heller aus. Wir landen in Kalinin, alles läuft mit Stahlhelm umher; es sind schon Maschinen von einem anderen Schlachtgeschwader hier. Ich stelle den Motor ab, höre und sehe zugleich den Einschlag von Panzergranaten auf dem Platz. Einige Maschinen sind schon durchlöchert. Schnell suche ich den Gefechtsstand des hier eingesetzten Verbandes auf, um etwas Genaueres über die Lage zu erfahren. Das Ergebnis treibt uns zur Eile im Klarmachen unserer Maschinen. Die Sowjets greifen mit Panzern und Infanterie den Platz an und stehen bis auf einen Kilometer

davor. Ein eigener dünner Schützenschleier von Infanterie liegt an unserem Platzrand – jeden Augenblick können die Stahlkolosse hier erscheinen. Wir Stukas kommen der Platzbesatzung wie ein Himmelsgeschenk. Zusammen mit den Schlachtfliegern, den Henschel 123, geht es bis zum späten Abend auf die Panzer; wenige Minuten nach dem Start wird schon wieder gelandet. Das Bodenpersonal kann jeden Angriff verfolgen. Es wird gut geworfen; denn jeder weiß: wenn die Panzer nicht vernichtet werden, geht es uns an den Kragen. Die Nacht bringen wir in einer Kaserne am Südrand zu. Jedes Kettengeräusch schreckt uns auf: ist es eine Zugmaschine der eigenen Flak im Stellungswechsel, oder ist es schon der Iwan mit Panzern? Möglich ist hier in Kalinin alles. Kameraden der Infanterie erzählen uns, daß gestern einige Panzer am Tage auf den Hauptplatz in Kalinin fuhren und auf alles schossen, was sich zeigte. Vorn waren sie durchgebrochen, und in der Stadt dauerte es einige Zeit, bis man sie erledigen konnte. Hier knallt es ununterbrochen, wir stehen vor der Artillerie, die über uns nach Osten zum Iwan schießt.

Die Nächte sind stockfinster, tiefstliegende Wolken, der Luftkrieg findet nur in Bodennähe statt. Da wieder einmal die Nachschubstraße unterbrochen ist, fehlt es an vielen Dingen für die geschwächte Erdtruppe; sie leistet fast Übermenschliches. Ein plötzlicher Kälteeinbruch von über vierzig Grad Minus läßt das normale Waffenöl einfrieren, es schießt keine Maschinenwaffe mehr ohne Hemmung. Beim Iwan geht alles, man sagt, sie haben spezielle Tierfette und Präparate. Bei uns fehlt es an Ausrüstung jeder Art, um bei dieser Kälte noch kampfstark zu bleiben. Sehr langsam kommt etwas nach. Die Einheimischen können sich nicht erinnern, in den letzten Jahrzehnten solch eine Witterung erlebt zu haben. Der Kampf gegen die Kälte ist schwerer als der gegen den Feind. Einen besseren Verbündeten können die Sowjets nicht haben. Unsere Panzermänner klagen, daß ihr Turm sich nicht drehen ließe, alles sei eingefroren. Mehrere Tage bleiben wir in Kalinin und fliegen ununterbrochen, bald kennen wir jeden Graben. Die Front ist vom Flugplatz wieder um einige Kilometer nach Osten gedrängt, und wir gehen zurück zu unserem Staritza, wo wir schon lange erwartet werden. Hier fliegen wir noch einige Einsätze in Richtung Ostaschkow, und dann erhalten wir Befehl, nach Gorstowo bei Rusa, achtzig Kilometer vor Moskau, zu verlegen.

Die Stoßrichtung der hier eingesetzten Divisionen geht längs der Autobahn über Moshaisk nach der russischen Hauptstadt. Über Swenigorod – Istra hinaus steht eine dünne Panzerspitze von uns zehn Kilometer vor Moskau. Darüber hinaus ist eine andere Gruppe schon weiter nach Osten vorgestoßen und steht nördlich der Stadt auf dem ostwärtigen Ufer des Moskau-Eismeer-Kanals in zwei Brückenköpfen. Einer bei Dimitrow.

Es ist Dezember, und das Thermometer zeigt zwischen vierzig und fünfzig Grad unter Null. Schnee in Massen, die Wolkenhöhe meist gering, die Abwehr stark. Der hervorragende Leutnant Klaus fällt, einer der wenigen alten Kameraden. Wahrscheinlich durch eine Panzergranate; es mag ein Zufallstreffer des Panzers sein. Wie in Kalinin, so ist auch hier das Wetter unser Hauptgegner und der Retter Moskaus. Der sowjetische Soldat wehrt sich zwar verzweifelt, aber er ist auch ausgepumpt, geschwächt, und wäre keinesfalls in der Lage, unseren weiteren Vormarsch zu verhindern. Sogar die frisch in den Kampf geworfenen Einheiten sind nicht entscheidend. Deutschlands Armeen sind lahmgelegt durch die Kälte. Die Eisenbahnen fahren so gut wie nicht mehr, kein Nachschub, kein Verwundetentransport. Mit dem eisernen Willen allein ist es nicht mehr zu schaffen. Es fehlt am Nötigsten, Gerät muß stehenbleiben, es gibt keinen Transportraum, kein Benzin, keine Munition. Lastwagen fahren schon lange nicht mehr. Schlittengespanne sind das einzige sichere Verkehrsmittel. Traurige Rückzugsbilder, immer häufiger. Die stolzen Angriffsdivisionen kämpfen um ihr Letztes. Unsere Maschinenzahl ist klein. Bei diesen Temperaturen leben die Motoren nicht lange. So wie früher zum Angriff, so fliegen wir jetzt zur Verteidigung unserer Truppen auf die angreifenden Sowjets.

Am Eismeerkanal sind wir schon lange nicht mehr, auch nicht

mehr am großen Stauwehr nordwestlich Klin in Richtung Kalinin. Die Jäger der Blauen Division der Spanier, die sich ausgezeichnet schlagen, müssen den Platz Klin räumen. Bald werden auch wir dran sein.

Es geht auf Weihnachten zu, und der Iwan drückt noch immer auf Wolokolamsk, nordwestlich von uns. Wir sind mit dem Gruppenstab in die Schule des Orts eingezogen und schlafen im großen Schulraum auf dem Fußboden; so kriege ich jeden Morgen zu hören, was ich im Schlaf zusammengesponnen habe. Man merkt, daß die fünfhundert Feindflüge doch nicht so ganz spurlos vorübergegangen sind. Ein anderer Teil unserer Gruppe ist in die hier üblichen Lehmhütten eingezogen. Wenn man da reinkommt, glaubt man sich so ungefähr dreihundert Jahre zurückversetzt in einen primitiven Weltteil. Der Raum hat den entschiedenen Vorteil, daß man so gut wie nichts sieht, weil die männlichen Familienmitglieder rauchen. Ihr Tabak, Machorka, nebelt alles ein. Man gewöhnt sich auch hieran und erkennt dann das beste Möbelstück; einen in zweifelhaftem Weiß angestrichenen riesigen Steinofen von einem Meter Höhe. Oben drauf wohnen, essen, lachen, weinen, zeugen und sterben drei Generationen zu gleicher Zeit. Bei reichen Leuten gibt es vor dem Ofen noch einen mit Holz abgegrenzten Zwinger. Hier jagt sich ein Schweinchen mit anderen Haustieren im Kurvenkampf. Wenn es dunkel ist, fallen nachts von der Decke die schönsten und fettesten Exemplare von Wanzen auf einen herab, mit einer Zielsicherzeit, die sie bestimmt zu den Stukas der Insekten macht. Die Luft ist zum Ersticken; die Pans und Paninkas – Männer und Frauen – machen aber keinen unzufriedenen Eindruck. Sie kennen ja nichts anderes, so lebten ihre Vorfahren jahrhundertelang, so leben sie, und so wird weiter gelebt. Nur scheinen heutzutage bei ihnen die Erzählung und das Märchen keinen Platz mehr zu haben. Vielleicht wohnen sie dafür auch zu dicht an Moskau.
Durch den Ort fließt die Moskwa auf die Kreml-Stadt zu. Darauf spielen wir Eishockey, wenn wir nicht fliegen können. So wird

die Spannkraft erhalten, wenn auch mancher dabei etwas demoliert wird; dem Adjutanten wird zum Beispiel die Nase in leicht östlicher Richtung verbogen. Aber der Sport lenkt uns etwas ab von den traurigen Eindrücken über der Front. Nach unserem Jagen auf der Moskwa gehe ich jedesmal in die Sauna. Sogar dieses Dorf hat ein solches finnisches Dampfbad. Darin ist es aber leider so stockdunkel und schlüpfrig, daß ich eines Tages von oben runterfalle, geradewegs in die Schnittkante eines aufrechtstehenden Spatens. Ich trage eine zünftige Wunde davon.

Nördlich von uns sind die Sowjets an uns vorbeigestoßen, deshalb wäre es längst an der Zeit, auf einen rückwärtigen Platz zu verlegen. Wir können nicht, denn seit Tagen ist die Bewölkung über den Wäldern in westlicher Richtung auf Wjasma so tief, daß jedes Fliegen mit unseren Maschinen unmöglich ist. Auf unserem Platz liegt hoher Schnee. Wenn wir nicht großes Glück haben, steht der Iwan zugleich mit dem Weihnachtsbaum auf unserer Schwelle. Die an uns vorbeigestoßenen russischen Verbände kennen unsere Anwesenheit bestimmt nicht, sonst wären wir schon längst abgeholt.

So verbringen wir Weihnachten noch in Gorstowo in unserer Schule. Bei Beginn des Abends hat manch einer noch trübe Gedanken und horcht auf bei jedem Kettengeräusch von draußen. Das vergeht bald nach den Weihnachtsliedern. Gar bei den Anfälligsten nach einigen Kostproben vom reich vorhandenen Wodka. Am Nachmittag kommt der Geschwaderkommodore zu einem kurzen Besuch zur Verleihung von Auszeichnungen. In unserer Gruppe bekomme ich das erste Deutsche Kreuz in Gold. Am Ersten Weihnachtsfeiertag laden wir unsere Sportkameraden aus Moskau vergeblich zum Weihnachtsturnier ein. Wir spielen deshalb allein Eishockey auf der Moskwa. Auch in den folgenden Tagen hält das schlechte Wetter an.

Sobald es etwas besser wird, starten wir zum Verlegen, über die riesigen Wälder und längs der Autobahn geht es in Richtung Wjasma. Unterwegs wird das Wetter schlechter, wir fliegen gerade über den Baumwipfeln dicht nebeneinander. Trotzdem hat man Mühe, sich gegenseitig nicht aus den Augen zu verlieren.

Alles ist grau, verschwommen, Nebel und Schnee wirbeln durcheinander. Jede Maschine hängt an ihrem Staffelführer. Dieses Fliegen ist schwerer als der heißeste Einsatz. Es wird ein schwarzer Tag für uns, in der Gruppe verlieren wir mehrere Besatzungen, die diesen Anforderungen nicht gewachsen sind. Über Wjasma drehen wir rechts ab nach Norden und fliegen in Richtung Sytschewka–Rshew. Zwanzig Kilometer südlich Sytschewka landen wir in Dugino im hohen Schnee und ziehen in einer Kolchose ein. Die unerbittliche Kälte hält an, und erst jetzt kommen auf dem Luftweg Ausrüstungsgegenstände und Bekleidung an, die für diese Kälte geeignet sind. Transportmaschinen mit Pelzbekleidung, Skiern, Schlitten und anderen Dingen mehr fallen täglich auf unserem Platz ein. Aber es ist zu spät, um Moskau einzunehmen; zu spät, um die vom Frost weggemähten Kameraden an unsere Seite zurückzubringen; zu spät, um Abertausende, die ausgeschaltet sind aus unserer Angriffsfront durch abgefrorene Zehen und Finger, zu retten; zu spät, um einer unaufhaltsam vorwärtsstürmenden Armee, die von der erbarmungslosen Faust eines unvorstellbar harten Winters in Erdbunker und Laufgräben gezwungen war, wieder Flügel zu geben.
Wir fliegen in den Räumen, die wir vom letzten Sommer her kennen. Im Wolga-Quellgebiet westlich Rshew, bei Rshew selbst, an der Bahn bei Olinin und südlich davon. Tiefer Schnee macht unseren Truppen kolossal zu schaffen, aber die Sowjets fühlen sich ganz in ihrem Element. Wer am primitivsten operiert und sich fortbewegt, ist jetzt der technisch Überlegene. Motoren springen nicht mehr an, alles gefriert, keine Hydraulik funktioniert, jedes Verlassen auf ein technisches Gerät ist Selbstmord. Unsere Maschinen wollen morgens nicht mehr anspringen bei diesen Temperaturen, obwohl wir die Motoren mit Strohmatten und Decken einpacken. Die Mechaniker sind oft die ganze Nacht draußen und lassen jede halbe Stunde den Motor laufen, damit er zum Einsatz auch bestimmt anspringt. Die beißend kalten Nächte an den Maschinen zu verbringen, hat viele Erfrierungen zur Folge. Als T.O. bin ich zwischen den Einsätzen immer draußen, um jede Möglichkeit auszuschöpfen, wieder eine Maschine mehr klarzubekom-

men. In der Luft frieren wir selten; wenn das Wetter schlecht ist, wir tief fliegen müssen und die Abwehr groß ist, so bemerkt man durch die innere Anspannung die Kälte nicht. Das schließt nicht aus, daß man, heimgekehrt in die Unterkunft, plötzlich einige Erfrierungserscheinungen feststellt.
In den ersten Januartagen landet General von Richthofen mit einem Fieseler Storch bei uns und verleiht mir im Namen des Führers das Ritterkreuz zum Eisernen Kreuz. Angeführt werden hauptsächlich meine Schiffs- und Brückenerfolge des vergangenen Jahres.
Weiter zunehmende Kälte macht es uns immer schwieriger, morgens startklare Maschinen zu haben. Ich sah verzweifelte Mechaniker, die mit offenem Feuer ihre Motoren erwärmen wollten, um sie zum Anspringen zu bringen. Einer sagte: »Entweder springen sie nun an, oder sie verbrennen. Springen sie nicht an, dann sind sie sowieso wertlos für uns.«
Etwas gewagt ist mir die Lösung doch, und ich komme auf eine andere. Aus einem Blechfaß entsteht ein Blechofen. Oben geht eine Art Ofenrohr heraus; es hat mehrere Siebe, um den Funkenflug zu verhindern. Dieses ganze Gerät stellen wir unter den Motor und machen Feuer an; das Rohr zeigt in die Gegend der Motoreinspritzpumpe, dorthin geht nun die Wärme. Wir heizen so lange, bis es Erfolg hat; es ist primitiv, aber für den Rußlandwinter gerade richtig. Es werden komplizierte, sogenannte Wärmewagen und technische Geräte geliefert. Es sind hervorragende Konstruktionen, leider beruhen sie selber ja auf technischen Feinheiten in Form von kleinen Motoren oder Aggregaten. Die müssen zunächst selbst anspringen, und das tun sie aufgrund der Kälte eben nicht. Unser einsatzklarer Gruppenmaschinenstand ist deshalb den ganzen Winter klein. Diese wenigen Maschinen aber werden meistens nur von alten, erfahrenen Besatzungen geflogen, so daß die Quantität durch die Qualität einigermaßen ausgeglichen werden kann.

Wir fliegen schon einige Tage längs der Eisenbahn Sytschewka–Rshew, da versuchen die Sowjets durchzubrechen. Unser Platz

kommt in dieselbe Lage wie einige Wochen zuvor der in Kalinin. Vom Heer stehen vor unserem Platz keine kampfkräftigen Einheiten, und eines Nachts steht der Iwan, von Sytschewka kommend, plötzlich vor Dugino. Unser Stabskompaniechef, Oberleutnant Kresken, stellt aus unserem Bodenpersonal und dem der Nachbareinheiten eine Kampfgruppe zusammen und hält den Platz. Teilweise stehen unsere braven Techniker nachts im Graben, mit Karabiner und Handgranate in der Hand, und am Tage betreuen sie wieder ihre Maschinen. Bei Tageslicht kann nichts passieren, denn wir haben noch Benzin und Bomben am Platz. An zwei Tagen rücken Kavallerieeinheiten und Skibataillone gegen unseren Platz vor. Da wird es kritisch, und wir werfen in Platzrandnähe unsere Bomben. Die Sowjetverluste sind groß; dann geht Kresken, der alte Zehnkämpfer, mit seiner Kampfgruppe zum Gegenangriff über. Über ihm hängen wir in unseren Maschinen und schießen und bomben ihm jeden Widerstand zusammen. So wird das ganze Vorfeld wieder freigekämpft. Unsere Luftwaffensoldaten haben sich bei Beginn des Krieges ihre Verwendung in dieser Form bestimmt nicht vorgestellt. Erweitert wird nun das Vorfeld durch eine Panzereinheit des Heeres, die Sytschewka wieder einnimmt und es zu ihrem Standort macht. So festigt sich die Lage wieder etwas, und es baut sich in der Linie Gshatsk–Rshew vor unserem Abschnitt eine neue Front zusammen. Die Zeit des Nur-Zurückgehens ist vorbei.
Die Füchse vertragen die Kälte besser als wir. Jedesmal, wenn wir tief über den Schneeweiten des Raumes von Rshew zurückfliegen, sehen wir sie durch den Schnee stapfen. Etwas erschrokken ducken sie sich, wenn wir in zwei oder drei Metern darüber wegbrausen, und blinzeln nach oben. Jäckel hat noch einige Schuß im MG und schießt auf einen. Er trifft ihn auch. Mit einem Storch mit Schneekufen fliegt er hin; Meister Reinekes Anzug ist aber völlig durchlöchert.

Eine peinliche Überraschung ist die Nachricht, daß ich aufgrund meiner hohen Feindflugzahl zunächst aus dem Einsatz genommen werden, und nach einem Urlaub dann in die Ergänzungsstaffel in Graz, in der Steiermark, kommen soll, um junge Besatzungen mit den neuesten Erfahrungen vertraut zu machen. Beteuerungen, daß ich keine Erholung brauche, daß ich nicht aus dem Einsatz wolle, sogar die Torpedos der Dienstwegumgehungen nach oben hin nützen nichts; es bleibt dabei. Der Abschied aus dieser Schicksalsgemeinschaft ist schwer. Hauptmann Preßler will mich gleich wieder anfordern, wenn ich drin bin und etwas Gras darüber gewachsen ist. Ich klammere mich an jede Hoffnung.

Eines Morgens geht es in Richtung Westen. Mit einer Transportmaschine über Witebsk–Minsk–Warschau nach Deutschland. Meinen Urlaub verbringe ich beim Skilaufen im Riesengebirge und in Tirol und versuche meine Wut in Abfahrts- und Torläufen zu überwinden. Die Ruhe in der heimatlichen Bergwelt, die in der Sonne glitzernden, schneebedeckten Gipfel lösen langsam die Spannung der ununterbrochenen Einsätze.

VI

AUSBILDUNG UND PRAXIS

Bevor ich in Graz neue Besatzungen ausbilden werde, wird geheiratet. Mein Vater ist noch Pfarrer im Amt und übernimmt die Trauung in unserem Heidedörflein, mit dem mich so schöne Lausbubenerinnerungen verbinden.

Dann auf nach Graz, jetzt nicht mehr als Schüler, sondern als Lehrer. Verbandfliegen, Stürzen, Bombenwerfen und Schießen. Oft sitze ich acht Stunden am Tage in der Maschine, da ich zunächst kaum Hilfskräfte habe. Bei schlechtem Wetter, oder wenn technischer Dienst angesetzt ist, gibt es militärische Übungen oder Sport. Besatzungen kommen von den Stukaschulen zur Weiterbildung und gehen dann zur Front. Einen Teil meiner ausgebildeten Besatzungen werde ich später wiedersehen und vielleicht in meiner Einheit haben. Allein schon deshalb lohnt sich jede Mühe in der Ausbildung. In der Freizeit trainiere ich weiter im Zehnkampf, spiele Tennis, schwimme, oder bin in der herrlichen Bergumgebung von Graz. Nach zwei Monaten bekomme ich eine Hilfskraft. Leutnant Jäckel aus der Dritten Staffel hat soeben das Ritterkreuz bekommen und soll ebenfalls etwas aussetzen. Wir machen frontähnliche Einsätze auf friedliche Ziele. Innerhalb der Staffel habe ich zwei Messerschmitt-Jagdflugzeuge, so daß wir uns auch die feindliche Jagdabwehr darstellen können. Die Ausbildung ist hart und schwer, aber ich glaube, die Besatzungen lernen viel, wenn sie es durchstehen und das Geforderte schaffen. Die persönliche Härte wird durch den Sport anerzogen. Fast jeden Montagmorgen macht die Staffel mit mir einen Zehn-Kilometer-Lauf, und es bekommt allen gut. Am Nachmittag geht es dann nach Andritz zum Baden, Mutproben; alle werden Turmspringer, und Freischwimmerzeugnisse werden angestrebt.

Jäckel ist einige Jahre jünger und noch ein rechter Bub, man kann ihm nicht böse sein, und wenn eine noch so peinliche Situa-

tion entsteht. Er lacht, ist fröhlich, fliegt durchs Leben. An einem Sonnabendnachmittag gehe ich in die Berge. Der Omnibus hält vor der Wache, und ich fahre in Richtung Stadt. Im Straßengraben begleitet uns der Schatten vom Omnibus. Nun sehe ich im Schatten, wie auf dem Wagendach Gestalten sitzen; sie ziehen lange Nasen und machen ähnliche Späße, besonders wenn Mädchen vorüberkommen. Die Mützen sind zu erkennen, es sind Soldaten aus unserem Fliegerhorst, aber aus meiner Einheit können sie nicht sein, denn es ist mehrfach verboten worden, oben auf dem Dach des Omnibusses mitzufahren. Mit ein klein wenig Betonung sage ich zu einem Oberleutnant einer Bodeneinheit, der neben mir sitzt: »Die da oben müssen von Ihnen sein.«
Mit ein klein wenig Überlegenheit sagt er mir:
»Sie werden lachen, die sind von Ihnen!«
Als die Soldaten in Graz runtersteigen, gebe ich Befehl, sich Montag um 11 Uhr bei mir zu melden. Als sie dann kommen, um ihre Quittung abzuholen, sage ich:
»Wie kommen Sie überhaupt dazu; Sie wissen, daß es verboten ist; so was gibt es nicht.«
Ich lese ihnen vom Gesicht, daß sie etwas sagen wollen, und frage, ob sie etwas zu erklären hätten.
»Wir glaubten nur, daß wir es auch tun könnten, wenn Leutnant Jäckel oben fährt.«
Schnell schicke ich sie raus, um lachen zu können; denn ich stelle mir Jäckel auf dem Omnibus vor. Als ich ihm sage, was daraus entstanden ist, setzt er seine Unschuldsmiene auf, und dann ist es mit meinem Ernst auch vorbei.
In den letzten Tagen in Graz gibt es um ein Haar noch einen außerdienstlichen Unfall. Eine Segelfliegervereinigung bittet mich, ihre Segler mit einem alten tschechischen Doppeldecker zu schleppen, weil sie keinen anderen Piloten hätten. Ich tue es und kann in diesem Privatflugzeug meine Frau mitnehmen, die gern fliegen möchte. Nach zweieinhalb Stunden frage ich, wie es mit dem Betriebsvorrat aussieht, Instrumente zeigen dies nicht an. Darauf wird mir gesagt, der Vogel flöge vier Stunden, ich

solle ruhig weiterfliegen. Ich lasse mich nicht überreden und fliege zum Platz zurück. Mitten über Kartoffelfeldern bleibt im Tiefflug der Motor weg. Ich schreie nur schnell: »festhalten«; denn ich weiß, meine Frau ist nicht angeschnallt, und schon setze ich in den Querfurchen auf. Die Maschine springt noch über einen Graben und bleibt dann heil in einem Kornfeld stehen. Wir holen etwas Benzin, und auf einem Feldweg starte ich dann zu dem drei Kilometer entfernten Platz.

Wie viele Kameraden, gerade in der Luftwaffe, bleiben unbesiegt vor dem Feinde und verunglücken durch irgendein ganz dummes »zivilistisches« Unglück! Dieser bedeutungslose Vorfall erhärtet einmal mehr den scheinbar widersinnigen Grundsatz, nach dem wir verpflichtet sind, mindestens ebenso vorsichtig zu sein, sobald wir vom Fronteinsatz weg sind, wie beim schärfsten Angriff! Auch vor dem Feind dürfen wir das Leben nicht unnötig riskieren, wenn auch der Gedanke an das Leben beim Einsatz uns nie hemmen oder zurückhalten darf.

Als ich mit dem alten Doppeldecker wieder auf dem Flugplatz ankomme, erfahre ich, daß die Ergänzungsstaffel eines anderen Geschwaders nach Rußland verlegt wird. Da wird es aber auch Zeit für uns. Schon lange drückt mich der Gedanke, nun bereits schon einige Monate in der Heimat gewesen zu sein, und jetzt spüre ich schlagartig große Unruhe, die mich immer nach vorne treibt, gerade dann ganz mächtig, wenn ich wittere, daß mir das längere Wegbleiben von den Kameraden der vorderen Front gefährlich werden könnte. Denn ich bin nur ein Mensch, und ich habe mehrere Neigungen in mir, die das vertraute Zusammensein mit dem Tode gern aufgeben möchten für das vertrautere Zusammensein mit dem Leben. Denn leben will ich, jedesmal mehr, ich spüre das im mächtigen Schlagen des Blutes, wenn ich beim Angriff wieder mal dem Tode entwischte. Aber auch wenn ich in berauschender Fahrt einen steilen Alpenhang hinunterbrause. Leben will ich, das Leben liebe ich, das spüre ich in jedem tiefen Atemzug, in jeder Pore meiner Haut, an jeder Faser meines Körpers. Ich fürchte den Tod nicht, habe ihm öfters sekundenlang in die Augen geschaut und nie den Blick als erster

gesenkt. Aber ich habe auch jedesmal nach solcher Begegnung im Herzen gejubelt und manchmal mit meinem Jauchzen versucht, das Dröhnen der Motoren zu überschreien.
Ich denke an all dies, als ich im Kasino automatisch mein Abendessen hinunterkaue. Und dann steht auch schon mein Entschluß fest: ich werde so lange an allen möglichen Stellen bohren, bis ich wieder hinaus kann zu den kämpfenden Verbänden nach vorn.
Nach kurzer Zeit erreiche ich zwar nicht mein eigentliches Ziel, aber wir werden doch nach der Krim befohlen. Sarabus, in der Nähe von Simferopol, ist unser neue Platz, und damit sind wir jedenfalls dichter an der Front als vorher. Das Transportproblem lösen wir dadurch, daß wir hinter unsere Ju 87 Lastensegler setzen und mitziehen. Über Krakau–Lemberg– Proskurow–Nikolajew sind wir bald am Ziel. Der Platz ist sehr groß und zu Ausbildungszwecken geeignet. Mit der Unterkunft sieht es schon behelfsmäßig wie Front aus, aber mit gutem Willen geht alles. Die Ausbildung geht wie in Graz weiter. Wenn Außenlandungen geübt werden, macht es allen besonderen Spaß, denn dann landen wir manchmal am Vormittag im Westen, am Strand des Schwarzen Meeres, und am Nachmittag eventuell im Nordosten, am Asowschen Meer. Bei der Sommerglut baden wir wenigstens für eine halbe Stunde am schönen Strand. Nur bei Kertsch und im Süden, wo sich das etwa tausendsechshundert Meter hohe Jaila-Gebirge an der Südküste entlangzieht, ist es hügelig, sonst ist alles hier auf der Krim eben. Viel Steppe, dazwischen riesige Tomatenpflanzungen. Zwischen dem Meer und dem Jaila-Gebirge zieht sich ein ganz schmaler Küstenstreifen hin, die Riviera von Rußland. Wir sind mehrfach hier und holen mit Lastwagen Feuerholz, das es bei uns nicht gibt. Der Vergleich mit der Riviera fällt ziemlich kümmerlich aus. Einige Palmen sehe ich in Jalta, das stimmt also; aber zwei, drei dieser Bäume ersetzen noch keine Riviera! Die Bauten leuchten hell von weitem, besonders wenn man längs der Küste im Tiefflug über das Meer fliegt. Das macht einen überraschend guten Eindruck; geht man aber durch die Straßen von Jalta und sieht nun

alles in der Nähe, so ist die Enttäuschung über die vorherrschende Primitivität und Geschmacklosigkeit in diesem sowjetischen Kurort groß. Nicht anders ist es in den benachbarten Orten Aluschta und Alupka. Meine Soldaten sind begeistert über die vielen Weinberge zwischen den Orten, die Traubenzeit beginnt gerade. An jedem Berg werden die Trauben probiert, mit viel Bauchschmerzen kommen wir sehr verspätet nach Haus.
Schon lange quält es mich, nicht wieder im Einsatz zu sein. Übers Telefon biete ich dem kommandierenden General der Luftstreitkräfte im Kaukasus meine Stuka's als Einsatzeinheit an; mehrere Besatzungen sind frontreif. Für alle ist es eine hervorragende Schulung, und das Geschwader kann froh sein, schon erfahrene Besatzungen zu bekommen. Zunächst erhalten wir einen Verlegebefehl nach Kertsch; an der Schwarzmeerküste entlang sollen öfter sowjetische Geleitzüge fahren. Von hier aus könnten wir sie angreifen. Es bleibt beim »könnten«. Stundenlang sitzen wir in Bereitschaft und warten auf die Geleitzüge; es erfolgt aber nichts. Ich will mal mein Glück versuchen mit meinem Messerschmitt-Jäger. Feindliche Aufklärer sind mein Ziel. Die verfluchten Kerle drücken aber sofort weit aufs Meer hinaus, mit Kurs Tuapse–Suchum, und ich kann sie nicht mehr einholen, weil ich natürlich erst starten kann, nachdem ich sie gesehen habe. Kurz darauf erreiche ich jedoch unsere Verlegung nach Beloretschenskaja, nahe Maikop, wo ein anderes Geschwader liegt. Hier werden wir wieder mal ordentlich eingesetzt werden; denn gemeinsam wollen wir den Vormarsch in Richtung Tuapse unterstützen.
Von heute auf morgen sind wir nun ein vielbeschäftigter Frontverband geworden. Von früh bis spät geht es in den Angriffsraum des Heeres ins Psichtal über Chadykenskaja–Nawaginskaja, über den Goitsch-Paß in Richtung Tuapse. Nicht ganz leicht ist es für uns, da wir in unserer Ausbildungseinheit nur verhältnismäßig alte und verbrauchte Maschinen benutzen und das hier eingesetzte Geschwader, mit dem wir öfter zusammenfliegen, das neueste Modell hat. In der Marschgeschwindigkeit und im Fliegen in der Höhe macht sich das nachteilig bemerkbar.

Ein spannendes Erlebnis ist das Kämpfen in den engen Tälern. Ohne daß wir es wissen, werden wir oft vom Kampfeseifer in so eine Mausefalle gelockt, wenn wir den Feind verfolgen oder mit Hartnäckigkeit seine Schlupfwinkel ausfindig machen wollen. Der Russe versteckt sich in allen möglichen und unmöglichen Stellen. Fliegen wir dann in solch ein schmales Tal hinein, dann können wir an den meisten Stellen überhaupt nicht wenden. Aber manchmal steht am Ende von einem solchen Tal plötzlich ein Berg. Ganz quer und behäbig versperrt er den Weg zum Weiterfliegen. Wir müssen dann schnell reagieren, und nur durch die guten Flugeigenschaften unseres Vogels geht es dann immer wieder klar. Aber das bleibt ein Kinderspiel verglichen mit den Situationen, wenn schon zweihundert Meter über uns die Berge in dichten Wolken schwimmen.
Die Bergkämme liegen hier zwischen tausendzweihundert und tausendachthundert Meter. Nachdem wir schon mehrere Male in jedem Tal waren, ist es dann leichter, und wir wissen, welche Täler Ausgänge haben und hinter welchem Berg man ins freie Gelände kommt. Alles das ist bei schlechtem Wetter und tiefliegenden Wolken nicht einzusehen. Wenn wir Tiefangriffe unten auf eine Talstraße machen, schießt manchmal eine Abwehr von oben auf uns herunter, weil die Berghänge rechts oder links ebenfalls vom Iwan besetzt sind. Unsere zahlenmäßig schwachen Gebirgstruppen kämpfen hier zäh gegen einen weit überlegenen Gegner, der in festen Gebirgsstellungen sitzt. Wir stehen in enger Verbindung mit der Truppe und versuchen jeden Angriff- und Unterstützungswunsch von ihr zu erfüllen. Die Bergwaldkämpfe sind äußerst schwierig, man sieht nichts. Wenn uns vom Fliegerleitoffizier ein bestimmtes Waldstück zum Angreifen gegeben wird, so führen wir den Wunsch auch dann durch, wenn wir es nicht einsehen können. Gerade dann kommt oft ein Lob des Heeres für uns, wie nutzbringend und wirkungsvoll dieser Angriff gewesen sei.
Der Geimamberg, die benachbarten Höhen, sind in deutscher Hand. Zäh geht es weiter nach Südwesten. Keine zwanzig Kilometer trennen unsere Kameraden von Tuapse. Aber die Ausfäl-

le im Gebirgskampf sind zu groß und Reserven so gut wie keine vorhanden. So bleibt der Angriff am Goitsch-Paß liegen, der letzte Erfolg bleibt versagt.
Um den Bahnhof Goitsch wird lange gekämpft.
Ein sowjetischer Panzerzug schleudert seine schweren Brocken in unsere dünne Angriffslinie. Dieser Panzerzug hat es in sich; er speit sein Feuer aus und zieht sich dann, wie ein Drachen, in sein dunkles Loch zurück. Dieses Drachenloch ist ein Gebirgstunnel in der Umgebung von Tuapse. Kommen wir angeflogen, dann fährt er blitzschnell in den schützenden Tunnel zurück, und wir haben das Nachsehen. Einmal erwischen wir ihn – fast. Wir sind »herangeschlichen«, aber im letzten Augenblick muß er doch gewarnt worden sein. Er ist getroffen, aber es kann nicht schwer gewesen sein; denn einige Tage später ist er wieder repariert und tritt von neuem auf. Jetzt aber ist dieses stählerne Ungeheuer äußerst vorsichtig, wir bekommen ihn überhaupt nicht mehr zu Gesicht. Da fassen wir denn dann folgenden Entschluß: wenn wir dem Panzerzug schon nicht auf den Leib rücken können, so werden wir ihm seinen Schutzengel zum Verhängnis machen! Mit einer Spezialbombe verschütten wir den Tunnelausgang, verhindern damit dem Panzerzug jeden Ausflug und geben unseren Kameraden auf der Erde wenigstens für einige Zeit höchst erforderliche Ruhe: »Geben und nehmen ist die ganze Lebensweisheit«, sagt mein Bordschütze grinsend.
Wir greifen auch den Hafen von Tuapse an, der, wie jeder Hafen, stark flakgeschützt ist. Die Stadt und der Hafen selbst, hinter den Gebirgsketten, sind noch in sowjetischer Hand. Wenn wir in dreitausend Metern Höhe fliegen, so erreicht uns die leichte Flak schon lange vor dem Ziel; sie ist bei den letzten Anflugkilometern auf den Bergen postiert. Für die Flak fliegen wir nur in tausendzweihundert bis tausendfünfhundert Meter Höhe; denn die Bergkämme erheben sich gleich vom Meer aus in tausendfünfhundert Meter Höhe. Unser Angriff richtet sich gegen Kaianlagen, Versorgungseinrichtungen und Schiffe im Hafen, vornehmlich Tanker. Meistens beginnt alles, was bewegungsklar ist, im Kreis zu fahren, um unseren Bomben zu entgehen.

Wenn sie es vorher noch nicht waren, werden meine Besatzungen jetzt vollwertige Frontflieger. Die Flak über dem Hafen ist mit Kronstadt nicht zu vergleichen, aber doch eindrucksvoll stark. Über die Berge sofort zurück kann man nicht, weil sie viel zu hoch sind. Wir stürzen meistens sehr tief in den Hafen und drücken dann auf das Meer hinaus unsere ganze Höhe weg und kommen so verhältnismäßig schnell aus der Flakabwehr heraus. Hier draußen aber warten dann die sowjetischen Jäger schon auf uns. Im Luftkampf, wo man viel leichter Höhe verliert, müssen wir nun auf gut dreitausend Meter steigen, um wenigstens mit guten tausend Metern Überhöhung wieder über die Bergflak nach Hause zu kommen.
Ähnliche Angriffsverhältnisse herrschen im Raum von Gelendshik, wo wir auch ab und zu bei Flugplatzangriffen sind oder in der gleichnamigen Bucht Marineziele angreifen. Unseren Standort in Beloretschenskaja haben die Sowjets bald ausgemacht, sie werfen neuerdings Bomben bei Tag und Nacht. So klein auch der Gesamtmaterialverlust ist, trifft es doch das Geschwader, bei dem wir zu Gast sind, schwer; der Kommodore, Major Orthofer, fällt durch einen dieser Angriffe. In diesem Augenblick lande ich gerade und rolle aus. Rechts und links fallen die Bomben. Meine Maschine erhält viele Splitter und wird unklar, ich selbst aber komme heil dabei weg.

General Pflugbeil, dem hier die Verbände der Luftwaffe unterstehen, ist öfter bei uns auf dem Gefechtsstand; er bringt uns die Nachricht, daß wir weiter nach Osten sollen auf einen Platz in der Nähe des Terek. Hier läuft ein anderes Angriffsunternehmen; wir sollen unterstützen. Es zielt in Richtung Grossny–Kaspisches Meer. Die Panzerspitze steht derzeit vor Okshododnice. An Georgiewski–Piatigorsk und Mineralnya Wody vorbei, von wo man das herrliche und gigantische Elbrusmassiv schauen kann, führt uns der Verlegeflug nach Soldatskaja. In Mineralnya Wody landen wir kurz und ruhen etwas. Hier herrscht eine wahre Mäuseplage. Im Strohsack, in sämtlichen Ecken, Schränken und Schlupfwinkeln knistert es – überall Mäuse. Aus unseren

Rucksäcken springen sie heraus, alles zerfressen sie. Schlafen kann man nicht, selbst im Kopfpolster raschelt es; ich schlage auf alles, um sie zu verscheuchen; dann ist es für einige Minuten ruhig, fängt aber genauso stark wie vorher wieder an. In Soldatskaja haben wir die Haustierplage nicht mehr. Vermutlich würden sie hier auch bald von den vielen fallenden Bomben des Iwan verscheucht werden. Wir haben wenig Flak. Es geht nun nicht, wie zunächst geplant, zur Panzerspitzenunterstützung nach Osten, sondern als erstes nach Süden. Nach wenigen Tagen wird von deutsch-rumänischen Truppen Naltschik eingenommen. Der Blick bei jedem Anflug nach Süden ist herrlich. Vor uns die Schneegipfel des fünftausend Meter hohen Massivs; sie glitzern in der Sonne in allen erdenklichen Farben, unter uns die grünen Matten mit den gelben, roten und blauen Tupfen, es sind Pflanzen und Blumen. Über uns strahlt blauer Himmel. Ich vergesse beim Anfliegen oft eine Zeitlang ganz die Bomben unter der Maschine und den Einsatz. Es macht alles so einen ruhigen, friedlichen und schönen Eindruck. Die Bergwelt um den Elbrus wirkt so wuchtig und riesig; in dieses und jenes Tal könnte man die ganzen Alpen hineinstellen.

Nach der Einnahme von Naltschik geht es noch einige Male nach dem Osten an die Terekfront, über Mosdok hinaus. Dann folgt ganz unvorhergesehen die Zurückverlegung nach Beloretschenskaja in den Kampfraum Tuapse, wo in den alten Schwerpunkträumen noch erbittert gekämpft wird. Es geht auf November zu, ich fliege meinen sechshundertfünfzigsten Feindflug und fühle mich seit einigen Wochen nicht recht wohl, Gelbsucht. Ich weiß es schon länger, doch hoffe ich, daß es so weitergeht und ich deswegen nicht aus dem Einsatz muß. Die Augen sind gelb unterlaufen, die Haut hat die gleiche Farbe. Immer, wenn ich gefragt werde, streite ich es ab, besonders bei General Pflugbeil, der mich schon länger ins Bett befehlen möchte. Böswillige Leute erzählen, ich hätte zuviel Schlagsahne gegessen. Vielleicht ist etwas Wahres dran. Beim sechshundertsten Feindflug brachte der General zur Gratulation eine Kiste Sekt mit und ist ganz erstaunt, als ich ihm sage, daß sich meine Staffel darüber sehr freu-

en würde, aber meine schwache Seite auf anderem Gebiet läge. Einige Tage später kommen einige Torten und zwei Eimer Schlagsahne, was hier kein allzu großes Problem ist, bei den vielen Kühen. Zwei Tage haben wir mit der Staffel nichts anderes gegessen als diese Leckerei; am folgenden Tag war kaum noch eine Besatzung flugbereit. Als ich nun gelb wie eine Quitte bin, kommt eine Messerschmitt 108 vom General, die mich mit oder ohne Gewalt ins Lazarett nach Rostow bringen soll. Ich setze noch durch, daß ich mich vorher noch bei meinem Geschwader in Karpowka bei Stalingrad melden kann. Über Elista mit Nordkurs dahin. Ich versuchte, gleich hierblieben zu können und einem anderen von hier aus die Staffel zu übergeben. Es scheitert, aber der Geschwaderkommodore verspricht mir die 1. Staffel, in der ich den Rußlandfeldzug begonnen habe.
»Aber erst ins Lazarett!«
Mitte November bin ich dann eingesperrt in Rostow in einem Hospital.

VII.

STALINGRAD

Dieses Liegen im Lazarett frißt an meinen Nerven; ich bin nun fast acht Tage hier, eine Veränderung in meinem Befinden merke ich kaum, nur werde ich durch das ungewohnte Liegen und die strenge Diät nicht stärker. Kameraden können mich kaum besuchen, der Weg zu mir ist sehr weit.

Trotz der Meernähe wird es jetzt schon kalt, ich merke es an der Brise durch die Fenster, die mehr aus Kistendeckeln als aus Glas bestehen.

Der behandelnde Arzt ist ein ausgezeichneter Mann, er hat aber die Ruhe weg, und so wird er zum »Behandelten« als er eines Tages in mein Zimmer kommt und mir ganz bieder ankündigt:

»Herr Oberleutnant, in zwei Tagen fährt ein Lazarettzug nach Deutschland; ich werde veranlassen, daß Sie heimfahren.«

»Das kommt nicht in Frage.«

»Aber Herr Oberleutnant, Sie müssen unbedingt zur Weiterbehandlung in die Heimat; was denken Sie wohl?« Sein beruflicher Zorn ist entfacht.

»Aber ich kann doch nicht wegen einer solch komischen Krankheit nach hinten fahren. Dies ist ein sehr nettes Krankenhaus, aber ich habe genug vom Liegen.«

Um ihn ganz von meinem Ernst zu überzeugen, füge ich hinzu:

»Ich muß gleich zum Geschwader zurückfliegen.«

Jetzt ist der Arzt böse, öffnet den Mund, schließt ihn wieder und bringt zum Schluß heftig heraus:

»Ich lehne jede Verantwortung ab – verstehen Sie, jede Verantwortung.«

Er schweigt einen Augenblick, dann fügt er energisch hinzu:

»Ich werde es Ihnen außerdem schriftlich an Ihre Einheit mitgeben.«

Ich mache mich fertig, bekomme meine Krankenpapiere aus dem Krankenhaus und – auf zum Flugplatz! Hier arbeitet eine

Feldwerft, die schon öfters Maschinen meines Geschwaders reparierte. Glück muß der Mensch haben! Soeben ist eine Reparaturmaschine fertig geworden; sie muß sowieso nach vorn zum Geschwader nach Karpowka, fünfzehn Kilometer westlich Stalingrad. Daß ich mich stark und gesund fühle, kann ich nicht behaupten, ich gehe traumwandelnd umher. Ich schiebe es aber nicht so sehr auf die Krankheit, sondern auf die plötzliche frische Luft. Nach knapp zwei Stunden bin ich am Platz in Karpowka, nachdem ich an Tazinskaja – Surwikino und zuletzt an Kalatsch am Don vorbeigeflogen bin. Das Rollfeld steht voll von Maschinen, hauptsächlich Stukas von unserem Geschwader und einer Nachbargruppe. Der Platz selbst bietet keinerlei Tarnmöglichkeit, liegt völlig frei. Nach der einen Seite hin fällt er leicht ab. Nach der Landung gehe ich den Schildtafeln nach. Die genaue Orientierung innerhalb des Geschwaderbereiches ist von jeher bei uns eines der Steckenpferde gewesen. Wenn auch sonst noch nichts oder nur wenig von unserer Anwesenheit zeugt, die Schilder sind bestimmt da. Den Geschwaderfechtsstand habe ich also schnell, er ist unmittelbar am Platz und in einem Erdloch, militärisch bezeichnet man es mit Bunker. Zur Meldung beim Geschwaderkommodore muß ich etwas warten; er ist mit meinem Freund Kraus gerade zum kurzen Feindflug weg. Als er dann kommt, melde ich mich zurück; er ist mehr als erstaunt, mich schon wiederzusehen:
»Wie sehen Sie nur aus? Augen und alles ist ja quittegelb.«
Ohne Notlüge geht es diesmal nicht, also mit Dreistigkeit:
»Ich stehe nur hier, weil ich als gesund entlassen bin.«
Dies wirkt, der Kommandeur guckt den Geschwaderarzt an und sagt kopfschüttelnd:
»Wenn der gesund ist, verstehe ich mehr von Gelbsucht als alle Ärzte. Wo sind übrigens Ihre Krankenpapiere?«
Eine schwierige Frage. Auf dem Platz in Rostow hatte ich dringend Papier benötigt und die ärztliche hinterlistige Erklärung nutzbringender und zweckmäßiger angewandt; also schnell nachgedacht und im selben Ton geantwortet:
»Die Krankenpapiere sollen auf dem Kurierwege nachgesandt

werden.« Aufgrund der Versprechung vor zehn Tagen übernehme ich meine alte Staffel.

Es gibt wenige operative Aufträge, man war nur einmal in der Nähe von Astrachan über einem Wolgahafen gewesen. Hauptsache sind Angriffe im Stadtgebiet von Stalingrad. Die Sowjets verteidigen es wie eine Festung. Mein Gruppenkommandeur erzählt mir Einzelheiten. Beim Bodenpersonal hat sich so gut wie nichts verändert. Vom Spieß Götz bis zum Oberwerkmeister Pissarek ist alles geblieben. Bei den fliegenden Teilen müßte es durch die Ausfälle anders aussehen, aber die neuen Besatzungen sind alle durch meine Ausbildung in der Ergänzungsstaffel gegangen. Unterkünfte, Geschäftszimmer, alles ist unter der Erde. Nach kurzer Zeit habe ich mich daran gewöhnt und fühle mich heimisch. Am nächsten Morgen Einsatz auf Stalingrad, wo ungefähr zwei Drittel der Stadt von deutschen Truppen besetzt sind. Die Sowjets halten zwar nur ein Drittel der Stadt, aber dieses Drittel wird verteidigt mit einem Fanatismus, der zur Religion wird. Stalingrad ist die Stadt Stalins, und Stalin ist der Gott für diese jungen Kirgisen, Usbeken, Tataren, Turkmenen und sonstigen Mongolen. Sie haben sich festgebissen in jedem Stück Ruine, sie lauern hinter jedem Mauerrest. Für ihren Stalin sind sie eine Garde von feuerspeienden Kriegstieren, und wollen die Tiere nicht mehr, so werden wohlgezielte Schüsse aus den Pistolen der politischen Kommissare sie so oder so an die Stelle ihres Kampfes ketten. Diese asiatischen Zöglinge des integralen Kommunismus und die hinter ihnen stehenden politischen Kommissare, sie werden im zerpflügten Stalingrad gemeinsam Deutschland und die ganze Welt zwingen, den bequemen Glauben aufzugeben, daß der Kommunismus eine politische Denkform sei, wie so viele andere. Statt dessen werden sie zuerst uns und schließlich allen anderen Völkern den Beweis erbringen, daß sie Jünger eines neuen Evangeliums sind. Und so wird Stalingrad das Bethlehem unseres Jahrhunderts werden. Aber ein Bethlehem von Krieg und Haß, Vernichtung und Zerstörung.

Mit diesen Gedanken befassen wir uns, als wir Einsatz auf Einsatz gegen die rote Festung fliegen. Das von den Sowjets gehaltene Stück grenzt unmittelbar an das westliche Wolga-Ufer, und so schleppen die Russen jede Nacht über die Wolga alles heran, was die Rotgardisten brauchen. Um einen Häuserblock, um einen einzigen Keller, um ein Stück Fabrikmauer toben erbitterte Kämpfe. Wir müssen peinlichst genau werfen, denn einige Meter weiter, in einem anderen Keller hinter einem anderen Mauerrest, stehen unsere eigenen Soldaten.
Auf unseren fotografischen Stadtplänen ist jedes Haus zu erkennen, jeder bekommt sein Ziel genau auf der Fotografie mit einem roten Pfeil eingezeichnet. Wir fliegen mit dem Stadtplan in der Hand zum Angriff, und keiner darf eine Bombe werfen, bevor er nicht sein Ziel und den genauen Standort der eigenen Truppe absolut erkannt hat. Wenn wir über den westlichen Stadtteil fliegen, berührt uns die dort herrschende Ruhe und das fast alltägliche Treiben ganz merkwürdig. Einschließlich Zivilisten läuft alles so umher, als wäre es in der entlegensten Etappe. Der gesamte westliche Teil ist in eigener Hand, nur der kleine Stadtteil im Osten, zur Wolga hin, hat diese russischen Widerstandsnester und ist der Schauplatz schwerster Kämpfe. Die russische Flak kann oft nur bis mittags in voller Stärke schießen, die über Nacht herangeschleppte Munition muß ihnen gegen diese Zeit wohl ausgegangen sein. Auf der anderen Wolgaseite starten die Iwans von einigen Jägerplätzen und versuchen unsere Angriffe auf den russischen Teil Stalingrads zu erschweren. Über unser Gebiet kommen sie selten mit, sie drehen meistens sofort ab, wenn sie keine eigene Truppe mehr unter sich haben. Unser Platz liegt in Stadtnähe, und wir müssen mit dem Verband ein oder zwei große Schleifen drehen, um eine gewisse Höhe zu erreichen. Das genügt dem sowjetischen Flugmeldedienst, um seine Luftabwehrkräfte zu warnen.
Bei der augenblicklichen Lage will ich keine Stunde von meiner Staffel weg sein: es steht zuviel auf dem Spiel, wir fühlen das instinktiv. Es geht dieses Mal mit meiner Gesundheit auf Biegen und Brechen, aber wenn ich krank werde, verliere ich meine

Staffel, und diese Befürchtung gibt mir zusätzliche Kräfte. Nachdem ich mich vierzehn Tage lang mehr im Hades als auf der Erde gefühlt habe, kehren langsam die Kräfte wieder zurück. Zwischendurch fliegen wir Einsätze am Nordriegel, nördlich der Stadt, wo die Front zum Don hinüberspringt. Einige Male sind wir bei Zielen in der Nähe von Beketowka. Gerade hier ist die Flak außerordentlich stark, die Einsätze sind schwer. Laut Gefangenenaussagen bestehen die Flakbedienungsmannschaften nur aus Frauen. Ein Einsatz nach diesem Ort heißt nun immer unter den Besatzungen: »Es geht heute zur Weiberflak.« Es spricht keine Verächtlichmachung daraus, denn jeder, der schon einmal da war, weiß, wie gut sie schießen.
In bestimmten Abständen fliegen wir auf die nördlichen Donbrückenköpfe. Der größere ist bei der Ortschaft Kletskaja, und dieser Brückenkopf auf der Westseite des Dons wird sorgsamst von der gegnerischen Abwehr behütet. Gefangene sagen aus, daß hier ein Hauptquartier eines Kommandos liegt. Er erweitert sich immer mehr, und die Sowjets füllen ihn täglich mit mehr Menschen und Material an. Brückenzerstörungen von uns verzögern das, aber die Pontons lassen sich verhältnismäßig schnell ergänzen, so daß der volle Übergangsbetrieb immer bald wieder hergestellt ist. Hier oben am Don stehen größtenteils rumänische Einheiten. Nur im eigentlichen Kampfraum Stalingrad steht die deutsche 6. Armee.
Auf eine Alarmmeldung hin startet unser Geschwader eines Morgens in Richtung des erwähnten Brückenkopfes. Das Wetter ist schecht, tiefe Wolken, leichter Schneefall, die Temperatur mag bei minus 20 Grad liegen; wir fliegen tief. Was kommt uns denn da entgegen? Wir sind höchstens auf halbem Wege. Massen in braunen Uniformen! Russen? Nein, Rumänen! Teilweise werfen sie jetzt noch ihre Handwaffen weg, um noch schneller laufen zu können; ein furchtbares Bild, wir ahnen nichts Gutes. An den Kolonnen entlang fliegen wir nach Norden, jetzt sind wir in den Artilleriestellungen unserer Verbündeten angekommen. Die Geschütze sind verlassen, nicht zerstört, Munition liegt daneben. Erst ein Stück dahinter treffen wir die

ersten Sowjettruppen. Sie finden die gesamten rumänischen Stellungen vor sich verlassen. Wir greifen an mit Bomben und Bordwaffen, aber was kann es viel nützen, wenn niemand mehr auf dem Boden Widerstand leistet? Eine ohnmächtige Wut packt uns, entsetzliche Ahnungen steigen auf: wie kann diese Katastrophe aufgehalten werden? Mit einer maßlosen Erbitterung werfe ich meine Bomben auf den Feind und streue die Garben meiner Bordwaffen in diese uferlosen gelbgrünen Angriffswellen, die uns aus Asien und der Außenmongolei entgegenbrausen. Ich habe keinen Schuß mehr übrig, auch nicht um mich gegen mögliche Jäger zu wehren. Jetzt schnell zurück um neu zu munitionieren und zu tanken: unsere Angriffe sind bei diesen Mengen zwar nur ein Tropfen auf dem heißen Stein, aber daran will ich jetzt nicht denken.

Auf dem Rückflug sehen wir wieder die flüchtenden Rumänen; gut, daß ich keinen Schuß Munition mehr habe, um damit diese feige Flucht zu stoppen. Ihre guten Stellungen, die schwere Artillerie, ganze Haufen von Munition, alles haben sie stehenlassen und sind geflohen. Sie werden mit ihrer Feigheit eine Katastrophe über die ganze Front heraufbeschwören. Widerstandslos rollt der Sowjetvormarsch nach Kalatsch. Und mit Kalatsch schließen sie jetzt einen Halbkreis um unseren Teil von Stalingrad.

Im eigentlichen Stadtraum steht unsere 6. Armee. Unter einem Hagel von konzentriertester Sowjetartillerie sieht sie immer wieder die roten Angriffswellen auf sich losstürmen. Die 6. Armee ist ausgeblutet, sie kämpft, mit dem Rücken gegen eine langsam abbröckelnde Mauer: sie steht und schlägt trotzdem zurück.

Südlich von Stalingrad verläuft die Front längs einer Seenplatte von Norden nach Süden und springt dann in die Steppe hinein. Erst nach Hunderten von Kilometern liegt in diesem Steppenmeer eine Insel: Elista, ein größerer Ort. Die Front führt ostwärts an Elista vorbei. Von dem Ort aus kontrolliert eine deutsche motorisierte Infanteriedivision den gewaltigen Steppenraum. Zwischen dieser Division und der 6. Armee in Stalingrad stehen gleichfalls Bundesgenossen. An dieser Stelle wittert die rote Armee Schwäche: besonders im nördlichen Teil des Seengebietes stoßen Sowjets durch, gegen Westen. Sie wollen den Don erreichen! Es kostet die Russen nur wenige Tage, und sie stehen am Don. Dann stürmt ein roter Angriffskeil nach Nordwesten. Sie wollen Kalatsch erreichen! Da zeichnet sich das drohende Schicksal der 6. Armee deutlich ab. Im Raum Kalatsch geben sich beide russischen Angriffsgruppen die Hand, und damit ist um Stalingrad der Ring geschlossen. Alles geht unheimlich schnell vor sich, viele unserer Nachschubeinheiten werden von den Russen überrollt und in ihren Zangen gefangen, bevor sie wissen, was sich ereignet hat. Tragödien, namenlose Heldentaten reihen sich in diesem Zeitabschnitt aneinander. Keine einzige deutsche Einheit ergibt sich, ohne bis zur Pistolenkugel, bis zur letzten Handgranate, bis zu ihrem bitteren Ende zu kämpfen.

Wir fliegen jetzt im Kessel nach allen Seiten, wo es gerade am bedrohtesten aussieht. Der Druck der Sowjets auf die 6. Armee hält an, aber der deutsche Soldat steht. Wo ein örtlicher Einbruch gelingt, wird er abgeriegelt, und im Gegenstoß wird der Feind wieder geworfen. Unsere Kameraden bieten alles auf, um zu halten; sie stehen und wissen doch, daß sie rückwärts abgeschnitten sind, weil Feigheit und Verrat der roten Armee Vorschub leisteten. Unser Platz ist jetzt häufig Angriffsobjekt der sowjetischen Luftstreitkräfte in Hoch- und Tiefangriffen. Im Verhältnis zu dem großen Kräfteaufwand geht bei uns sehr wenig kaputt. Nur mit Bomben, Munition und Betriebsstoff wird es jetzt so knapp, daß es nicht mehr geraten erscheint, alle Gruppen im Kessel zu lassen. In zwei oder drei Einsätzen ist dann alles verflogen, und später wird keine Unterstützung aus der Luft von dieser Stelle aus möglich sein. Eine Sonderstaffel unter Führung von Oberleutnant Jungklausen bleibt im Kessel, um weiter die bedrängte 6. Armee pausenlos zu unterstützen, solange noch gestartet werden kann. Alle anderen fliegenden Teile von uns verlegen außerhalb des Kessels nach Oblivskaja, etwa 170 km westlich von Stalingrad.

Aus dem Raum Salsk greifen nun stärkere deutsche Kräfte an, im Verein mit zwei hinzugekommenen Panzerdivisionen. Diese Division sind aufgefrischt und uns als hervorragend bekannt. Es ist ein Stoß aus dem Südwesten her in nördlicher Richtung mit dem Endziel, die unterbrochene Verbindung mit Stalingrad wieder herzustellen und damit die 6. Armee zu entsetzen. Vom ersten bis zum letzten Licht unterstützen wir täglich diese Operation. Sie muß gelingen, wenn die eingeschlossenen Divisionen befreit werden sollen. Es geht zügig vorwärts, bald stehen unsere Kameraden auf der Erde über Abganerowo hinaus, noch 30 km südlich des Kessels. Schwer kämpfend haben sie über 60 km zurückgelegt. Der Widerstand versteift sich jetzt etwas mehr, doch es geht zäh weiter vorwärts. Wenn jetzt von der Südseite des Kessels aus die 6. Armee auf der anderen Seite entgegendrücken könnte, wäre damit die Operation beschleunigt und vereinfacht. Aber sie hätte es nur schwer gekonnt, auch wenn der Befehl dazu erteilt worden wäre; sie ist der physischen Erschöpfung eigentlich schon lange erlegen, nur ein eiserner Wille hält sie noch. Die Einheiten der eingekreisten Armee sind noch schwächer geworden, denn es fehlt an dem Allernotwendigsten: Verpflegung, Munition, Betriebsstoff. Die Temperatur ist meistens zwischen 20 und 30 Grad minus, lähmend. Durchaus zu schaffen wäre es, wenn die vorgesehene Luftversorgung die notwendigsten Dinge in der Mindestmenge in den Kessel einfliegen könnte. Aber der Wettergott steht anscheinend auf der Seite unseres Gegners. Längere Zeit anhaltendes schlechtes Wetter verhindert die ausreichende Versorgung. In den bisherigen Rußlandkämpfen hat das immer so geklappt, daß letzten Endes ein Kessel immer entsetzt werden konnte. Aber jetzt kann nur ein kleiner Teil von dem unbedingt Notwendigsten den Bestimmungsort erreichen. Später entstehen Landeschwierigkeiten, der Nachschub muß aus der Luft abgeworfen werden, damit geht nochmals ein Teil verloren. Bei dichterem Schneetreiben wird trotzdem mit Nachschub geflogen, und unter solchen Umständen fällt einiges von den kostbaren Gütern sogar bei den Sowjets nieder.

Eine neue Hiobsbotschaft trifft uns: Im Raum von Bogoduchow stehen in einem Frontabschnitt unsere südlichen Bundesgenossen. Hier haben die Sowjets einen Rieseneinbruch erzielt; wenn er nicht gestoppt wird, kann er für die gesamte Südfront zum Verhängnis werden. Es sind keine Reserven vorhanden. Der Einbruch muß abgeriegelt werden. Die Angriffsgruppe, die von Süden her Stalingrad entsetzen soll, ist die einzig vorhandene. Die schlagkräftigsten Teile werden aus ihr herausgezogen und in den neuen Einbruchsraum geführt. Täglich sind wir über den deutschen Angriffsspitzen geflogen, und wir wissen, welcher Widerstand auf der anderen Seite noch zu überwinden ist. Wir wissen auch, daß diese deutschen Divisionen den Kessel erreicht und somit die Eingeschlossenen entsetzt hätten.
Da sie nun ihre Schlagkraft verteilen müssen, ist es aus. Die 6. Armee kann nicht mehr befreit werden, ihr tragisches Schicksal ist besiegelt. Der Entschluß, die starke geschlossene Angriffsgruppe nicht mehr auf Stalingrad marschieren zu lassen, muß schwergefallen sein, die schwachen zurückgebliebenen Kräfte können es allein nicht mehr schaffen.
An zwei entscheidenden Stellen sind unsere Verbündeten dem sowjetischen Druck gewichen. Ohne Schuld des deutschen Soldaten geht die 6. Armee verloren. Und mit ihr Stalingrad. Und mit Stalingrad die Möglichkeit, das eigentliche Kräftezentrum der Roten Armee für immer auszuschalten.

VIII

ZURÜCK

Jungklausen hat jetzt die letzten Vorräte an Bomben und Benzin verflogen und kehrt wieder zum Geschwader zurück. Er hat seine Aufgabe ausgezeichnet gelöst, unter schwersten Umständen. Aber auch bei uns in Oblivskaja kommt er nicht in ruhige Verhältnisse zurück. Eines Morgens schießt es plötzlich mit Infanteriewaffen auf der anderen Platzseite von uns. Wie wir später feststellen, bekämpft das Bodenpersonal einer anderen Einheit reguläre sowjetische Truppen. Ein Wetterflieger schießt mehrfach mit Signalmunition Alarm. Sofort starte ich mit der Staffel, und in unmittelbarer Nähe sehe ich Pferde, daneben abgesessene Reiter, alle Iwans. Nach Norden ein unabsehbares Heer von Pferden, Menschen und Material. Ich gewinne etwas Höhe, ich kenne die Abwehrverhältnisse noch nicht und will mir zunächst eimal einen Gesamtüberblick verschaffen. Bald habe ich es erfaßt: eine Kavalleriedivision rückt hier an und wird von niemandem gehindert. Nördlich von uns steht ja auch noch keine zusammenhängende Front, so daß die Sowjets unbemerkt durch eine der neu entstandenen Lücken gesickert sind. Sie stehen mit ihrer Masse 4–5 km vor unserem Platz, mit ihren Spitzen am Platzrand. Vom Heer ist nichts in diesem Raum, also Notwehr in höchster Potenz. Als erstes zerschlage ich die Artillerie mit Bomben und Kanonen, bevor sie in Stellung gehen kann; dann greifen wir die anderen Teile an. Eine Kavallerieeinheit ohne ihren Pferdebestand wird bewegungslos und verliert die Kampfkraft. Darum bleibt mir nichts anderes übrig, als alle Pferde zusammenzuschießen.
Pausenlos starten und landen wir, alle sind wir in fieberhafter Eile. Wenn bis abends nicht alles restlos vernichtet ist, wird nachts unser Platz in Gefahr sein.
Am Nachmittag sichten wir einige Sowjetpanzer. Mit Höchstgeschwindigkeit rollen sie in Richtung des Platzes. Wir müssen sie

vernichten, sonst sind wir rettungslos verloren. Wir greifen an mit Bomben. Sie machen Abwehrmanöver. Die Notwendigkeit der nackten Selbstverteidigung gibt uns eine Treffsicherheit wie nie zuvor. Nach dem Kampf sammeln wir Höhe und fliegen den kurzen Weg zum Platz zurück. Ich fühle mich zufrieden über die geleistete Arbeit und die gelungene Abwehr. Plötzlich sehe ich da vorne ... ganz dicht am Platzrand ... das kann nicht sein. Der letzte Sowjetpanzer ist dem Bombentanz entwichen und will es doch schaffen. Alleine kann er unseren ganzen Platz mit allem drauf und dran über den Haufen schießen. Also tiefer runter, und die gut gezielte Bombe erwischt den Panzer einige Meter vor dem Rollfeld.

Abends fliege ich meinen siebzehnten Einsatz an diesem Tage, und wir betrachten uns das Schlachtfeld. Es ist ruhig, alles vernichtet. Heute nacht schlafen wir bestimmt ungestört. Während der letzten Einsätze ist unsere Flak am Platz aus ihrer Stellung gegangen und bildet weiter im Vorfeld eine Art Sperriegel für den Fall, daß es einigen übriggebliebenen Iwans noch einfallen sollte, heute nacht in der verkehrten Richtung zu laufen. Ich persönlich glaube es nicht. Die wenigen Entkommenen werden eher weit hinten einem Stab melden wollen, daß diese ehemalige Kavallerieeinheit nicht mehr zurückkehrt und abgeschrieben werden muß.

Kurz vor Weihnachten sind wir etwas weiter westlich, in Morosowskaja. Hier geht es uns ähnlich, der Iwan lauert wenige Kilometer vor dem Platz in Urjupin. Das Wetter verhindert jeglichen Start. Am 24. Dezember sollen wir wenigstens auf einem anderen Platz im Südosten ausweichen. Wir wollen nicht ohne Gegenwehr aus der Luft des Nachts vom Iwan vereinnahmt werden. Das noch schlechter werdende Wetter zwingt uns, im Flug umzukehren und Weihnachten auf gut Glück in Morosowskaja zu feiern. Alle sind sich am Heiligen Abend darüber klar, daß unsere Posten jede Stunde Alarm schlagen können. Dann müssen wir den Platz mit unseren Maschinen verteidigen. Ganz wohl fühlt sich keiner; einem merkt man es mehr an, dem anderen weniger. Trotz der Weihnachtlieder will keine rechte Weihnachtsstimmung kommen. Pissarek hat einen zünftigen Schluck aus der Flasche genommen; er hat Jungklausen gefaßt und tanzt wie ein Bär durch das Zimmer. Es hebt die Stimmung, als der Bär den Antialkoholiker auch noch zum Tanz einfängt und durch den Raum schleift. Der Staffel gefällt es, und alle trüben Gedanken und steifen Abstandsgefühle sind vorbei. Alles fühlt sich miteinander verbunden, was auch kommen mag.

Am Tage darauf erfahren wir, wie die Sowjets 50 Kilometer westlich den Nachbarplatz in Tazinskaja, wo eine Transportgruppe unserer Luftflotte liegt, am Weihnachtsabend überrollt haben. Die Sowjets haben furchtbar gehaust, die Leichen der Kameraden sind teilweise völlig verstümmelt, Augen sind ausgestochen, Nasen und Ohren abgeschnitten.

Welche Ausmaße die Katastrophe von Stalingrad genommen hat, wird uns jetzt deutlich vor Augen geführt. In den Weihnachtstagen bekämpfen wir Kräfte nördlich Tazinskaja und bei uns am Platz. Allmählich kommen Luftwaffeneinheiten von hinten nach, und es werden auch neue Einheiten aus Nachschuborganisationen hier vorn zusammengestellt. Langsam bildet sich so wieder ein leichter Kräfteschleier vor unseren Plätzen. Optimisten können das als Front bezeichnen; wirkliche Kampfkraft aber entsteht erst, als alte Divisionen, die sich aus der unverschuldeten Lage zurückschlagen können, wieder mit eingesetzt werden. Durch die neue Situation ist es nicht mehr möglich, die Tschirfront längs des gleichnamigen Flusses zu unterstützen, wie es bisher im Raum Nishtschirskaja und Surwikino getan wurde. Diese Front ist der erste neuerstandene Prellbock in Ost-West-Richtung gegen den von Norden heranstürmenden Feind. Das Land ist völlig eben und bietet keinerlei Geländeschwierigkeiten; soweit das Auge reicht, ist alles Steppe. Tarnmöglichkeiten gibt es nur in sogenannten Balkas, Risse in der Erdoberfläche oder Schluchten, deren Talsohlen bis zu 10 m tiefer liegen als das umliegende Gelände. Sie sind verhältnismäßig breit, so daß oft Fahrzeuge nicht nur hintereinander, sondern auch nebeneinander stehen können. So zieht sich das ganze Gelände über viele hundert Kilometer dahin, von Rostow bis Stalingrad. Wird der

Feind nicht auf dem Marsch angetroffen, so befindet er sich stets in diesen Verstecken.
Bei klarem, kaltem Winterwetter liegt in den Morgenstunden viel Nebel, oft fällt er aber auch erst ein, wenn wir bereits gestartet sind. Bei einem Flug zur Tschirfront sind wir gerade auf dem Rückflug, da wird es plötzlich dicht. Ich lande sofort mit meiner Staffel auf einem großen Feld. Von einer Truppe ist nichts zu sehen. Henschel geht mit einem Teil der Bordschützen los, um das Gelände auf Feindnähe zu erkunden. Nach drei Stunden sind sie wieder zurück, die letzten paar hundert Meter finden sie uns nur durch Rufen wieder; man sieht kaum die Hand vor Augen. Kurz vor Mittag reißt es etwas auf, und wenig später landen wir glatt auf unserem Platz.
Der Monat Januar ist bald wieder vorüber, und wir schlagen unser Quartier vorübergehend in Tazinskaja auf, bevor wir nach Schachty gehen. Von hier aus werden hauptsächlich jene Feindkräfte bekämpft, die das Donezgebiet bedrohen. Für weiter nördliche Einsätze benutzte ich mit meiner Staffel den Platz in Woroschilowgrad. Von hier zum Donez ist es gar nicht weit; eventuelle Übersetzversuche über diesen Fluß sind von hier aus leichter zu bekämpfen. Durch die pausenlosen Einsätze und die Härte des Kampfes seit Stalingrad ist unsere tägliche Zahl in der Luft sehr klein geworden. Die ganze Gruppe hat augenblicklich kaum mehr Maschinen als eine sehr starke Staffel. Getrennt Aufträge zu fliegen, lohnt sich selten, wir fliegen im Verband, dessen Führung meistens mir obliegt. Das ganze Donezgebiet ist voller Industrieanlagen, hauptsächlich Bergwerke. Stehen die Sowjets schon zwischen diesen Anlagen, dann sind sie schwer zu bekämpfen; hier können sie sich gut verstecken und tarnen. Tiefangriffe zwischen Schloten und Fördertürmen haben meistens nur bedingt Erfolg, die Flugzeugführer müssen zu sehr auf die Umgebung und ihre Hindernisse achten und können sich nicht auf das Ziel konzentrieren.

An einem dieser Tage feiern Oberleutnant Niermann und Kufner »Geburtstag«. Nordwestlich Kamensk suchen wir den

Feind, vornehmlich Panzer, und die einzelnen Maschinen haben sich etwas voneinander getrennt. Hinter Kufners Maschine mit Niermann drin hängt eine Lag 5. Ich rufe es ihnen zu. Niermann fragt: »Wo?« Er sieht sie nicht, weil die Lag von hinten unten rangezogen ist. Nun schießt sie schon aus nächster Entfernung. Ich hatte sofort kehrtgemacht, aber nicht geglaubt, daß ich noch zurechtkomme. In letzter Sekunde schieße ich sie ihm vom Schwanz weg. Bevor er dran glauben muß. Von der Zeit an behauptet Niermann nicht mehr, grundsätzlich jeden Jäger zu sehen.

Solch eine »Geburtstagsfeier« ist ganz lustig, und es wird mancher Spaß getrieben, so auch bei dieser. Vertretungsweise haben wir einen Arzt da, von dem unsere Soldaten behaupten, er könne das »Geräusch vom Schießen« schlecht vertragen. In vorgerückter Stunde geht Jungklausen ans Telefon und klingelt diesen Doktor aus seiner Nachtruhe. Jungklausen meldet sich als vorgesetzter Arzt der Luftflotte:

»Machen Sie sich sofort fertig für einen Flug in den Kessel.«

»Wie, bitte?«

»Sie sollen sich sofort fertig machen für einen Flug in den Kessel Stalingrad. Sie müssen dort einen Kollegen ablösen.«

»Wie, bitte?«

Der Arzt wohnt nur einen Stock tiefer; wir wundern uns, daß er dieses Geschrei von Jungklausen nicht direkt hört. Es muß seine Aufregung sein.

»Aber Sie wissen doch, daß ich schwer herzleidend bin.«

»Damit habe ich nichts zu tun, Sie sollen sofort in den Kessel.«

»Sie wissen doch, daß ich erst neulich operiert bin; könnte diese Aufgabe denn nicht besser von einem Kollegen ausgeführt werden?«

»Aber hören Sie, das können Sie doch nicht ernst meinen! Das kann ich mir nicht denken, daß sie sich etwa diesen Auftrag entgehen lassen möchten. Wo würden wir hinkommen, wenn sogar Sie versagen würden.«

Wir können uns nicht halten vor Lachen. Am nächsten Tag läuft der Arzt ganz verstört umher, aber jedem der es hören will, erzählt er wichtigtuerisch, daß er vielleicht »zu dieser höchst gefährlichen Aufgabe herangezogen werden soll«. Einige Tage später hat er den Spaß verstanden und wird versetzt. Besser für uns, besser für ihn.

In diesen Tagen benutzen wir den Platz von Rowenki für ganz kurze Zeit und verlegen dann nach Gorlowka, unweit Stalino, Zentrum des Donez-Industriegebiets. Hoher Schneefall behindert unseren Flugbetrieb; es dauert immer lange, bis die ganze Gruppe in der Luft ist.
Als neuer Offiziersersatz kommt hier Leutnant Schwirblat zu mir, und gleich beim ersten Feindflug soll er mit mir allein in den Raum Artemowsk fliegen. Ich bin schon etwas vorgeflogen, weil er mit dem Rollen im Schnee anscheinend nicht klarkommt. Als er dann in der Luft ist, kürzt er nicht den Weg zu mir ab, sondern fliegt mir nach, ohne abzuschneiden. Einige Lags machen sich mit ihm einen Spaß und veranstalten Scheibenschießen auf ihn. Ein Wunder, daß er noch nicht unten liegt; er fliegt immer geradeaus, ohne eine Abwehrbewegung zu machen, offenbar glaubt er, es müsse so sein. Nun habe ich ihn wieder eingefangen und setze mich hinter ihn; die Jäger drehen daraufhin ab. Nach der Landung entdeckt er in seinem Flugzeugrumpf und in den Steuerorganen Löcher. Da sagt er zu mir:
»Die Flak hat mich ganz anständig beschossen; es muß ja wohl Flak gewesen sein, denn Jäger habe ich nicht gesehen.«
Etwas spöttisch sage ich ihm:
»Ich muß Ihnen herzlich zu Ihrem hervorragenden Bordschützen gratulieren, der es sich zur Aufgabe gestellt hat, überhaupt nichts zu sehen – auch nichts, wenn die Lags auf ihn scheibenschießen.«
Schwirblat soll dann aber einer der Besten im Geschwader werden, von einer vorbildlichen Zähigkeit. Jeder in meiner Staffel nennt ihn nur noch meinen Schatten; denn im Einsatz hängt er wie eine Klette an mir. Außerdem treibt er mit gleicher Härte Sport mit mir, raucht und trinkt nicht. Schon in allernächster Zeit beweist er sein fliegerisches Können. Er fliegt fast stets als

zweiter hinter mir, und oft sind wir auch allein. Wir müssen dauernd ran, denn die Sowjets versuchen, die Straße Konstantinowska – Kramatorskaja nach Slawiansk in westlicher Richtung und nördlicher von uns zu überschreiten. Bei einem dieser Angriffe steigt mein tausendster Feindflug. Die Staffel gratuliert mir mit glückbringendem Schornsteinfeger und einem Schweinchen. Der tausendunderste Flug beendet, trotz hartnäckigster Weigerung, für die nächsten Monate meine Frontverwendung.

IX

STUKA GEGEN PANZER

Zunächst soll ich in Urlaub fahren; aber ich will erst mal nach Berlin fliegen, um zu hören, was man von mir will. Eine Sonderaufgabe wartet auf mich, und deshalb muß ich mich in einer Abteilung des Reichsluftfahrtministeriums melden. Nur meine hohe Feindflugzahl ist die Ursache von alledem. Wenn es solche Folgen haben muß, will ich überhaupt nicht mehr zählen lassen.
In Berlin weiß man nichts.
»Also dann kann ich gleich meine Staffel wieder übernehmen; es wird wohl ein Irrtum meines Geschwaders sein.«
Irrtümer werden aber in Ministerien und Abteilungen grundsätzlich verneint. Es wird telefoniert, und dann sagt man mir, daß ich nach dem Urlaub nach Rechlin gehen muß, wo man Versuche macht, um panzerbrechende Waffen vom Flugzeug aus anwenden zu können. Das Kommando führe der mir bekannte Hauptmann Stepp. Danach ginge das Kommando nach Brijansk, um in der Praxis die Theorie zu bestätigen. Das klingt schon etwas besser, aber ist noch keine Frontstaffel. Man gratuliert mir zur Beförderung zum Hauptmann.
Vierzehn Tage laufe ich Ski in St. Anton. Hier findet eine große Skiveranstaltung statt, und als aktiver Wettläufer und dienstältester Offizier bin ich zugleich Mannschaftsführer für die Teilnehmer der Luftwaffe. Große Kanonen sind dabei: Jennewein, Pfeifer, Gabl und Schuler; denn sie alle gehören zur Luftwaffe. Es ist schön, und nach vierzehn Tagen ist meine Kraftbatterie wieder aufgeladen.
Ich möchte nicht erst nach Rechlin gehen, sondern gleich nach Brijansk. Das Panzerversuchskommando ist schon eingetroffen und hat bereits die ersten Erfahrungen gesammelt. Es sind hier Maschinen vom Typ Ju 88 mit einer 7,5-cm-Kanone unter der Führerkanzel, und Stukas, wie ich sie immer geflogen habe, vom Typ Ju 87, die mit einer 3,7-cm-Flak unter jede Fläche ausgerü-

stet sind. Sie verwenden eine Spezialmunition mit einem Wolframkern, die jede Panzerdecke durchschlagen soll. Erst nach Durchschlagen der Panzerdecke zerbirst die Munition. Die an sich schon nicht schnelle Ju 87 wird nun noch langsamer und durch die aufgehängten Kanonen ungünstiger in ihren Flugeigenschaften. Ihre Wendigkeit leidet, und die Landegeschwindigkeit nimmt erheblich ab. Aber jetzt wird Waffenwirkung vor fliegerische Eigenschaften gestellt.

Die Versuche mit der Ju 88 mit der großkalibrigen Kanone werden bald aufgegeben, da die auftretenden Schwierigkeiten keine Aussicht auf Erfolg zulassen. Auch mit der Ju 87 gibt es bei einem Einsatz nur Verluste. Die Mehrzahl unseres Kommandos ist sehr skeptisch; was mich beeindruckt, ist die Möglichkeit, auf zwanzig bis dreißig Zentimeter genau schießen zu können. Die leicht verwundbaren Stellen des Panzers müßten also zu treffen sein, wenn wir nahe genug herankommen können – das ist meine Überzeugung. Nach Anschauungsmaterial prägen wir uns genau die russischen Panzertypen ein und lernen, wo jeweils ihre verwundbarsten Stellen liegen: Motor, Kraftstoffbehälter, Munitionslagerraum. Das alleinige Treffen eines Panzers reicht nicht aus zur Vernichtung, sondern eine Stelle mit einem entzündbaren oder explosiven Stoff muß getroffen werden. Das ist Brennstoff oder Munition. So vergehen vierzehn Tage; dann kommt eine Anfrage vom Ministerium, ob wir umgehend nach der Krim verlegen könnten. Die Sowjets drängen stark, und das Betätigungsfeld für die Erprobung ist sicher größer und besser.

Tieffliegen und Schießen aus wenigen Meter Höhe über dem Boden ist bei feststehenden Fronten mit viel ortsfester Abwehr unmöglich, das wissen wir schon, weil die Verluste größer sind als die Erfolge. Wenn überhaupt, dann werden wir diese Waffe nur dort verwenden können, wo die Fronten und infolgedessen die feindliche Abwehr in Bewegung sind. Hauptmann Stepp bleibt in Brijansk und wird später nachkommen, ich fliege mit den einsatzklaren Maschinen über Konotop–Nikolajew nach Kertsch auf der Krim. In Kertsch treffe ich mein Geschwader wieder, und das Herz tut mir weh, wenn ich die alten Gesichter

wiedersehe und derzeit nicht mit ihnen zur gleichen Einheit gehöre. Sie fliegen mit Bomben auf den Kubanbrückenkopf nach Krimskaja, wo scharf gekämpft wird. Kameraden erklären mir, daß bei Durchbrüchen die Sowjetpanzer nur ein bis eineinhalb Kilometer aus der alten Hauptkampflinie vorfahren. Das heißt also, daß wir sie angreifen müssen, wenn sie sich noch unter dem festen und deshalb starken Flakschutz ihrer vorderen Linie befinden.
In diesem Kampfgebiet ist die Abwehr konzentriert. Der Raum ist sehr klein. Aus den entlegensten östlichen Gefilden unweit des Kaspischen Meeres, wo das Ölzentrum der Sowjets liegt, hat sich ungefähr alles nach dem Ende in diesem Raum zusammengefunden. Ihr Weg führte über Mosdok – Piatigorsk – Armawir Krasnodar nach hier. An einem der ersten Tage schon machen wir unsere erste Probe südlich Krimskaja; achthundert Panzer. Gleich finden wir sie und wollen jetzt mal sehen, was zu machen ist. Es ist herzlich wenig, denn ich fliege noch über der eigenen Front, als ich schon einen Flaktreffer in der Maschine habe. Anderen Maschinen geht es nicht besser. Nun kommen noch Jäger, eine alte Baureihe der Spitfire, die mir hier in Rußland zum erstenmal begegnet. Ein junger Leutnant fällt mit seiner Maschine in einen Obstgarten; er kommt mit Obst und Durchfall zurück. Es sieht mit unserem Anfang und den Erprobungsergebnissen nicht rosig aus. Wo wir mit unseren Vögeln auftauchen, werden wir bedauert, eine lange Lebensdauer sagt man damit keinem von uns voraus. Je schwerer die Abwehr ist, um so schneller entwickelt sich aber meine Angriffsmethode. Es ist klar zu erkennen, daß wir stets Bomben dabei haben müssen, um die feindliche Abwehr zu bekämpfen. An unseren Kanonenmaschinen können wir keine tragen, da die Flugzeuge dann zu schwer sind. Außerdem darf die Ju 87 mit den Kanonen nicht mehr gestürzt werden, weil dadurch die Beanspruchung an den Flächen zu groß wird. Eine Begleitung durch normale Bombenstukas ist also zweckmäßig.

Durch eine große Angriffsoperation der Sowjets bahnt sich für

uns die große Wende an. Nordostwärts Temjruk versuchen die Sowjets, unsere Kubanfront zu umgehen. Sie beginnen Teile zweier Divisionen mit Booten durch das Lagunengebiet zu schaffen, um damit den Einsturz der Kubanfront zu erreichen. Im Sumpf und in den Lagunen nordostwärts Temjruk stehen von uns nur einzelne Posten und kleinste Stützpunkte. Sie sind in ihrer Kampfkraft natürlich begrenzt und in keiner Weise der neuen sowjetischen Operation gewachsen.
Die Aufklärung stellt starke Bootansammlungen im Hafen von Jeisk und bei Achtary fest, sie werden durch die Stukas angegriffen. Die Ziele sind so klein und die Boote so zahlreich, daß diese Angriffe allein die Russen von ihrem Vorhaben nicht abhalten können. Nun fahren sie in Massen zu jeder Tages- und Nachtzeit durch die Lagunen; ihr Gesamtweg mag etwa fünfzig Kilometer lang sein. Die Seen sind durch kleine Kanäle miteinander verbunden und so schieben sie sich immer näher an Temjruk heran, hinter die Kubanfront und weit ins eigene Hinterland. Rastpausen legen sie im hohen Schilf oder auf den Inseln ein. Wenn sie sich so verborgenhalten, sind sie schwer zu finden und zu erkennen. Doch wenn sie vorwärtskommen wollen, müssen sie wieder über das freie Wasser fahren. Jeden Tag sind wir von früh bis spät unterwegs und jagen über das Wasser und das Schilf und sind auf der Suche nach den Booten. In den primitivsten Kähnen kommt der Iwan an, selten sieht man ein Motorboot. Außer Handwaffen hat er noch Granatwerfer und Maschinengewehre bei sich. In den kleinen Booten schleicht er sich rüber mit fünf bis sieben Mann, in den großen werden bis zu zwanzig Leute hineingepfropft. Wir verwenden hier nicht unsere Panzerspezialmunition, denn eine große Durchschlagskraft ist hier nicht erforderlich, wohl aber eine gute Sprengwirkung beim Auftreffen aufs Holz; so werden die Boote aufs schnellste zerrissen. Die Normalflakmunition mit einem geeigneten Zünder erweist sich als das brauchbarste. Was über das Wasser fährt, ist verloren. Die Bootsverluste für den Iwan müssen schwerwiegend sein: in wenigen Tagen schieße ich allein mit meiner Maschine über siebzig dieser Fahrzeuge zusammen.

Die Abwehr verstärkt sich langsam, ist aber kein Hindernis. Oberleutnant Ruffer, ein ausgezeichneter Schütze einer benachbarten Panzerstaffel mit He 129, fällt runter und landet wie Robinson Crusoe auf einer Insel mitten in den Lagunen. Er hat Glück, ein deutscher Stoßtrupp bringt ihn heil wieder heraus. Bald sehen die Sowjets ein, daß sie dieses Vorhaben abschreiben müssen; denn bei diesen Verlusten ist kein Erfolg mehr zu erreichen.

Es ist jetzt um den 10. Mai 1943 herum und ich bekomme die Nachricht, daß mir der Führer das Eichenlaub verliehen hat; ich soll umgehend zur Entgegennahme der Auszeichnung nach Berlin kommen. Am nächsten Morgen fliege ich nicht wie üblich mit meiner Kanonenmaschine über die Meerenge von Kertsch, um im Tiefflug Boote zu suchen, sondern mit einer Me 109 nach Berlin. Unterwegs hecke ich meinen Schlachtplan aus, um bald wieder zu meinem Geschwader zu kommen. In der Reichskanzlei erfahre ich von Oberstleutnant von Below, dem Adjutanten der Luftwaffe, daß sich mit mir zusammen etwa zwölf Soldaten zur Entgegennahme dieser Auszeichnung melden werden. Es sind Angehörige aller Wehrmachtsteile verschiedenster Dienstgrade. Oberstleutnant von Below erzähle ich, daß ich dem Führer meinen Wunsch vortragen werde, vom Versuchskommando-Etat herunterzukommen und wieder meine alte Frontstaffel im Stukageschwader Immelmann führen zu dürfen. Nur dann würde ich die Auszeichnung annehmen. Er rät mir dringend ab und verspricht mir, es selbst zu klären. Über meine eigenen Schritte in dieser Richtung, die ich mit Fernschreiben bereits bei der Luftflotte unternommen habe, sage ich nichts.

Kurz vor der Meldung beim Führer bringt von Below die freudige Botschaft, er habe gerade alles geklärt, ich bekäme meine alte Staffel wieder, nur solle ich mich nebenbei noch etwas um die Verwendungsfähigkeit des Versuchsvogels kümmern. Das sage ich gern zu und kann mich jetzt erst richtig übers Eichenlaub freuen.

Der Führer verleiht uns das Eichenlaub. Über eine Stunde spricht er zu uns über die Kriegslage der Vergangenheit und der

Gegenwart und die Pläne der Zukunft. Er streift den ersten Rußlandwinter und Stalingrad. Alle, die wir ganz vorn dabeiwaren, staunen über die Genauigkeit, mit der er die einzelnen Dinge kennt. Dem deutschen Soldaten an der Front gibt er keine Schuld, sondern sieht es so, wie wir es vorn erlebt haben. Er ist voller Ideen und Pläne und absolut zuversichtlich. Immer wieder betont er, daß der Bolschewismus von uns geschlagen werden muß, da dieser sonst die Welt in ein furchtbares Chaos stürzt, aus dem es keinen Ausweg gibt. Darum muß der Bolschewismus an uns zerschellen, auch wenn die westlichen Alliierten derzeit nicht erkennen wollen, welch unglückselige Politik für sich und die übrige Welt sie treiben. Von seiner Person geht eine Ruhe aus, die sich auf uns alle überträgt. Frohen Mutes geht jeder wieder an seine Aufgabe heran, und so bin auch ich zwei Tage später in Kertsch bei meinem Geschwader. Ich übernehme meine alte Staffel.

X

AM KUBAN UND BEI BJELGOROD

Eine Kanonenmaschine habe ich mir mitgenommen und stelle meinem Staffelpersonal den neuen Vogel vor. Wo ich Einsatzmöglichkeiten für das Versuchskommando wittere, startet es zusammen mit meiner Einheit. Später wird eine Panzerstaffel daraus gebildet, die selbständig operiert, aber einsatzmäßig unter meiner Obhut und Führung steht. Das Kommando aus Brijansk kommt jetzt auch nach; Hauptmann Stepp kehrt ebenfalls in den Geschwaderverband zurück.

Arbeit gibt es für uns Bombenstukas genug, denn die Sowjets sind hinter unserer Front über das Schwarze Meer gelangt, gelandet und haben ostwärts und südwestlich von Noworossijsk, an der gebirgigen Küste, Landeköpfe gebildet. Diese sind nun häufig das Ziel unserer Angriffe. An den Landungsstegen trifft immer wieder Nachschub und Material ein; finden wir die Sowjets auf dem Meer, werden sie auch dort angegriffen. Die Abwehr ist ähnlich wie an anderen Schwerpunkten des Kubanbrükkenkopfes. Mancher Kamerad macht hier seinen letzten Flug. Mein Gruppenkommandeur springt mit dem Fallschirm über dem Landekopf ab; er hat Glück, der Wind trägt ihn auf eigenes Gebiet. So wechseln die Einsätze zwischen dem Landekopf und Krymskaja. Meisten stürze ich mit der Staffel bis in Bodennähe und fliege dann im Tiefflug ab, beim Landekopf über die See, bei Einsätzen weiter nördlich über das Sumpfgebiet, wo die Abwehr geringer ist. Die geringe Auslösehöhe der Bombe verbessert die Trefferlage, und die Abwehr ist noch nicht an unser Tiefstabfliegen gewöhnt.

Wenn beim Anflug auf Krymskaja über der Tabakschlucht der Flakhimmel beginnt und manche neue Besatzung leicht erschrickt, so wird sie bald wieder ruhiger werden, wenn sie im Sprechfunk die »alten Hasen« ihre Späße machen hört, mit einem Witz oder einem musikalischen Refrain; jemand ruft

»Maximilian komm zu Stuhle«, damit ist der Kommandeur der zweiten Gruppe gemeint; er fliegt so lange in der Flak rum und setzt ewig nicht zum Sturz an, daß die hinteren Maschinen nicht mehr wissen, wohin. Diese selbstverständliche Ruhe überträgt sich dann bald auch auf die Anfänger. Nicht selten mache ich einen Looping, eine Rolle oder eine andere Kunstfigur vorn; ob sich die Flak nicht verhöhnt vorkommt?
Das Wetter macht uns hier bei den Einsätzen keine Schwierigkeiten. Fast immer strahlt blauer Himmel, lacht herrliches Sommerwetter. Wenn an einem Tage nicht geflogen wird geht's raus ans Meer zum Baden, ans Asowsche oder Schwarze Meer; teilweise gibt es dort schönen Strand. Wenn Schwirblat und ich Lust zum Wasserspringen haben, gehen wir in den Hafen von Kertsch, wo Kräne und Mauertürme von ausreichender Höhe stehen.
Der Platz in Kertsch IV ist so voll belegt, daß wir mit unserer Gruppe zehn Kilometer westlich nach Kertsch-Bagerowo umziehen; Quartiere beziehen wir in einer Kolchose. Da genügend Holz vorhanden ist, bauen wir bald ein Staffelhäuschen. Der Brennstoff ist im Augenblick rationiert, und es wird nur geflogen, wenn es ganz dringend notwendig ist. So entstehen in diesen Wochen eine ganze Reihe von freien Stunden, die jeder auf seine Art verbringt. Schwirblat und ich lernen durch unsere fast täglichen Zehn-Kilometer-Läufe die ganze Umgebung nicht nur aus der Luft kennen.
Jede Nacht haben wir sowjetischen Besuch durch P 2 und alte DB III; sie greifen mit Bomben hauptsächlich Bahnhof, Hafen und Flugplatz in Kertsch IV an. Wir haben etwas Flak da, zeitweise auch einige Nachtjäger. Zumeist schauen wir dem Treiben zu, denn fast bei jedem Angriff stürzen einige brennende Fackeln nach unten; das Können der Konkurrenz in den Nachtangriffen ist nicht groß, und es fehlt anscheinend noch viel Übung. Lediglich einmal haben sie Glück, eine Bombe fällt auf einen Munitionszug, der auf dem Abstellgleis steht. Stundenlange Explosionen erhellen gespenstisch den Nachthimmel, die Erde zittert von den Detonationen. Die Angriffe werden für uns schnell

etwas Alltägliches, und wir bleiben meistens liegen und schlafen; sonst merken wir am kommenden Tag bei unseren eigenen Einsätzen das Fehlen der Nachtruhe, und das kann sich übel auswirken.

Es geht auf Juli zu, und damit kommt für uns bald das Ende unserer Krimzeit. Anläßlich eines großen Bauvorhabens an der Straße von Kertsch ist Minister Speer da; gleichzeitig kommt auch japanischer Besuch zum Geschwader.

Zu dieser Zeit hat auch Major Kupfer, Führer unseres Geschwaders, Geburtstag; Grund zum Feiern ist genügend vorhanden. Im Sommersitz des Geschwaders in einem schönen Garten ertönen bald die Klänge der flotten und schrägen Kapelle einer Bodeneinheit. Auf Wunsch bringen sie alles zu Gehör, was die Musikfreunde lieben. Jeder kommt zu seinem Recht. In diesen Stunden denkt man nicht daran, daß die Heimat so weit entfernt ist und Krieg geführt wird. Über Zeit und Raum werden alle hinweggeführt in eine unsichtbare Welt von Schönheit und Ruhe; da gibt es kein Krymskaja, keinen Landekopf, keine Bomben und kein Elend. Solche Stunden der Entspannung und Besinnung tun uns allen wohl.

Der Druck der Sowjets ist Anfang Juli nicht mehr sehr stark, und die deutsche Front hält. Wenige Meter nur zurückgenommen, steht sie unerschütterlich zwischen Krymskaja und Moldawanskoje. Der Einzug in das Staffelhäuschen kommt nicht mehr zustande, denn am 4. Juli erreicht uns ein dringender Verlegebefehl. Wohin es geht, weiß niemand; auf jeden Fall sollen wir heute nach Melitopol fliegen, da sollen wir morgen weiteren Befehl erhalten. Über die blauen Fluten geht es nach Norden.

Melitopol ist eine Etappenstadt weit hinter der Front. Auf dem Platz liegt ein Kampfverband mit Heinkel 111; die Kameraden verraten uns, daß gerade heute eine deutsche Schauspielergruppe gastiert. Eine Ballett-Truppe von zehn hübschen Mädchen im Alter zwischen achtzehn und zwanzig Jahren. Im Nu sind die Maschinen abgedeckt und für den nächsten Tag fertiggemacht. Cupido gibt jedem Flügel. In Windeseile ist alles fertig und fliegt förmlich in den Vorführraum. Seit langem wieder einmal hübsche deutsche Mädchen zu sehen, muß bei jedem Rußlandkrieger Wunder wirken. Bei alten und bei jungen Jahrgängen gleich. Der lustige Oberleutnant Jäckel reißt die Sträucher vor dem Theater aus und möchte sie nachher als Blumen präsentieren. Wie sie es ihrem Namen schon verpflichtet sind, geben die bodenständigen Einheiten nicht so leicht Boden auf, und wir sind mit ihnen im schärfsten Konkurrenzkampf verwickelt. Ob die Damenwelt uns nur nett vorkommt, oder ob wir nach mehrjährigem Rußlandaufenthalt mehr oder weniger alles schön finden, weiß ich nicht recht. Schwirblat ist sich darüber auch nicht im klaren. Zum Schluß meint er, wir hätten doch lieber heute wieder einen Zehn-Kilometer-Lauf machen sollen, dann wäre uns dieser Zweifel erspart geblieben.

Morgens brummen die Motoren wieder ihr vertrautes Lied. Das Ziel ist jetzt bekannt: Charkow. Wir landen auf dem nördlichen Platz und beziehen Quartier außerhalb der Stadt. Die Stadt selbst macht keinen schlechten Eindruck und ist zweifelsohne eines der Aushängeschilder Sowjetrußlands, wie man sie nicht oft getroffen hat. Ein Hochhaus am Roten Platz kündet von der Sowjetarchitektur und ist selbst beschädigt noch ein viel begaffter Stolz vom Iwan; ansonsten stammen die Bauten aus der Zarenzeit.
Die Stadt besitzt Grünanlagen, ein weitverzweigtes Straßennetz, Kinos und Theater.
Am nächsten Morgen geht es mit erstem Licht gleich los in Richtung Bjelgorod, in diesem Raum werden wir die nächsten Wochen zu wirken haben. Auf der Erde treffen wir alte Ostfrontbekannte an, hervorragende Divisionen, für die wir gern fliegen. Wir wissen, hier geht es voran und es gibt keine unangenehmen Überraschungen. Außer Panzerdivisionen sind die Leibstandarte, Totenkopf und Großdeutschland eingesetzt. Die Stoßrichtung verläuft nach Norden in Richtung Kursk, wo stärkste Kräfte der Sowjets stehen. Von der Seite stößt man mit unseren Divisionen in die Ausbuchtung der russischen Front, die westlich bis Konotop reicht und im Süden durch Bjelgorod und im Norden

durch das Gelände südlich Orel begrenzt ist. Das Ideale wäre, eine direkte Hauptkampflinie zwischen Bjelgorod und Orel über Kursk zu erreichen; ob die eingesetzten Verbände dazu ausreichen werden? An uns soll es nicht fehlen, wir fliegen von früh bis spät vor unseren Panzerspitzen, die bald vierzig Kilometer Gelände gewonnen haben und dicht vor Obojan stehen.
Die sowjetische Gegenwehr ist stark, auch in der Luft. An einem der ersten Morgen sehe ich im Anflug über Bjelgorod halb links vor mir hoch oben einen He-111-Verband fliegen. Die Flak schießt auf ihn, eine Maschine explodiert in der Luft und wird in kleinste Teile zerfetzt. Solche Erlebnisse machen härter. Die Opfer unserer Kameraden dürfen nicht umsonst gebracht werden. Nachher greifen wir im Bereich derselben Luftabwehr Bereitstellungen der Sowjets an; während der Tiefangriffe sehe ich vor meinen Augen noch öfter die in der Sonne glitzernden Teile der abgeschossenen He 111. Nachmittags kommt ein Hauptmann der Luftwaffe zu mir und teilt mir mit, daß heute mein Vetter gefallen sei. Ich erwähne dem Offizier gegenüber, daß mein Vetter wohl heute morgen nordwestlich Bjelgorod mit einer He 111 abgeschossen worden sei. Er ist erstaunt, wie genau ich ihm den Vorgang erklären kann. Es ist der dritte gefallene Sohn in der Familie meines Onkels; er selbst wird später auch noch vermißt gemeldet.
Die nächsten Wochen bringen uns schwere Schläge im Geschwader. Mein Kriegsschulkamerad Hauptmann Wutka, Führer der 8. Staffel, fällt sowie Oberleutnant Schmidt, dessen Bruder kurz vorher im Luftkrieg über Sizilien gefallen war. Bei Wutka und Schmidt ist es nicht ganz klar, ob die Maschine beim Ansatz zum Sturz oder beim Betätigen des Bombenknopfes explodierte. Ist durch irgendeinen Sabotageakt ein Kurzschluß hervorgerufen worden, der die Explosion zur Folge hatte? Auch einige Monate später, bei ähnlichen Ereignissen, kommen uns diese Gedanken; nachzuweisen ist im Augenblick trotz eingehenden Ermittlungen nichts.
Unter uns toben bei diesen Operationen große Panzergefechte. Ein Bild, wie wir es seit 1941 nur selten zu sehen bekommen ha-

ben. Auf freien Flächen stehen sich die Panzermengen gegenüber, dahinter hat sich die gegnerische Panzerabwehr mit ihren Kanonen getarnt aufgestellt. Teilweise sind auch Panzer als solche eingegraben, besonders dann, wenn sie bewegungsunfähig sind, aber ansonsten noch ihre Kampfkraft besitzen. Mengenmäßig stehen die Sowjets wie immer turmhoch über uns, qualitativ jedoch erkennt man sofort die Überlegenheit unserer Panzer und Sturmgeschütze. Zum ersten Male werden in größeren Verbänden unsere Tigerpanzer eingesetzt; sie überragen alles, was bisher in der Panzerwaffe dagewesen ist. Unsere sämtlichen Panzertypen sind immer wesentlich schneller am Schuß und schießen genauer. Diese beruht zum größten Teil auf der besseren Qualität der Waffen, den Ausschlag aber geben die Menschen, die diese Waffen führen.
Gefährlicher für unsere Panzer ist die sowjetische schwere und überschwere Abwehrkanone, die in jedem wichtigen Punkte des Kampfraumes auftaucht. Da die Russen Meister der Tarnung sind, ist die Pak nur schwer zu erkennen und zu bekämpfen.
Beim Anblick dieser Panzermengen fällt mir meine Kanonenmaschine vom Erprobungskommando ein, die ich von der Krim aus mitgenommen habe. Bei diesem Riesenangebot von Feindpanzern wäre ein Versuch möglich. Die Flakabwehr über den sowjetischen Panzereinheiten ist zwar sehr groß, jedoch sage ich mir, beide Gruppen stehen sich auf eintausendzweihundert bis eintausendachthundert Meter gegenüber und wenn ich nicht durch einen Flaktreffer wie ein Stein runterfalle, muß es immer noch möglich sein, die beschädigte Maschine bei den eigenen Panzern hinzuschmeißen. Die erste Staffel mit Bomben fliegt also hinter mir, der einzelnen Kanonenmaschine. So wird es versucht.
Im ersten Einsatz explodieren vier Panzer unter den Hammerschlägen meiner Kanonen, bis zum Abend insgesamt zwölf. Uns alle packt eine Art Jagdleidenschaft aus dem herrlichen Gefühl, durch jeden Abschuß viel deutsches Blut gerettet zu haben.
Nach dem ersten Tag haben die Klempner gleich viel zu tun, denn die Maschine ist durch Erdbeschuß schwer mitgenommen.

Die Lebensdauer einer solchen Maschine wird stets begrenzt sein. Aber die Hauptsache ist: der Bann ist gebrochen, und wir haben in dieser Maschine eine Waffe, die überall schnell auftauchen kann und mit Erfolg die gefürchtete Zahl der sowjetischen Panzer bekämpfen wird. Bei der Staffel, der Gruppe und dem Geschwader, hinauf bis zum Fliegerkorps, herrscht Freude über diese neugewonnene Erkenntnis und Bestätigung. Um den Maschinennachschub zu sichern, geht sofort Nachricht an die Teile der Panzerversuchskommandos, daß alle klaren Maschinen mit Besatzung sofort nach hier geflogen werden. So wird die Panzerstaffel geboren. Im Einsatz untersteht sie mir.
Die nächsten Tage und Gefechte vervollständigen das Bild, und weitere Erfolge bleiben nicht aus. Während die Kanonenmaschinen angreifen, bekämpft ein Teil der Bombenmaschinen die Erdabwehr, und der andere Teil kreist in größerer Höhe wie eine Glucke um ihre Küken, um die Panzermaschine vor Luftangriffen durch feindliche Jäger von oben zu schützen.
Nach und nach komme ich auf alle Feinheiten. Oft wird man aber erst durch Schaden klug. Wir verlieren Maschinen in abwehrarmen Räumen, weil wir in einem Raum kreisten, wo die Artillerie sich gegenseitig Gefechte liefert. Die Räume der Geschoßbahnen von der Artillerie müssen gemieden werden, sonst besteht Gefahr, »zufällig« abgeschossen zu werden.
Nach einiger Zeit haben sich die Sowjets auf die Panzerbekämpfung aus der Luft schon ganz gut eingestellt. Wenn es einigermaßen möglich ist, schleppen sie ihre Flak mit bis ganz nach vorn. Die Panzer bekommen Rauchpatronen, um sich einzunebeln oder einen Brand vorzutäuschen, damit der Verfolger aufgrund eines vermeintlichen Erfolges abläßt. Erfahrene Besatzungen kennen diese Manöver bald und fallen nicht mehr darauf herein. Ein richtiger brennender Panzer wird bald hellste Flammen zeigen, und solche Flammen zu imitieren ist ein viel zu gefährliches Geschäft. In vielen Fällen wird er explodieren, da das Feuer die Munition erfaßt, die normalerweise in jedem Panzer vorhanden ist. Sehr unangenehm ist es, wenn die Explosion erfolgt und das Flugzeug in fünf bis zehn Meter Höhe über dem Panzer liegt. So

geht es mir zweimal in den ersten Tagen, wo ich plötzlich durch eine Feuerwand hindurchfliege und denke: »Jetzt bis du dran!« Ganz heil komme ich aber auf der anderen Seite wieder heraus, wenn auch die grüne Tarnfarbe auf der Maschine geschmort ist und die einzelnen zersprengten Teilchen des Panzers meinen Vogel durchlöchert haben.

Wir stürzen mal von hinten, mal von der Seite auf die Stahlkolosse. Der Gleitwinkel ist nicht allzu steil, um ganz dicht an den Boden herangehen zu können und so auch beim Abfangen keine Schwierigkeiten durch ein eventuelles Durchsacken der Maschine zu bekommen. Sackt die Maschine zu weit durch, so ist Bodenberührung mit all ihren gefährlichen Folgen kaum zu vermeiden.

Wir müssen versuchen, die Panzer immer an ihren schwächsten Punkten zu treffen. Die Stirn ist bei jedem Panzer immer die stärkste Stelle, darum versucht jeder Panzer seinem Gegner immer soviel wie möglich die Stirn zu bieten. Schwächer ist er in seinen Flanken. Aber die beste Angriffsstelle für uns ist die Rückseite. Dort befindet sich der Motor, und die Kühlnotwendigkeit dieses Kräftezentrums gestattet nur eine dünne Panzerplatte. Um die Kühlung noch zu vergrößern, sind in dieser Platte große Löcher angebracht. An dieser Stelle lohnt es sich, den Panzer zu beschießen; denn beim Motor ist immer Brennstoff! Von der Luft aus ist ein Panzer, wenn der Motor läuft, leicht zu erkennen an den blauen Auspuffwolken. An den Seiten lagern im Panzer Brennstoff und Munition. Die Panzerung ist dort aber stärker als hinten.

In vielen Fällen fährt aufgesessene Infanterie auf den Panzern mit; sind wir in Abschnitten, wo man uns schon kennt, so lassen sich diese Panzerschützen sogar in voller Fahrt herunterfallen. Jeder glaubt dran zu sein und im nächsten Augenblick angegriffen zu werden. Den Angriff erlebt der Iwan lieber auf dem festen Boden.

In der zweiten Julihälfte verstärkt sich der Widerstand vor den deutschen Divisionen noch mehr; Packriegel auf Packriegel ist zu überwinden, und es geht nur noch langsam vorwärts. Wir

starten täglich von früh bis spät und unterstützen die Angriffsspitzen, die weit an der Bahn von Bjelgorod nach Norden über den Pskollfluß hinaus vorgestoßen sind.
Eines Morgens, während des Starts, überrascht uns ein starker IL II-Schlachtfliegerverband, der sich unbemerkt im Tiefflug unserem Platz genähert hat. Alles von uns startet kreuz und quer durcheinander, um nur vom Platz wegzukommen; viele Maschinen rollen noch in entgegengesetzter Richtung zum Start. Wie durch ein Wunder passiert nichts, zumal die Flak am Platz tüchtig losballert, was den Iwan sichtlich beeindruckt. Wir beobachten, wie normale Zwei-Zentimeter-Flakmunition an der Panzerung der russischen Schlachtflugzeuge abprallen. Nur wenige Stellen sind mit dieser Munition verwundbar; mit Panzermunition von zwei Zentimeter kann unsere Flak die gepanzerten Iwans jedoch herunterholen.
Ganz unvorhergesehen erreicht uns in diesen Tagen ein Verlegebefehl nach Orel, der anderen Seite der Frontausbuchtung, wo die Sowjets im Angriff sind und Orel bedrohen. Wenige Stunden später sind wir über Konotop auf dem Platz Orel Nord angekommen. Die Einweisung in die Lage um Orel entspricht annähernd den Gerüchten, die wir schon in Charkow gehört haben. Von Norden, Osten und Süden greifen die Sowjets die Stadt an.
Auf der ganzen Front ist unser Vormarsch ins Stocken geraten. Wir haben zu deutlich gesehen, wie das gekommen ist: Erst die Landung auf Sizilien und nachher der Putsch mit Mussolini, jedesmal mußten die besten Divisionen herausgenommen und schnellstens nach anderen Punkten in Europa in Marsch gesetzt werden. Wie oft sagen wir uns in diesen Tagen: die Sowjets verdanken nur ihren westlichen Verbündeten die Weiterexistenz als schlagkräftige militärische Einheit.
Es wird für uns ein heißer August in jeder Beziehung; südlich wird hart um Kromy gekämpft. Bei einem der ersten Angriffe in diesem Raum auf die Brücke in diesem Ort passiert mir ein Kuriosum. Während ich stürze, fährt ein russischer Panzer über die Brücke, im Visier sah ich die Brücke zunächst noch frei. Wie er

mitten auf der Brücke ist, erwischt ihn die Fünfhundert-Kilo-Bombe, die der Brücke zugedacht ist; von Panzer und Brücke bleiben nur Trümmer übrig.
Die Abwehr hier ist ungewöhnlich stark. Wenige Tage später erhalte ich im Nordraum, westlich von Bolchow, einen Volltreffer in den Motor. Ich kriege eine volle Ladung Splitter ins Gesicht. Zunächst hatte ich die Absicht rauszuspringen, aber wer weiß, wohin der Wind den Fallschirm treibt. Es besteht wohl wenig Aussicht, heil unten anzukommen, zumal Jaks im Raum sind. Es gelingt mir aber noch eine Notlandung in der vordersten deutschen Linie mit stehendem Motor. Die hier eingesetzte Infanterieeinheit bringt mich zwei Stunden später auf meinen Gefechtsstand nach Orel.
Gleich geht es zu einem neuen Einsatz weiter, und zwar in dieselbe Gegend. Es ist ein eigenartiges Gefühl, wenig später wieder an die gleiche Stelle zu kommen, wo man kurz zuvor abgeschossen worden ist. Trübe Gedanken und Überlegungen werden dadurch verscheucht.
Es geht auf Bereitstellungen. Ich habe mich etwas überhöht gesetzt und beobachte die schwere Flak; jetzt feuert sie auf den Verband, und ihre Stellungen sind am Aufblitzen der Abschüsse zu erkennen. Sofort greife ich sie an und befehle den mich begleitenden Maschinen, zugleich ihre Bomben in die russischen Geschützstellungen zu werfen. Mit dem beruhigenden Gefühl, daß die ihr Fett jetzt auch weghaben, fliege ich erleichtert zurück.
Jede Nacht greifen russische Maschinen unsere Flugplätze im Abschnitt Orel an. Wir liegen zunächst in Zelten, später in Steingebäuden am Platz. Neben den Zelten sind Splittergräben; da sollen wir hin, wenn die Angriffe kommen. Ein Teil von uns schläft aber durch, weil wegen des pausenlosen ganztägigen Fliegens die Nachtruhe unbedingt nötig ist, um am nächsten Tag wieder einsatzklar zu sein. Der Iwan wirft meistens sowieso die ganze Nacht Bomben. Durch einen solchen Angriff fällt mein Freund Walter Kraus, der derzeitige Kommandeur der III. Gruppe. Nach seiner Umschulungszeit bei mir in der E-Staffel in

Graz hatte er sich als ehemaliger Aufklärer schnell in dem neuen Sektor heimisch gefühlt und wurde für unser Geschwader ein großer Gewinn. Gerade ist er Major geworden und hat das Eichenlaub erhalten.
Die Trauer um den Freund und Kameraden ist groß, es ist erschütternd. Wie viele harte Schicksale werden wir noch erleben?
Ich werde von der Führung der 1. Staffel entbunden und übernehme die III. Gruppe als Kommandeur. Sie ist mir hinreichend bekannt von früher, bin ich doch ihr alter Gruppen-T.O. Sofern neue Gesichter aufgetaucht sind, kenne ich sie von meinen Besuchen her. Das Einarbeiten in die Pflichten ist nicht schwierig, weil Hauptmann Becker da ist. Wir nennen ihn Fridolin. Der kennt alles bis ins kleinste und ist die Seele und Mutter der Bodengruppe. Ärztlich betreut wird sie von Stabsarzt Gadermann, der auch im engen Konnex mit allen steht. Die Führung der III. Gruppe besteht aus einer Art Familie, wo alles ruhig und im besten Einvernehmen geregelt und ausgeführt wird. In der Luft bedeutet es keinerlei Umstellung, da ich im letzten Jahr häufig den Gruppenverband führte.

Bald fliege ich hier meinen eintausendzweihundersten Feindflug. Begleitet wird er von einer Jagdgruppe, der unter anderem der Skifahrer Jennewein angehört. Zwischen den Einsätzen plaudern wir oft von den heimatlichen Bergen und natürlich vom Skifahren. Bei einem Auftrag mit uns zusammen bleibt er weg und gilt als vermißt. Offenbar bekam er Beschuß, denn er gab nach Angabe seiner Kameraden durch: »Habe Motortreffer, fliege der Sonne entgegen.« Zu dieser Zeit stand die Sonne aber schon fast im Westen. Diese Flugrichtung ist diesmal denkbar ungünstig, denn in dem Einbruchraum nördlich von uns, bei Bolchow, wo wir bei diesem Einsatz wirken, ist den Sowjets ein Einbruch, eine Art Schlauch in Ost-West-Richtung geglückt. Wenn er also nach Westen flog, geschah das mitten im Einbruchsraum, und er blieb damit auf russischem Gebiet. Wenige Kilometer nach Süden hätten ausgereicht, um eigene Truppen zu erreichen, da der Schlauch sehr schmal war. Die Pechsträhne will nicht abreißen hier in Orel. Der Staffelkapitän meiner 9. Staffel fliegt mit seinen Bordschützen, Oberleutnant Hörner; er trägt das Ritterkreuz und ist einer der ältesten in unserer Gruppe. Nach Erdbeschuß im Raum nordostwärts Orel geht er im steilen Gleitwinkel nach unten und macht im Niemandsland eine Bauchlandung. Er bleibt mit der Maschine im Gegenhang einer kleinen Schlucht liegen. Zunächst glaube ich an eine Notlandung, doch scheint er schon in der Luft schwer getroffen zu sein; der Aufprall am Boden war auch zu stark. Nach mehrmaligem tiefen Drüberfliegen kann ich keine Bewegung im Flugzeug erkennen. Gadermann fährt vor, und mit Hilfe des Heeres gelangt man an die Maschine, wo von der Besatzung niemand mehr zu retten ist. Ein Geistlicher wird mit nach vorn genommen, und so erhalten die beiden Kameraden hier ihre ewige Ruhestätte.

In unserer Gruppe wird in diesen Tagen nur wenig gesprochen, nur das Notwendigste; die Härte dieser Tage drückt alle. In den anderen Einheiten ist es nicht anders. Bei einem Morgenangriff ostwärts Orel auf wichtige Artilleriestellungen der Sowjets fliegen neben meiner Gruppe die Staffeln der 1. Gruppe, die zweite Staffel unter Führung von Oberleutnant Jäckel. Er ist ein prächtiger Flieger geworden und hat sich einen Sonderspaß angewöhnt. Wo er Jäger sieht, greift er sie an, obwohl sie ihm in Geschwindigkeit und in Bewaffnung weit überlegen sind. Schon am Kuban haben wir manchen Spaß mit ihm erlebt. Er meinte immer, seine 87 sei besonders schnell; bei vielem Vollgas bleibt seine Staffel dann zurück. Einen Jäger schießt der sonnige Kerl öfters ab; damit ruft er das Bild von einem Hirsch hervor, der den ganzen Wald durchquert, mit dem Willen, einen Jäger zu entdecken, und sofort auf ihn losläuft, um ihn aufzuspießen. Er ist der Lustigste in seiner Staffel; ohne sich zu wiederholen erzählt er Witze von 9 Uhr abend bis um 4 Uhr früh. Bonifatius Kiesewetter und andere Balladen gehören natürlich zu seinem Spielplan.

An diesem Morgen hat er mit seiner Staffel eine benachbarte Batterie angegriffen, und wir befinden uns auf dem Rückflug.

Wir fliegen gerade über die eigene vordere Linie, als irgend jemand ruft: »Jäger!« Ich kann sie sehen, weit ab von mir; sie zeigen keine Angriffsabsichten. Jäckel macht kehrt und kurbelt mit ihnen. Er schießt einen ab, aber auch Jentsch der Dicke, sein sonst zuverlässiger Bordschütze, scheint nach vorn und nicht nach hinten zu schauen! Da hängt anscheinend eine andere Lag 5 hinter ihm. Ich sehe seine Maschine aus zweihundert Meter Höhe in eine Art Abschwung nach hinten gehen und brennend aufschlagen. Ich kann mir nur denken, daß Egbert im Kampfeseifer übersah, daß er nur geringe Höhe hatte und solche Flugfiguren nicht ausführen durfte. So verlieren wir auch diesen teuren Kameraden.
Manchem von uns kommt der Gedanke: »Wo nun immer einer nach dem anderen von den Alten geht, kann ich schon fast am Kalender ausrechnen, wann ich selber dabei bin.« – Jede Pechserie muß einmal zu Ende gehen, darauf warten wir nun schon lange. Stets in der Gefahr zu leben, bringt Fatalismus und eine gewisse Abgestumpftheit mit sich. Keiner von uns geht mehr aus dem Bett, wenn nachts die Bomben fallen. Todmüde von den täglichen ununterbrochenen Einsätzen hören wir, halb wach, halb im Schlaf, die Bomben in unserer Nähe zerbersten.
Der ostwestliche Einbruchsraum nördlich von uns wirkt sich immer unangenehmer aus; jetzt ist Kareitschew nordwestwärts von uns bedroht. Um schneller in diesen Zielraum zu gelangen und nördlich davon in den Shisdra-Abschnitt, verlegen wir auf den Platz in Kareitschew. Die Kämpfe wickeln sich viel in den Waldgebieten ab, die von oben sehr schwer einzusehen sind. Die Sowjets haben hier günstige Möglichkeiten zum Tarnen, und unsere Angriffe sind sehr schwierig. Panzer bekomme ich selten zu sehen; ich fliege also viel mit der Bombenmaschine. Bei der Übernahme der Gruppe ist die Panzerstaffel noch enger an mich und damit an die Gruppe angeschlossen worden, und mein Gruppenstab hat sich technisch und auch fliegerisch schnell auf den mitgebrachten Kanonenvogel umgestellt.
Unseres Bleibens in Kareitschew ist nicht lange. Seit einigen Ta-

gen spricht man schon wieder von einer Verlegung nach dem Süden, wo es brennt. Nach einigen Einsätzen, von Brijansk aus verlegen wir tatsächlich wieder nach Charkow. Dieses Mal aber wird der Flugplatz im Süden der Stadt unser Einsatzhafen.

XI

ZURÜCK AN DEN DNJEPR

Seit unserem Weggang vor einigen Monaten hat sich auch hier allerlei verändert. Kampfstarke Divisionen sind unsererseits herausgezogen worden und die Sowjets zum Gegenangriff angetreten. Schon in unseren ersten Tagen reicht sowjetisches Artilleriefeuer in die Stadt, unser Platz hat keine große Bevorratung an Benzin und Bomben für uns, so daß ein erneuter Stellungswechsel nach einem Platz mit günstigeren Voraussetzungen nicht überraschend kommt. Er ist bei der Ortschaft Dimitriewka, einhundertfünfzig Kilometer südlich. Da es von hier aus zur augenblicklichen Front sehr weit ist, haben wir zwei Absprungplätze, Barwenkowo für die Front am Donez bei Isjum, und Stalino für Aufträge an der Miusfront. Jeder Platz hat ein kleines Kommando, das uns den Tag über versorgen kann. Unsere ersten Warte und das Waffenpersonal nehmen wir jeden Morgen zu diesen Plätzen mit. Sowohl bei Isjum am Donez als auch am Mius hat sich eine stabile Abwehrfront gebildet, die von den Sowjets mit starken Kräften berannt wird. Oft sind es dieselben Waldstücke, dieselben Schluchten, die uns von den Fliegerleitoffizieren vom Boden her angegeben werden. Bald geht es hier ganz ohne Karte, nur nach dem Motto von Hauptmann Steen: »Alte Kinder wissen schon.«
Im Isjum-Abschnitt schreit es bei einem der ersten Einsätze im Äther: »Hannelore« – mein Tarnname beim Funkverkehr – »sind Sie nicht der ehemalige Nußknacker??« Ich sage nichts, und nun wiederholt er es laufend. Auf einmal erkenne ich die Stimme vom Fliegerleitoffizier, mit dem wir schon oft zusammengearbeitet haben und mit dessen Division es immer gut geklappt hat. Es verstößt zwar gegen die Regel der Geheimhaltung, aber ich kann es nicht unterlassen, ihm zu sagen, daß ich früher Nüsse geknackt hätte und er gern Fußball spiele. Er be-

jaht jubelnd, und alle Besatzungen, die mitgehört haben, zeigen, durch diese Episode erheitert, der wütend bellenden Flak die kalte Schulter. Dieser Oberleutnant der Luftnachrichtentruppe, Epp, ist einer der besten Wiener Fußballmittelstürmer. Da er bei einer Schwerpunkteinheit ist, soll ich ihn noch oft treffen.

Am Mius fällt Oberleutnant Anton, der nach Hörner die 9. Staffel übernommen hat. Auf dieselbe unerklärliche Weise wie schon einige Male vorher explodiert beim Ansatz zum Sturz die ganze Maschine. Wieder ist einer unserer Alten, mit dem Ritterkreuz ausgezeichnet, von uns gegangen. In unserer Besatzung ist ein Kommen und Gehen; nie tritt Ruhe ein – der unerbittliche Rhythmus des Krieges.

Es ist schon herbstlich, als wir Befehl erhalten, die Dnjepr-Front einzunehmen. Also weiter nach Westen. Für Tage sind wir zum Einsatz auf dem Platz nordwestlich Stalino in Krasnoarmaiskoje. Die Sowjets rücken vom Osten und Nordosten hier im Donezgebiet vor. Sie haben sich anscheinend viel vorgenommen; überall sind sie. Mit Boston-Flugzeugen greifen sie außerdem ununterbrochen unseren Platz an; ärgerlich, weil die Arbeiten für Startklarmachen unserer Maschinen dadurch verzögert werden und wir dadurch später an den Feind kommen. Während der Angriffe sitzen wir in den Splittergräben hinter unseren Maschinen und müssen warten, bis der Segen unten ist. Ausfälle an Maschinen und Material haben wir glücklicherweise wenig.

Von den vorbeiziehenden Heereseinheiten sagt uns niemand, daß sie fast die Letzten sind und der Iwan ihnen auf den Fersen ist. Wir sollen es gleich zu spüren bekommen. Vom westlichen Platz fliegen wir über die Stadt und sammeln Höhe. Auftrag ist: Angriff gegen Feindkräfte, etwa vierzig Kilometer nordostwärts von uns. Am anderen Stadtrand sehe ich seitlich und ziemlich weitab sechs bis acht Panzer. Sie haben einen Tarnanstrich und sind sonst den unsrigen sehr ähnlich. Die Form kommt mir aber doch sehr merkwürdig vor. Henschel zerstreut meine Bedenken:

»Auf dem Rückflug werden wir uns die deutschen Panzer mal ansehen.«
Wir fliegen unserm Ziel entgegen. Schon wesentlich weiter westlich treffe ich auf starken Feind, von Eigenen nichts mehr zu sehen.
Nun fliegen wir zurück und beschauen uns die Panzer. Alles T 34, Russen; die Besatzungen stehen draußen und schauen in eine Karte: Lagebesprechung. Durch uns aufgeschreckt, springen sie auseinander und kriechen in ihre Panzer. Wir können jetzt aber nichts machen, weil wir erst wieder landen müssen, um zu munitionieren. In dieser Zeit fahren die Sowjets in die Stadt; auf der anderen Seite liegt unser Platz. Nach zehn Minuten bin ich mit der Kanonenmaschine startklar und suche sie zwischen den Häusern. Während sie angegriffen werden, fahren die Sowjetpanzer um die Wohnstätten herum und kommen uns so schnell aus dem Visier. Vier schieße ich ab – wo mögen die anderen sein! Jeden Augenblick können sie auf dem Platz erscheinen. Abfliegen können wir noch nicht, weil ein Teil des Personals in der Stadt ist und erst nach hier kommen muß. Nun fällt mir auch noch ein, daß ich einen Wagen mit einem Verpflegungsbeamten zum Armeeverpflegungslager geschickt habe, im Osten der Stadt; wenn er nicht großes Glück hat, ist er dran. Später stellt es sich dann heraus, daß ein T 34 um die andere Ecke des Verpflegungslagers kam, als unser Wagen eintraf. Mit Vollgas und einem kleinen Schrecken in den Gliedern ist es dann noch mal gutgegangen.
Ich fliege noch einen weiteren Einsatz, die Gruppe kann nicht mitkommen, sonst reicht das Benzin nicht für den nötigen Verlegungsflug nach Pawlowka. In der Zwischenzeit sind dann hoffentlich alle meine Männer am Platz. Nach langem Suchen finde ich zwei Panzer im Westteil der Stadt und schieße sie ab; anscheinend sind sie auf dem Weg zu uns, um das Nest von den Stuka-Vögeln auszuräuchern. Jetzt ist es aber höchste Zeit, und wir starten, nachdem wir alle nicht einsatzklaren Maschinen, die zurückbleiben müssen, in Brand gesetzt haben. Während wir zum Sammeln mit der Gruppe eine Platzrunde dre-

hen, sehe ich Panzergranaten am Platzrand einschlagen; also sind sie da, wir aber nicht mehr. Am Kompaß liegt West-Nordwest an. Nach einiger Zeit fliegen wir tief über eine Straße hinweg; starkes Flakfeuer schlägt uns entgegen aus einer großen motorisierten Kolonne, die in Begleitung von Panzern unter uns hindurchfährt. Wir lösen unsere enge Flugformation auf und umkreisen die Fahrzeuge: Sowjetische Panzer, Lastwagen, größtenteils nordamerikanischer Herkunft, also Russen. Mir ist es zwar rätselhaft, wo die Burschen hier im Westen plötzlich hergekommen sind, aber es müssen Sowjets sein. Wir sammeln Höhe, und ich gebe Angriffsbefehl auf die Flak, die als erstes bekämpft sein muß, um in Ruhe Tiefangriffe machen zu können.

Nachdem wir die Flak größtenteils zum Schweigen gebracht haben, verteilen wir uns auf die ganze Kolonne und schießen sie restlos zusammen. Langsam wird es dämmrig, die ganze Stadt sieht aus wie eine feurige Schlange; es sind die brennenden Fahrzeuge und Panzer, die dicht aufeinander aufgefahren sind und nicht mehr rechts und links rausfahren können. Kaum einen verschonen wir, und der Materialausfall für die Sowjets ist wieder einmal bedeutend. Aber was ist das? Ich fliege vorn über die ersten drei bis vier Wagen, alle tragen auf dem Kühler unsere Fahne. Diese Lastwagen sind deutschen Fabrikats. Zweihundert Meter davor wird aus dem Straßengraben weiße Signalmunition geschossen. Das ist ja das Kennzeichen für unsere eigene Truppe. So übel war mir schon lange nicht mehr zumute; am liebsten möchte ich mich samt meiner Maschine hier irgendwo hineinwerfen. War es also doch eine deutsche Kolonne? Es brennt alles. Aber wieso bekamen wir so starken Beschuß von den Fahrzeugen?... Wieso sind es amerikanische Wagen?... Ich habe doch Leute laufen sehen in braungrünen Uniformen? Schweiß bricht mir aus allen Poren, und ein dumpfes Angstgefühl packt mich.

Es ist schon ziemlich dunkel, als wir in Pawlowgrad landen; niemand von uns spricht ein Wort, jeder hat dasselbe im Sinn. War es doch eine deutsche Kolonne? Die Ungewißheit erstickt uns. Telefonisch kann ich bei keiner Luftwaffen- oder Heereseinheit erfahren, um welche Fahrzeuge es sich handeln könnte. Gegen Mitternacht kommen Soldaten vom Heer, mein Einsatzbearbeiter weckt mich aus einem ausnahmsweise unruhigen Schlaf; es handle sich um etwas Wichtiges. Die Kameraden vom Heer wollen sich bedanken, weil sie durch unsere Hilfe heute weggekommen sind. Sie erzählen, wie sie in ihren Fahrzeugen heute von einer russischen Kolonne eingeholt worden sind. Sie konnten nur noch einige hundert Meter vorlaufen, um im Graben Deckung zu suchen vor den sowjetischen Geschossen. In diesem Augenblick waren wir gekommen und hatten den Iwan zusammengeschossen. Sie hätten im selben Augenblick die Situation genutzt und wären etwa zweihundert Meter weiter nach vorne weggelaufen. – Mir fällt ein Stein vom Herzen, und ich freue mich mit den Kameraden.

Kurze Zeit darauf sind wir in Dnjepropetrowsk und liegen auf dem Platz der ostwärtigen Dnjeprseite. Zu unseren Quartieren mitten in der Stadt haben wir es sehr weit. Die Stadt selbst macht ähnlich wie auch schon Charkow für russische Verhältnisse einen guten Eindruck. Fast täglich greifen sowjetische Kampfflieger oder Schlachtflieger die Brücke in der Stadtmitte über dem Dnjepr an. Die Roten wollen damit für die deutschen Truppen und ihr Material den Rückzug abschneiden und die Versorgung dieser Truppenteile mit Nachschub und Reserven unmöglich machen. Einen Erfolg auf die Brücke haben wir noch nicht erlebt; vielleicht ist sie nicht groß genug. Die Zivilisten sind begeistert. Sie laufen nach den Angriffen der Sowjets mit den Eimern nach dem Dnjepr, denn sie haben gemerkt, daß nachher dort viele tote Fische auf dem Wasser treiben. So viel Fisch ist bestimmt schon lange nicht mehr in der Stadt gegessen worden. Wir fliegen abwechselnd nach Norden, Osten und Süden, da die Sowjets vom Donez nachdrängen, um ein ruhiges Festsetzen unserer Truppen am Dnjepr und ein weiteres Ausbauen der Stellungen zu verhindern. Zugleich mit dem Platzwechsel nach Bolschaja Costromka, einhundertzwanzig Kilometer von Dnjepropetrowsk, verliere ich Becker. Er wird zum Geschwaderstab versetzt; ich wehre mich lange dagegen, da er zu unserem »Familienkreis« gehört. Es hilft nichts, und nach mehrmaligem Hin und Her bleibt es so.

XII

WEITER NACH WESTEN

Bolschaja Costromka ist ein typisches kleines russisches Dorf mit allen Vor- und Nachteilen, für uns Mitteleuropäer allerdings mehr Nachteilen. Das Dorf ist weit verzweigt und besteht hauptsächlich aus Lehmbauten. Nur wenige Gebäude sind aus Stein. Von einem Straßensystem ist nicht zu sprechen, sondern es ziehen sich durchs Dorf hindurch in den verschiedensten Richtungen Erdwege. Bei schlechtem Wetter versinken unsere Wagen bis an die Achsen, und ein Fortkommen ist unmöglich. Der Flugplatz liegt am Nordrand des Dorfes, an der Straße nach Apostolowo; der Weg dahin ist meistens für motorisierte Fahrzeuge unbenutzbar. Wir haben daher mit unserem Personal sofort auf Pferde- und Ochsengespann umgeschult, um in jedem Fall einsatzklar zu bleiben. Die fliegenden Besatzungen reiten des öfteren bis zu den Maschinen; vom Pferd steigen sie dann gleich auf die Flugzeugfläche, denn das Rollfeld selbst ist nicht viel besser. Es gleicht bei der entsprechenden Wetterlage einem schlammigen See, der durch kleine Inseln unterbrochen ist, und nur die breiten Reifen der Ju 87 ermöglichen es uns, beim Start immer noch vom Boden wegzukommen. Die Dnjeprnähe macht sich doch bemerkbar. Die Unterkünfte sind über das ganze Dorf verteilt; der Gruppenstab liegt in der Schule in der Nähe davon, im südlichen Teil des Dorfes. Im sogenannten Stabsgebäude haben wir einen gemeinsamen Raum, eine Art »Kasino«.
Auf unserem Vorplatz steht oft Wasser, und wenn es jetzt schon manchmal kalt ist, spielen wir vor dem Haus Eishockey. Ebersbach und Fickel müssen dann immer ran; doch in letzter Zeit sind sie beide etwas skeptisch geworden wegen der vielen blauen Flecken an den Beinen. Ist das Wetter sehr schlecht, so fallen die Eishockeytore manchmal auch in der Stube, nur sind diese kurzen Entfernungen für die Torleute immer noch angenehmer. Zimmereinrichtungen können hier nicht beschädigt werden, denn die gibt es nicht.

Die Russen staunen ganz besonders über die vielen kleinen Dinge, die unsere Soldaten bei sich haben; sie meinen, die Bilder von unseren Häusern, Zimmer und Bräuten seien Propaganda. Nur ganz langsam sind sie von der Echtheit zu überzeugen und sehen sogar ein, daß nicht alle Deutschen Menschenfresser sind. An ihren eingeimpften Spruch »Germanski nix Kultura« glauben sie bald selbst nicht mehr. Einige Tage später kommen, wie überall, auch hier die Russen und fragen, ob sie ihre Heiligenbilder und Kruzifixe wieder aufhängen dürften; bisher hätten sie diese im sowjetischen Staat versteckt halten müssen, weil Sohn, Tochter oder Kommissar dagegen waren. Daß wir ihnen nie etwas in dieser Beziehung in den Weg legen, macht auf sie einen sichtbaren Eindruck. Wenn sie hören, daß in unserer Heimat öffentlich viele Kruzifixe und religiöse Darstellungen zu sehen sind, wollen sie auch das kaum glauben. Schnell bauen sie ihre heilige Ecke auf und beteuern immer wieder, daß sie hoffen, daß es nun so bleiben würde. Sehr verängstigt sind sie durch ihre Kommissare; die überwachen das Dorf und bespitzeln es. Oft wird dieses Amt vom Lehrer des Ortes mitübernommen.

Augenblicklich herrscht wieder einmal eine Schlammperiode, und wir haben dadurch Nachschubschwierigkeiten, auch auf dem Ernährungssektor. Oft habe ich nun schon beim Tiefflug über dem Dnjepr gesehen, wie eigene und russische Erdtruppen Handgranaten ins Wasser werfen und damit Fische fangen. Wir sind im Krieg, der Dnjepr ist Kampfgebiet, jede Möglichkeit, die Truppe zu ernähren, muß genutzt werden. Infolgedessen entschließe ich mich, mal eine kleine Fünfzig-Kilo-Bombe fallen zu lassen. Gosler, der Verpflegungsmensch, wird eines Tages mit einem kleinen Kommando Richtung Dnjepr geschickt, und ich bezeichne ihm genau vorher auf der Karte, in welche Flußschleife ich in Ufernähe eine Bombe werfen werde. Aus zwanzig bis dreißig Meter Höhe lasse ich die Bombe dicht am Ufer fallen, nachdem ich vorher die Kameraden entdeckt hatte. Nach kurzer Verzögerungszeit explodiert sie. Leicht erschrecken sich die

Angler draußen wohl bei der Detonation, denn alle liegen plötzlich lang. Einige Vorwitzige, die schon in einem alten Boot sitzen, um schnell an den Fischen dran zu sein, werden durch den eintretenden Wellengang und die hervorgerufene Wasserfontäne fast umgeschmissen. Von oben sehe ich die hellen Bäuche der Fische an der Oberfläche schwimmen. Die Soldaten sind dabei, so schnell wie möglich alle zu ergreifen. Die einheimischen Fischer kommen aus ihren Schlupfwinkeln und ziehen sich auch Fische an Land, soviel sie nur können. An den echten Anglersport darf man bei unserem Treiben nicht denken. Einige Stunden nach mir kommt der Lastwagen mit dem Kommando vom Dnjepr zurück; sie haben einige Zentner Fische. Zum Teil sind riesengroße Exemplare von dreißig bis vierzig Kilo dabei. In der Hauptsache Störe und eine Art Flußkarpfen. Für zehn Tage essen wir alle Fisch, und dieses Gericht gefällt uns vorzüglich. Besonders der Stör, geräuchert oder gekocht, schmeckt herrlich. Sogar die Riesenkarpfen schmecken gar nicht schlammig. Einige Wochen später steigt eine neue Fischaktion mit gleich gutem Erfolg.

Unsere Feindflüge gehen fast täglich in die verschiedensten Richtungen. Im Osten und Südosten wird der Brückenkopf Nikopol von den Sowjets ohne Unterbrechung berannt, hauptsächlich aus dem Raum Melitopol heraus. An den Schwerpunkten lesen wir auf den Karten viele deutsche Ortsnamen: Heidelberg, Grüntal, Gustavfeld; hier leben deutsche Siedler, deren Vorfahren vor Jahrhunderten diese Gegend kolonisierten. Weiter nördlich verläuft die Front auf der anderen Dnjeprseite ostwärts Saporoshje vorbei, um dann, den Fluß kreuzend, in den Raum Krementschuk zu münden. Im russischen Hinterland liegt Dnjepropetrowsk. Wie so oft, drücken die Sowjets an verschiedenen Punkten, und mehrfach gelingen örtliche Einbrüche in unsere Front. In Gegenstößen, meistens von Panzerdivisionen, werden sie wieder bereinigt. Die nördlich voraus liegende Industriestadt Kriwoi-Rog hat einen Flugplatz mit Betonbahn; aber für uns ist er nicht benutzbar.

Einer der sowjetischen Vorstöße erreicht eines Morgens Kriwoi-

Rog und den Flugplatz. Die Hauptkräfte der Sowjets kommen aus dem Raum nördlich davon, aus Richtung Piatichatki. Hier wird Oberleutnant Mende vermißt. Trotz eifrigstem Suchen können wir diesen guten Kameraden nicht mehr finden, von dem weiten Rußland verschluckt. Im Gegenstoß wird auch hier wieder bereinigt und die Front einige Kilometer nach Norden zurückgedrängt. Der Nachschubverkehr für diese Truppenteile der Sowjets rollt ohne Unterbrechung nach, darum greifen wir die Dnjeprbrücken an. Jeden dritten bis vierten Tag kommt vom Korps irgend ein neuer Brückenauftrag. Das Ziel liegt dann meistens zwischen Krementschuk und Dnjepropetrowsk. Eines Morgens veranlaßt mich ein neuer Vorstoß der Russen aus nordöstlicher Richtung, frühzeitig, bei schlechtem Wetter, nach vorn zu fliegen. Ich will die gesamte Feindlage feststellen und sehen, ob es möglich ist, mit einem größeren Verband bei dieser Wetterlage anzugreifen. Vor dem Start wird mir erklärt, daß eine bestimmte Ortschaft im Angriffsraum noch von eigenen Truppen gehalten wird, aber sich in sehr bedrängter Lage befindet und Entlastung nötig ist. Fliegerleitverkehr soll aufgenommen werden, ein Leitoffizier ist bei der besagten Einheit anwesend.

Bei niedriger Wolkenhöhe fliegen wir zu dritt in den Zielraum, und ich höre bald die Stimme eines bekannten Fliegerleitoffiziers; ich hoffe jedenfalls, daß es der betreffende ist und kein anderer. Jeder nämlich sucht uns für seine Division zum Einsatz zu bewegen. Wir müssen immer ausdrücklich nach den Tarnnamen der Einheit fragen. Die Anforderungen sind groß, wir müßten das Zwanzigfache an Menschen und Maschinen haben. Der Stimme nach ist wieder Fußball-Epp hier unten. Ich nehme Sprechverkehr mit ihm auf, aber ohne auf seine Andeutungen zu warten, habe ich schon starke feindliche Ansammlungen eineinhalb bis zwei Kilometer vor mir ausgemacht. Wie ich noch über eigenem Gebiet fliege und kurve, bemerke ich das Aufblitzen vieler Flakbatterien. Die Zerleger oben in der Luft kann ich nicht sehen, weil sie in den Wolken liegen; aber nun knallt es auch schon in meiner Kabine und dem Motor. Im Gesicht und in der Hand habe ich Flaksplitter, das Triebwerk wird jeden Au-

genblick stehenbleiben. Zwei Minuten rumpelt es noch etwas, da steht es schon. In dieser Zeit entdecke ich eine Wiese westlich des Dorfes. Sie kann sicher von den Russen noch nicht eingesehen werden. Auf ihr gelingt eine glatte Landung. Fickel setzt sich mit seiner Maschine schnell daneben. Wir wissen nicht, wie lange das Gebiet noch unser bleibt; daher bauen wir mit Henschel das Wesentlichste: Waffen, Uhr, Fallschirme – aus und steigen bei Fickel ein. Der dritte im Bunde ist schon nach Haus geflogen und hat den Vorfall gemeldet. Wenig später landen auch wir wieder heil in Costromka.
In diesen Tagen hat auch Oberleutnant Fritzsche Glück. Südostwärts Saporoshje, bei Heidelberg, kommt er nach Jägerbeschuß mit dem Fallschirm gut runter, auch wenn er sich bei dem Absprung selbst etwas am Leitwerk demoliert. Nach kurzer Erholung ist dieser ausgezeichnete Staffelkapitän und Ritterkreuzträger wieder im Einsatz.
Aber nicht immer haben wir Glück. So kommen wir einmal zurück aus einem nordostwärtigen Kampfraum und sind bereits in Platznähe. Wir drücken in ganz enggeschlossenem Verband den Platz etwas an, um nach Tiefüberfliegen in Reihe aufzulösen und zu landen. In der letzten Phase des Andrückens schießt plötzlich unsere Flak. Hoch über uns fliegen russische Jäger. Sie zeigen absolut keine direkten Angriffsabsichten, aber die Flak nimmt sie unter Beschuß, und deshalb versucht sie, zwischen unseren Maschinen hindurchzuschießen. Und Oberleutnant Herling, der Staffelkaptän der Siebenten, und Oberleutnant Kruminga, der T. O. der Gruppe, werden getroffen und zerschellen am Boden. Wenig später fällt auch Oberleutnant Fritzsche. Drei Freunde, die wie ein Kleeblatt zueinanderhalten, alle drei Ritterkreuzträger, geben in dieser Zeit ihr Leben für die Heimat. Der Verlust trifft uns wie ein dumpfer, hinterhältiger Schlag. Sie waren Meister ihres Faches und gute Kameraden für ihre Soldaten. Manchmal gibt es hier draußen verhexte Zeiten; da will die Pechserie nicht abreißen.
Im November kommt ein Funkspruch; mir ist das Ritterkreuz mit Eichenlaub und Schwertern verliehen worden, und ich soll

mich sofort zur Entgegennahme im Führerhauptquartier in Ostpreußen melden. Es ist um die Zeit meines hundertsten Panzerabschusses. Persönlich freue ich mich über die erneute Auszeichnung; sie unterstreicht nicht zuletzt die Leistung meiner Gruppe. Aber es tut mir doch sehr leid, daß der Antrag für Henschels Ritterkreuz noch nicht genehmigt zurückgekommen ist. Irgendwo muß der Antrag noch liegen. Ich entschließe mich daher, meinen Bordschützen auf jeden Fall zu einer Meldung mitzunehmen. Henschel hat gerade seinen eintausendsten Feindflug gemacht und ist mit einigen Abschüssen von sowjetischen Jägern zu dieser Zeit der weitaus führende Bordschütze. Über Winiza, Proskurow, Lemberg und Krakau geht es nach Ostpreußen in die Nähe von Goldap ins Führerhauptquartier.
Wir landen zunächst in Lötzen. Ich melde mich bei Oberstleutnant von Below und erfahre von ihm, daß zu gleicher Zeit Major Hrabak das Eichenlaub in Empfang nehmen soll; seine Meldung wird mit mir zusammen erfolgen, Henschel habe ich gleich mitgebracht und frage Below, ob der betreffende Antrag nicht bei ihm aufgetaucht sei. Er verneint es, verspricht aber sofort, den augenblicklichen Stand der Dinge beim Reichsmarschall zu erfragen. Auch dort kann das Schriftstück nicht gefunden werden; es müßte da zunächst zur Befürwortung liegen. Diese wird durch Oberstleutnant von Below vom Reichsmarschall mündlich eingeholt. Anschließend geht er zum Führer hinein und meldet ihm, daß ich Henschel aus den angeführten Gründen heraus gleich mitgebracht hätte und von seiten des Oberbefehlshaber der Luftwaffe Henschels Ritterkreuz befürworten würde. »Henschel soll gleich mitkommen«, ist die Antwort. Für meinen treuen Bordschützen ist es ein großes Ereignis. Nur ganz wenige empfingen das Ritterkreuz vom Führer persönlich, da die persönliche Verleihung durch den Obersten Befehlshaber erst mit dem Eichenlaub beginnt.
So stehen Major Hrabak, Henschel und ich dem Führer gegenüber. Er verleiht uns zunächst die Auszeichnungen und trinkt dann in seinem Arbeitszimmer Tee mit uns. Er spricht über die vergangenen Operationen im Osten und ihre Lehren, über nun

anlaufende Neuaufstellung von Einheiten, die unbedingt erforderlich sein wird für den kommenden Angriff der westlichen Alliierten. Die Heimat wird noch eine Menge Divisionen aufstellen können, und die Industrie kann diese mit genügend Waffen ausstatten. Indessen arbeite der deutsche Erfindergeist weiter an überragenden Projekten und mit der Anspannung der Gesamtkräfte des Volkes wird und muß es gelingen, den Sieg über den Bolschewismus zu erringen. Nur das deutsche Volk wird dazu in der Lage sein, das betont er besonders. Er ist stolz auf seine Ostfrontsoldaten, und er kennt die unendlichen Strapazen und Mühen ihres Einsatzes. Er macht gesundheitlich einen guten Eindruck, ist voller Ideen und Vertrauen in die Zukunft.
Von Lötzen machen wir über Hohensalza einen kleinen Abstecher nach Görlitz, wo wir unsere brave Ju 87 für zwei Tage ruhen lassen. Henschel ist nicht weit von hier in Sachsen zu Hause und fährt mit dem Zug weiter, um mich nach zwei Tagen wieder hier zum Rückflug zu treffen. Bei schlechtestem Wetter fliegen wir dann über Wien, Krakau, Lemberg, Winiza nach Kirowograd. Je weiter wir nach dem Osten kommen, um so mehr spüren wir das Heranrücken des Winters. Tiefliegende Wolken mit dichten Schneefällen behindern uns im Fliegen und in der Orientierung. Uns ist wesentlich wohler, als der Vogel bei einbrechender Dunkelheit auf dem vereisten Platz in Costromka ausrollt und wir wieder daheim bei den Kameraden sind. Hier ist es schon kalt, doch kann es uns nur recht sein, denn dadurch verbessern sich die Wegeverhältnisse innerhalb der Ortschaft. Größere Flächen innerhalb des Dorfes haben Eis, und sich ohne Schlittschuhe darüber zu bewegen, ist nicht immer ganz leicht. Bei schlechtem Wetter, wenn kein Einsatz geflogen wird, wird nun wieder Eishockey gespielt. Selbst die unsportlichsten Wesen werden noch von den anderen mitgerissen und begeistert. Vom richtigen Schläger angefangen bis zu einem alten Besen oder einer Schaufel dient alles als Sportgerät. Primitivste russische Schlittschuhe neben neuesten Spezialhockeyschlittschuhen. Viele laufen nur in Fliegerpelzstiefeln, es ist völlig gleich, Bewegung ist alles.
Plötzlich gibt es hier im Süden Rußlands warme Tage, die alles

wieder in einen unvorstellbaren Morast verwandeln. Vielleicht hängt das mit dem Einfluß des Schwarzen und Asowschen Meeres zusammen. Solchen Erscheinungen hält unser Platz nicht stand, und wir weichen in diesen Fällen immer auf den Betonplatz nach Kirowograd aus. Gerade zum Weihnachtsfest und zum Jahreswechsel erleben wir solch eine Schlammperiode. Die Einheiten müssen daher diesen Tag allein begehen und nicht in der Gesamtheit der Gruppe. Der Weihnachtsmann hat für jeden Soldaten eine Überraschung mit, und man würde es an ihm bestimmt nicht erkennen, daß wir schon den fünften Kriegswinter durchkämpfen.
Anfang 1944 wird die Wetterlage stabil, und die Einsatztätigkeit steigert sich. Die Sowjets drängen aus dem Raum westlich Dnjepropetrowsk nach Westen und Südwesten und unterbrechen für kurze Zeit die Straßenverbindung Kriwoi-Rog – Kirowograd. Ein Gegenstoß unserer alten Bekannten, der 14. und 24. Panzerdivision, hat großen Erfolg. Neben vielen Gefangenen und großer Materialbeute gelingt es, zumindest für die nächste Zeit, Ruhe in diesen Abschnitt zu bringen. Wir fliegen stets von Kirowograd aus und haben dort ganz in der Nähe des Platzes Quartier genommen. Der Geschwaderstab wohnt nebenan; bei seinem Einzug gibt es gleich eine unangenehme Überraschung. Der Geschwaderadjutant, Major Becker-»Fridolin«, und der technische Offizier, Hauptmann Katschner, sind mit den einheimischen Heizgewohnheiten noch nicht ganz bewandert. Nachts bildet sich in ihrem Zimmer Kohlenoxydgas, und Katschner wacht auf, als Fridolin schon bewußtlos ist. Sich selbst und Fridolin schleppt er nun ins Freie, wodurch beide noch gerettet werden. Ein Soldatentod ohne Waffeneinwirkung, sondern durch irgendeinen dummen Unfall, ist besonders tragisch. Später wird darüber gescherzt und gelacht, und beide müssen sich noch viel Spott gefallen lassen.

Im Verlauf der derzeitigen Kampfhandlungen erleben wir ein nicht alltägliches Schauspiel. Südlich und südwestlich von Alexandrija jage ich mit der Panzerstaffel Panzer; nachdem unsere

Gesamtmunition verschossen ist, fliegen wir wieder Richtung Kirowograd, um zu neuem Einsatz zu rüsten. Im Tiefflug geht es über die fast ebene Landschaft hin. Halbwegs Kirowograd überfliege ich gerade eine dichte Heckenreihe, und dahinter fahren zwölf Panzer. Ich erkenne sofort: alles T 34 in Richtung nach Norden. Im Nu bin ich hochgezogen und habe das Objekt umkreist. Wo kommen die her? Das sind einwandfrei Sowjets. Keiner von uns hat auch nur einen Schuß; wir müssen sie also rollen lassen. Wer weiß, wo sie schon sein können, bevor wir neu munitioniert hierher zurückfliegen können und sie angreifen.
Die T 34 lassen sich nicht stören und fahren weiter hinter der Hecke. Weiter im Norden sehe ich ebenfalls Bewegung auf dem Boden; die Entfernung ist drei Kilometer, aber es ist auf der andere Seite der Hecke. Tief darüberfliegend, erkennen wir deutsche Kameraden mit dem Panzer-IV-Typ. Sie schauen oben aus ihren Panzern und denken an alles, nur nicht an einen nahen Feind und ein mögliches Gefecht. Beide fahren genau aufeinander zu, nur getrennt durch diese hohe Buschreihe. Sie können sich gegenseitig nicht sehen, da die Sowjets in einer Vertiefung unterhalb eines Eisenbahndammes fahren. Ich schieße rote Signalmunition, winke und werfe eine Meldebüchse ab, worin ich den Panzerkameraden mitteile, wer und was ihnen in drei Kilometer Entfernung entgegenkommt, wenn sie diese Fahrtrichtung beibehalten. Durch Andrücken der Maschine an dem Punkt, wo die T 34 gerade fahren, zeige ich ihnen die Nähe des Feindes an. Beide Teile fahren weiter; wir warten, im Tiefflug kreisend, was sich hier abspielen wird. Unsere Panzer halten an. Die Hecke ist hier einige Meter unterbrochen. Jeden Augenblick kann es geschehen, daß sich beide blitzartig aus allernächster Entfernung sehen werden. Ich bin auf die Schrecksekunde beider Teile gespannt. Die Russen haben ihre Turmdeckel geschlossen; vielleicht ahnen sie etwas wegen unseres auffälligen Fliegens. Noch rollen sie mit großer Geschwindigkeit in derselben Richtung. Der seitliche Abstand der beiden Parteien beträgt nicht mehr als fünfzehn bis zwanzig Meter. Jetzt ist es soweit. Die Russen sind von unten an die andere Seite der Lücke heran-

gekommen und erblicken den Gegner vor sich; zwei Sekunden dauert es, dann schießt der erste Panzer IV sein Gegenüber in Brand, aus zwanzig Metern Entfernung; die Fetzen fliegen nur so. Wenige Sekunden später – ich habe bisher noch keinen Schuß aus den übrigen T 34 gesehen – brennen sechs Russenpanzer. Es macht den Eindruck, daß sie völlig überrascht sind und noch nicht genau wissen, was hier vor sich geht. Einige T 34 fahren näher an die Hecke heran, um sich zu verstecken, die anderen versuchen über den Bahndamm zu flüchten. Sie werden sofort ein Opfer der deutschen Panzer, die sich inzwischen Schußfeld durch die Lücke geschaffen haben. Eine Minute dauert das ganze Gefecht, es ist in seiner Art einmalig. Ohne eigene Verluste sind alle T 34 vernichtet worden. Die Kameraden auf der Erde strahlen und sind stolz auf ihren Erfolg; wir freuen uns nicht minder. Wir werfen ihnen eine weitere Meldung ab mit unseren Glückwünschen und etwas koffeinhaltiger Schokolade. Dann fliegen wir nach Hause.

Nach leichteren Einsätzen kommt meistens schnell wieder eine Dusche. So auch in diesem Zeitraum. Wir sind zu dreien, Oberleutnant Fickel und Oberleutnant Stähler begleiten mich mit Bombenmaschinen zur Panzerjagd; wir haben keinen Jagdschutz bei uns und sind soeben an einer eigenen Panzereinheit vorbeigeflogen. Da zeigen sich zwölf bis fünfzehn Airocobras uns gegenüber sehr angriffslustig. Alle haben sie rote Motorschnauzen und scheinen von einer guten Einheit zu sein. Eine wilde Kurbelei in Bodennähe beginnt, und ich bin froh, daß ich die anderen beiden Kameraden wieder heil mit nach Hause bringe, wenn es auch nicht mit ganz unbeschädigten Maschinen ist. Das Erlebnis wird noch etliche Male Gegenstand von abendlichen Gesprächen und Erinnerungen. Fickel und Stähler meinen: »Da waren wir fast wieder mal dran«; es dient aber für unsere Neuen zu gleicher Zeit als Lehre für richtiges Verhalten im Luftkampf.
Die Erste Gruppe liegt schon länger etwas westlich von uns, in Slynka, nördlich Nowo Ukrainka. Meine III. Gruppe erhält

ebenfalls den Befehl, mit den fliegenden Teilen dorthin zu verlegen, während unsere Bodenteile auf dem Landmarsch nach Pervomaisk am Bug rollen. Als Abschluß der Kirowogradzeit erreicht mich die Beförderung zum Major.
In Slynka scheint es erst recht Winter werden zu wollen; es weht fast täglich ein kalter Ostwind, Temperaturen zwischen minus zwanzig und dreißig Grad. Auf die Zahl der einsatzklaren Flugzeuge wirkt es sich fühlbar aus, denn die Wartung und die Pflege der Flugzeuge bei diesen Temperaturen im Freien ist eine Sache für sich. Besonders unglücklich, da die Iwans soeben nördlich von Kirowograd vorbei eine Angriffsspitze nach Westen vorgetragen haben bis in die Talsenke von Marinowka. Sie führen sehr starke Kräfte nach, um das gerade gewonnene Terrain zu einer neuen Angriffsbasis auszubauen. Was am Platz halbwegs flugklar ist, macht Tiefangriffe. Bei einem Einsatz ostwärts des Platzes muß Oberleutnant Fickel nach starkem Beschuß notlanden. Das Gelände ist einigermaßen günstig, und ich kann sofort daneben landen und ihn mit seinem Bordschützen einladen und mitnehmen. Wenig später sind wir wieder am eigenen Platz, um eine weitere Maschine ärmer.

Selten greifen Panzer des Nachts an; aber in diesen Tagen bekommen wir – besonders Kameraden nördlich von uns – eine Kostprobe davon. Um Mitternacht weckt mein Einsatzoffizier mich ziemlich erregt und meldet, einige Angehörige von einer Jagdgruppe aus Malaja Wisky seien gerade eingetroffen und bäten, ich möchte sofort starten; die Sowjets seien soeben mit den Panzern auf ihrem Flugplatz zwischen die Maschinen und in ihre Unterkünfte im Ort gefahren. Sternklare Nacht. Da will ich mich selbst mit den Flüchtlingen unterhalten. Der genannte Ort befindet sich dreißig Kilometer nördlich von uns, und auf diesem Platz sind mehrere Luftwaffenverbände mit ihren Maschinen untergebracht.
»Mehr können wir Ihnen auch nicht sagen, als daß es plötzlich geknallt hat, als wir schliefen, und als wir raussahen, fuhren russische Panzer mit aufgesessener Infanterie vorbei.« Ein anderer

erzählt, wie Panzer die Maschinen überrollten. Es ist offenbar schnell und ganz plötzlich gekommen, denn alle haben nicht mehr an als Nachtzeug.

Ich komme zu der Überzeugung: Ein Start von mir ist augenblicklich unmöglich und zwecklos, denn zum Panzerschießen benötige ich eine einigermaßen gute Sicht. Der sternklare Himmel ist in keiner Weise ausreichend, und der Morgen muß unbedingt abgewartet werden. Bomben werfen, um wenigstens die Begleitmannschaft zu erschrecken, kommt nicht in Frage, denn der Ort ist mit deutschen Einheiten belegt. Es sind Nachschuborganisationen, hilflos gegen sowjetische Panzerkräfte.

Frühmorgens beim ersten Tageslicht starten wir; leider werden wir beim Rückflug mit Nebel zu kämpfen haben, denn es sieht schon verdächtig danach aus. Im Tiefflug kommen wir an den Platz heran und sehen unsere schwere Pak in Erdaktion. Einige der dreistesten Stahlkolosse hat sie bereits erledigt, die anderen sind in Deckung gefahren und nicht mehr im Schußbereich. Alle Angehörigen der fliegenden Verbände sind auf ihrem Platz in Stellung gegeangen. Bei unserem Überflug des Platzes führen sie reinste Freudentänze auf, denn wir werden sie von der Panzergefahr befreien, das nehmen sie als sicher an. Ein T 34 ist in die Flugleitungsbaracke hineingefahren und steht wie betrunken, schief, zwischen den Trümmern. Einige haben sich in einem Fabrikgelände verborgen. Hier ist der Anflug erschwert durch die hohen Schornsteine. Wir müssen höllisch aufpassen, um nicht dagegen zu fliegen. Unsere Bordkanonen knallen an allen Ecken und Enden im Dorf; außerhalb der Ortschaft werfen wir auch Bomben, zumindest die am weitesten vorgestoßenen Iwans sehen nun ein, daß Kehrtmachen besser sei. Zum größten Teil versuchen sie, den Ortsausgang des Dorfes zu erreichen, wo mehrere tiefe Schluchten Versteck bieten. Hier stehen auch ihre Lastwagen mit Nachschub, Munition und Betriebsstoff; mit leichter und mittlerer Flakabwehr wollen sie sich uns vom Hals halten. Mit Bomben, daraufhin mit Kanonen greifen wir die Flak an. Nun schweigt sie völlig. Kurz darauf brennen und explodieren die Lastwagen.

In Richtung Osten laufen im Schnee die Iwans. Das Schwierigste für uns ist heute jedesmal die Landung in Slynka, da der Nebel am Platz lange anhält und nur ein ganz kurzes Blickfeld beim Aufsetzen zuläßt. Bis abends sind wir siebenmal mit der Gruppe unterwegs, ich mit einer weiteren Maschine fünfzehnmal. Malaya-Wisky ist wieder feindfrei, sechzehn Panzer verlor der Feind durch unsere Angriffe aus der Luft.
Nicht viel später ziehen unsere fliegenden Teile um zu den Bodenteilen in Pervomaisk Nord. Der Platz hat eine kleine Betonbahn, die sich nur zum Abstellen von Maschinen eignet, damit sie nicht im Schlamm versinken. Fast unmöglich ist das Starten, Landen und Rollen bei wärmerem Wetter, alles ist ein Morast. Dicht am Platz liegt eine Siedlung, in der wir wohnen. Nach dem letzten Einsatz oder bei Nichtflugwetter am Tag muß Gadermann zum Sport ran. Nach dem abschließenden langen Geländelauf waschen wir uns immer heiß und kalt, als Abschluß wälzen wir uns vor dem Haus im Adamskostüm im Schnee. Das körperliche Wohlbefinden nach dieser Prozedur ist unbeschreiblich und man fühlt sich wie neugeboren. Irgendwelchen Pans und Paninkas, die vom kalten Wasser sowieso nicht allzuviel halten und gerade in einiger Entfernung vom Haus vorbeikommen, bleibt der Mund offenstehen vor Staunen. Sicher bestärkt sie das doch wieder in ihrem Propagandaschlagwort »Germanski nix Kultura«.
In diesem Gebiet ohne Wetteraufklärung sofort des Morgens mit einer größeren Einheit zu starten, hat sich als unzweckmäßig erwiesen. Im Zielraum kann Nebel hängen, und ein Angriff ist dann nicht möglich. Schade um das kostbare Benzin, das umsonst verflogen wird, ganz abgesehen davon, daß diese Wetterlagen großen Verbänden und neuen Besatzungen zum Verhängnis werden können. Es liegt daher Befehl vor, jeden Morgen zunächst bei Morgengrauen eine Wetterrotte loszuschicken, nach deren jeweiliger Meldung auf das geplante Ziel gestartet wird oder nicht. Mir ist die Aufgabe meistens zu wichtig, als daß ich eine beliebige Rotte wegschicke; Fickel muß mit, wenn er Ruhe benötigt, ein anderer. Bei Morgendämmerung geht's in Rich-

tung Front. Ich fliege nicht nur wegen des Wetters, sondern bevor es ganz hell wird, präge ich mir die gesamte Front in unserem Abschnitt scharf ein. In diesem Dämmerlicht sehe ich deutlich das Artilleriefeuer der Gegenseite. Je nach Stärke kann man aus diesem schon Schlüsse für den kommenden Tag ziehen. Die erkannten Artilleriestellungen werden sofort in meine Karte eingezeichnet. So gut wie jetzt werden sie nie mehr zu erkennen sein und können eventuell ein paar Stunden später schon unter den Bomben meiner Stukas liegen. Diese Aufklärungsergebnisse interessieren die Kameraden auf der Erde auch stark. Wenn ich früh die Front im Tiefflug abgeflogen habe, kann ich dem Heer genau die Schwerpunkte des Gegner und seine Kräftemassierungen sagen. Jede Überraschung ist damit für den kommenden Tag so gut wie ausgeschaltet. Es ist ein imposantes Bild, und mir da oben kommt das Aufblitzen der vielen Waffen im Halbdüsteren vor wie ein unübersehbarer Bahnhof, wo Lichter flimmern oder immer erneut ein- und ausgeschaltet werden. Feurige Perlenketten in heller und dunkler Tönung greifen nach mir und schaffen eine Art Verbindungslinie vom Boden. Die feindliche Abwehr hat uns erkannt. Buntfarbene Leuchtkugeln steigen ebenfalls von dem Erdboden auf, Signale der Verständigung innerhalb der Erdtruppe. Langsam sind wir dem Iwan nun zu nahe getreten mit unserem regelmäßigen Morgenbesuch. Besonders empfindlich trifft es ihn deshalb, weil wir häufig schon früh Panzer erwischen. Die wollen das erste Licht ebenfalls zu einer Überraschung ausnützen und werden nun von mir abgeschossen. Es ist dem Iwan nicht zu verdenken, wenn er bald nach Dämmerung seine roten Falken über die Front jagt. Häufig schlagen wir uns im Luftkampf mit den roten Falken herum. Für uns zwei allein ist es nicht gerade angenehm, ohne Jagdschutz gegen vielfache Überlegenheit zu kurbeln. Fickel wird in dieser Zeit sehr blaß, und Gadermann rät, ihn bald für längere Zeit pausieren zu lassen, zumindest ihn von diesen Einsätzen mit mir allein zu befreien. Auch wenn Fickel immer noch halb scherzhaft nach Landung mit einer zerschossenen Maschine sagt: »Jahre meines Lebens hat mich das wieder gekostet«, merke

ich selbst, daß er kein Athlet ist, und daß auch seine Kräfte nicht unerschöpflich sind. Aber ich rechne es ihm hoch an, daß er es mir nicht abschlägt mitzukommen, und ich empfinde das Gefühl der Kameradschaft in diesem Augenblick immer als etwas Großes.
Unsere augenblicklichen Schwerpunkte bei der Frühaufklärung liegen jetzt westnordwestlich und südwestlich von Kirowograd, wo die Sowjets immer wieder mit ihren unerschöpflichen Massen versuchen, durchzubrechen. Wenn einigermaßen Flugwetter herrscht, starten wir dann erneut, eine halbe Stunde nach unserer ersten Landung, mit der gesamten Gruppe auf die soeben erkundeten wichtigen Ziele. Jetzt im Winter macht ein dichter Dunstschleier jede Beobachtung mehr oder weniger nur zur Vermutung, und der Start geschieht, ohne zu wissen, ob es in einer Stunde noch möglich sein wird, hier wieder zu landen. Dichter Nebel kommt ganz plötzlich und bleibt dann oft für mehrere Stunden stehen, undurchdringlich. In diesem Fall wäre ein Auto besser als ein Flugzeug.

Einmal bin ich mit Fickel mit der Aufklärung und einigen Tiefangriffen vorn im Raum Kirowograd fertig; es wird schon hell und wir fliegen wieder zurück in Richtung Westen. Noch haben wir nicht den halben Weg hinter uns und Nowo Ukrainka erreicht, als plötzlich eine starke Nebelbildung eintritt. Fickel fliegt ganz dicht an meiner Maschine, um mich nicht aus den Augen zu lassen. Der Erdboden ist kaum noch zu sehen. Über der oben genannten Ortschaft erkenne ich in letzter Sekunde hohe Schornsteine. Die Nebeldecke reicht sehr hoch, so daß wir unmöglich darüberfliegen können; irgendwo muß ich wieder mal runter. Wer weiß, über wieviel hundert Kilometer sich diese Wetterlage ausdehnt? Auf gut Glück nach Westen zu fliegen, solange das Benzin reicht, um dann vielleicht in einer Partisanengegend zu landen, ist kein Ausweg. Es kann lange dauern, bis man wieder bei der Truppe ist, und ich werde dringend benötigt! Nach der ganzen Aufklärungsrunde ist außerdem das Benzin knapp geworden. Also ganz dicht am Boden bleiben und versu-

chen, mit der minimalen Sicht den Platz zu erreichen. Alles verläuft grau in grau. Kein Horizont. Oberleutnant Fickels Maschine ist nicht mehr da. Seit Nowo Ukrainka ist er nicht mehr zu sehen. Vielleicht hat er doch einen Schornstein gerammt.
Solange die Landschaft eben bleibt, können wir in dieser Nebeldecke weiterfliegen. Sobald Hindernisse kommen, Telegrafenstangen, Bäume oder leichte Hügel, muß ich am Höhensteuer ziehen und gerate augenblicklich in eine undurchdringliche Waschküche. Langsam, aufs Geratewohl, aus diesem Nebel rauszustoßen, wäre unverantwortlicher Leichtsinn. Erdsicht bekommt man erst in drei oder vier Metern Höhe, aber in solcher Höhe kann plötzlich ein Hindernis emporragen. Ich fliege nur nach dem Kompaß und muß, der Zeit nach, zwanzig Flugminuten vor meinem Platz in Pervomaisk sein. Das Gelände wird jetzt entweder hügeliger oder der Nebel dichter; beim geringsten Ziehen am Knüppel bin ich dick drin. Mit Mühe bin ich soeben noch über eine hohe Stange gesprungen. Jetzt ist es mir zuviel.
»Henschel, wir landen.«
Wo, weiß ich nicht, denn ich sehe ja so gut wie nichts; grau, grau ist alles. Ich fahre die Landeklappen aus und nehme das Gas etwas zurück. Die Maschine halte ich mit wenig Fahrt flach und taste mich an den Boden. Glück muß man haben: nichts steht mir im Wege. Kein Überschlag. Wir stehen ausgerollt. Henschel schiebt das Kabinendach zurück, springt raus und strahlt übers ganze Gesicht:
»Da haben wir aber Schwein gehabt!«
Die Sicht auf dem Boden beträgt keine fünfzig Meter; wir sind anscheinend auf einem Hügel, wo die Nebeldecke noch absinkt. Henschel soll mal zurückgehen; ich höre Geräusche wie von Fahrzeugen. Vielleicht eine Straße. Inzwischen sitze ich an meiner braven Ju 87 und freue mich wieder einmal übers Leben. Henschel kommt zurück. Meine Annahme bestätigt sich, hinter uns windet sich eine Straße. Fahrer des Heeres sagten ihm, daß es von hier aus noch gut fünfzig Kilometer nach Pervomaisk seien und der Weg direkt dorthin führe. Wir lassen den Motor an,

und schon rollen wir Richtung Straße. Die Sicht bleibt weiter nur dreißig, höchstens vierzig Meter. Auf der sehr breiten Straße rollen wir mit der Maschine, als wäre sie ein Auto, und wir passen uns den üblichen Verkehrsregeln an und weichen aus für große Wagen. Bei starkem Verkehr halte ich, damit es kein Unglück gibt und mir nicht jemand in das Flugzeug hineinfährt. Erst aus allernächster Entfernung erkennen die Fahrer der Kraftwagen unsere Maschine und mancher glaubt dabei an Gespenster. So rolle ich an die zwei Stunden, immer bergauf, bergab. Dann kommt ein Bahnübergang, an dessen Pfosten ich mit meinen Flächen nicht vorbeikomme, wie ich mich auch drehe und wende. Hier stelle ich meine Maschine an den Straßenrand. Nur noch zwölf Kilometer bis Pervomaisk. Mit einem vorbeifahrenden Auto des Heeres bin ich schnell auf dem Gefechtsstand. Henschel bewacht indessen das Flugzeug und wird durch den ersten Wart abgelöst. Die Freude ist groß, die Kameraden haben sich Sorgen gemacht, nachdem die Zeit, in der wir Benzin haben konnten, verstrichen und auch in der Folgezeit kein Anruf von irgendeiner Stelle gekommen war. Von Fickel fehlt noch jede Spur; es drückt uns sehr. Mittags lichtet sich der Nebel, ich fahre zu meiner Maschine und starte auf unserer Straße. Wenige Minuten später steht sie wieder auf ihrem Liegeplatz in Pervomaisk, und die treuen Mechaniker betrachten sie wie den zurückgekehrten verlorenen Sohn. Am Nachmittag gehts zu neuem Einsatz. Als ich nach Hause komme, meldet mir Gadermann, daß Fickel aus Nowo Ukrainka angerufen habe. Er und auch sein Bordschütze haben sich heil aus dem Nebel herausgeschlagen. Als der Nebel vollkommen dicht zog, hat er mich verloren und ist im selben Augenblick gelandet. Nun ist unsere Freude groß.
In der nächsten Zeit verlagert sich unser Einsatzschwerpunkt mehr nach Norden. Im Raum von Tscherkassy ist eine deutsche Kräftegruppe eingeschlossen, die mit herangeführten Reserven wieder entsetzt werden soll. Der Entlastungsangriff wird hauptsächlich von Süden und Südwesten her geführt. Wir unterstützen meistens die 11. und 13. Panzerdivision, die westlich Nowy

Mirgorod nach Norden stößt und einen Flußabschnitt erreicht hat. Dahinter sind stärkste Feldbefestigungen der Sowjets. Hier gibt es viele lohnende Ziele für uns. Die Lufttätigkeit auf beiden Seiten ist groß, besonders die eisernen Gustavs versuchen, uns mit Angriffen auf unsere Panzerdivisionen und ihre Nachschubeinheiten Konkurrenz zu machen. Wir möchten mit unserer langsamen Ju 87 immer an die JL-II-Verbände aufschließen und sie verjagen. Aber sie sind ein klein wenig schneller als wir, weil sie – im Gegensatz zu uns – das Fahrgestell einziehen können. Außerdem besitzen sie durch die stärkere Panzerung ein wesentlich größeres Eigengewicht. Beim Andrücken der Maschine macht sich das bemerkbar; dadurch holen sie schneller größere Geschwindigkeit auf. Meistens sind wir aber auch gerade bei Tiefangriffen beschäftigt, so daß an Einholen nicht zu denken ist.

In diesen Tagen habe ich einmal Glück mit eisernen Gustavs in diesem Abschnitt. Meine Staffeln fliegen Bombenangriffe auf eine sowjetische Bereitstellung in einem Waldstück; ich kreise noch höher, weil ich selbst die Kanonenmaschine fliege, aber noch keine Panzerziele feststellen kann. Seitlich vor uns fliegt ein JL-II-Verband vorbei, dreihundert Meter tiefer mit Kurs Südost, geschützt durch Lags und Airocobras. Die zweite Maschine begleitet mich mit Bomben; ich gebe durch, daß wir den JL-II-Verband angreifen. Schon drücken wir hinterher. Als ich auf einhundert Meter rangekommen bin, merke ich, daß ich nicht weiter aufholen kann und die eisernen Gustavs langsam wieder schneller werden als ich. Auch die Jäger interessieren sich für mich; zwei sind bereits hinter mir eingekurvt. Obwohl die Entfernung noch ziemlich groß ist, ziele ich auf einen der ungefügen Vögel und feuere einen Schuß ab aus meinen beiden langsam schießenden Kanonen mit der Panzermunition. Aus dem einen Gustav wird ein Feuerball, der in viele kleine Teile zerfällt und nach unten rieselt. Die anderen haben sich anscheinend mächtig erschrocken; sie drücken jetzt noch stärker nach unten weg, und mein Abstand zu ihnen wächst zusehends. Außerdem ist es höchste Zeit zu kurven, denn die Jäger rücken dem

Übeltäter zu Leibe. Im Verlauf der Kurbelei schiebe ich mich an meine Gruppe ran, woraufhin die Russen abdrehen. Sicher vermuten sie in unserer Nähe eigenen Jagdschutz, so daß ich nicht so leicht abzuschießen sei. Am Nachmittag bleibt im gleichen Abschnitt Leutnant Kurz weg; er hat in der Panzerstaffel mit 70 Abschüssen die meisten Panzerabschüsse. Im Raum von Bjelgorod und Charkow begann im Juli sein Glücksstern; viel hat er in dieser Zeit noch an Erfahrung hinzugewonnen. Es ist ein großer Verlust für uns, und im Kameradenkreis klafft eine weitere Lükke.

Die Gesamtoffensive zur Befreiung der eingeschlossenen Teile im Raum Tscherkassy hat Erfolg, und es kann von den Angriffsverbänden zu den Eingeschlossenen eine Art Gasse geschaffen werden. Nach Herstellung der Verbindung wird hier die Front mit dieser Ausbuchtung zurückgenommen. Für uns hat es zur Folge, daß wir Pervomaisk mit Rauchowka vertauschen und das Gebiet um Nowy Mirgorod für uns weit ins russische Hinterland zu liegen kommt.

Wenig später landen bei Nowy Mirgorod amerikanische Bomberverbände, die nach Erfüllung ihres Auftrages im deutschen Gebiet nach Osten fliegen. Bei den Bundesgenossen machen sie sich erneut startklar für einen neuen Einsatz. Ihre Ausgangsbasis ist wie bei vielen amerikanischen Verbänden der Mittelmeerraum.

Südlich von uns hat sich indessen auch einiges geändert, und der Brückenkopf Nikopol ist aufgegeben worden. Die Sowjets stoßen stark nach, und die deutschen Kräfte im Raum Nikolajew, und nordwestlich davon, befinden sich in schwersten Kämpfen.

XIII

FLUCHT AM DNJESTR

Im März 1944 liegt unsere Südfront im Raum von Nikolajew im schwersten Abwehrkampf gegen starke russische Kräfte. Diese versuchen, einen entscheidenden Durchbruch nach Süden zu erzwingen, um somit die gesamte deutsche Heeresgruppe Süd zu vernichten. Ich liege mit meiner Stuka-Gruppe zur Unterstützung der Heereseinheiten zweihundert Kilometer nördlich Odessa in Rauchowka. In ununterbrochenen Einsätzen versuchen wir, von früh bis spät, durch Panzerabschüsse und Angriffe auf Artillerie und Stalinorgeln den schwer kämpfenden Kameraden auf der Erde Entlastung zu bringen. So gelingt es uns, jeden entscheidenden Einbruch der Sowjets zu verhindern. Die Heeresgruppe aber kann Wochen später nach diesem Abwehrerfolg geordnet weiter westwärts neue Stellungen beziehen.

Während dieser Kampfhandlungen lautet eines Tages ein Auftrag, entlang des Dnjestr in nordwestlicher Richtung zu fliegen. In unserer Höhe macht der Fluß eine Schwenkung nach Nordwesten. Rumänische Alarmmeldungen berichten über rote Übersetzbewegungen von motorisierten und Panzerverbänden mit südlicher Marschrichtung im Raum von Jampol und westwärts davon. Zunächst scheint die Meldung ziemlich unglaubwürdig, denn dann würden die Sowjets zugleich mit ihrer Offensive im Süden auch nördlich durchgestoßen sein und bereits zweihundert Kilometer hinter uns in Transistrien stehen. Mit einer zweiten Maschine führe ich den Aufklärungsauftrag durch: leider bestätigen sich diese Befürchtungen. Starke sowjetische Kräfte aller Gattungen sind beim Übersetzen im Raum Jampol; außerdem ist eine große Brücke im Bau.
Man fragt sich unwillkürlich, wie es möglich war, daß diese russische Operation erst jetzt bemerkt wird. Für uns ist das nichts Neues, wir haben das im Ostfeldzug so oft erlebt. Die Front im

Osten ist stets sehr dünn besetzt, oft werden ganze Räume zwischen augenblicklichen Schwerpunkten nur durch patroullierende Verbände kontrolliert. Wenn erst einmal diese Postenkette passiert ist, stößt der Feind in einen unverteidigten Raum; weit hinten befindet sich vielleicht noch eine Bäckereikompanie oder sonstige Nachschubeinheit ohne Kampfkraft. Der Riesenraum ist der größte Bundesgenosse für den Russen; diesen mit Menschen zu füllen, ist lediglich ihm mit seinen unerschöpflichen Massen möglich.

Obwohl die Lage im Raum Jampol bedrohlich ist, sehen wir die Lage nicht als ganz hoffnungslos an, weil dieser Abschnitt, als der Zugang zu ihrem eigenen Land, den Rumänen anvertraut ist. So ist auch in meinem Aufklärungsauftrag erwähnt, daß längs des Dnjestr vermutlich Sicherungsabteilungen der Rumänien stehen würden und daher mit Waffenwirkung Vorsicht geboten sei. Rein nach der Uniform kann man Rumänen und Sowjets aus der Luft nicht gut unterscheiden.

Die operative Absicht der sowjetischen Offensive ist klar: Noch weitere Umfassung der Kräfte im Süden und damit zu gleicher Zeit Durchstoß über Jassy bis ins Ölgebiet von Ploesti. Da der Einsatz meiner Gruppe im Raum Nikolajew noch täglich erforderlich ist, besteht zunächst nur die Möglichkeit, am Tage ein oder zwei Einsätze in diesem Raum zu fliegen. Zu allen diesen Feindflügen benutzen wir den Absprungplatz bei Kotowsk, südlich Balta; wir fliegen also zum Einsatz ungewohnterweise nach dem Westen. Hauptziele sind Truppenkonzentrationen im Raum Jampol und die im Bau befindliche Brücke. Nach jedem Angriff ergänzen die Sowjets immer wieder die Pontons und bemühen sich, den Bau zu Ende zu führen. Mit starker Flak und Jagdabwehr versuchen sie, unsere Angriffe zu unterbinden. Nicht einmal lassen wir uns vom Angriff zurückdrängen.

Unsere Erfolge werden bestätigt durch aufgefangene russische Funksprüche. Die bestehen hauptsächlich aus Beschwerden gegen ihre eigenen Jäger, die roten Falken. Sie werden der Feigheit bezichtigt, und die Verluste an Menschen, Waffen, Brücken und Baumaterial werden als Folgen dieser Feigheit dargestellt.

Oft können wir den russischen Sprechfunkverkehr zwischen der Bodenstelle und den roten Falken abhören. In meiner Gruppe ist ein russischsprechender Offizier, der sein Funkgerät mit seiner Wellenlänge den russischen Geräten anpaßt und alles anschließend sofort übersetzt. Oft schreien die Sowjets im Äther wild durcheinander, um unseren Sprechverkehr zu verhindern. Der russische Frequenzbereich liegt meistens unmittelbar neben dem unsrigen; häufig versuchen die Sowjets, uns während des Fliegens Zieländerungen zu geben: natürlich befinden sich diese Ziele innerhalb der deutschen Front. Sie werden in gutem Deutsch vermittelt; aber wir haben dennoch den Streich bald durchschaut. Bei allen sogenannten Änderungen in der Luft vergewissere ich mich seit dieser Kenntnis durch Tiefflug davon, daß es sich tatsächlich um Feindziele handelt. Oft schreit es im Äther: »Befohlenes Ziel nicht angreifen – eigene Truppe.« Natürlich sind es Russen. Ihre letzten Worte gehen dann zumeist unter im Getöse unserer Bomben. Uns belustigt oftmals das Schimpfen der Bodenstelle den eigenen Jägern gegenüber:
»Rote Falken, wir melden euch wegen Feigheit dem Kommissar: greift doch die Nazischweine an, wir verloren wieder unser Baumaterial und vieles Gerät.«
Die schlechte Moral der Masse der russischen Jäger ist uns seit langem bekannt, nur einige wenige Eliteeinheiten bilden Ausnahmen. Die Materialverlustmeldung ist für uns eine gute Erfolgsbestätigung.

Einige Tage vor dem 20. März 1944 quält uns schlechtestes Wetter mit großen Regengüssen. In der Fliegersprache sagen wir: »Selbst die Spatzen müssen zu Fuß gehen.« Wir können nicht fliegen. In diesen Tagen können die Sowjets ungestört ihren Vormarsch und die Übersetzbewegungen über den Dnjestr fortsetzen. An eine deutsche Abwehrfront gegen diese Gefahr auf der Erde ist nicht zu denken, da aus dem Bereich Nikolajew nicht eine Kompanie entbehrt werden kann und keine anderen Reserven vorhanden sind. Allerdings setzen wir voraus, daß die verbündeten Rumänen mit fanatischem Selbsterhaltungstrieb

ihr Vaterland verteidigen und somit zugleich auch unsere fehlenden Kräfte ersetzen werden.
Am 20. März fliege ich zunächst mit meiner Gruppe sieben Einsätze im Raum Nikolajew und Balta. Als achter folgt nun seit fünf Tagen zum ersten Male wieder Brückenauftrag bei Jampol. Es ist strahlend blauer Himmel und anzunehmen, daß nach dieser langen Vorbereitungsmöglichkeit die Abwehr durch Flak und Jäger erheblich verstärkt sein wird. Da mein Feldflugplatz und auch Rauchowka völlig verschlammt sind, ist die Jagdgruppe nach dem Betonplatz in Odessa umgesiedelt. Mit unseren breiten Reifen können wir den Schlamm besser vertragen und versinken nicht gleich. Telefonisch vereinbaren wir, daß wir uns zur bestimmten Uhrzeit etwa 50 Kilometer vor dem Ziel in zweitausendfünfhundert Meter Höhe über einer ausgemachten markanten Dnjestrschleife treffen wollen. Anscheinend aber sind auch in Odessa irgendwelche Schwierigkeiten aufgetaucht; mein Begleitschutz kommt nicht. Das Ziel ist klar, selbstverständlich greifen wir an. In meiner Gruppe sind einige neue Besatzungen dabei. Die Qualität ist nicht mehr so gut wie früher. Die hochwertigen Menschen sind zu dieser Zeit längst irgendwo eingesetzt, und die Benzinknappheit läßt nur eine geringe Literzahl zur Ausbildung eines jeden Einzelnen zu. Ich glaube, daß ich selber bei einer so beschränkten Literzahl keine bessere Leistung erreichen könnte als die Neuausgebildeten. Schon zwanzig Kilometer vor dem Ziel gebe ich durch:
»Feindliche Jäger.«
Über zwanzig Sowjets vom Muster Lag 5 kurven auf uns ein. Das Manövrieren ist behindert durch unsere Bombenlast. Ich fliege in Abwehrellipsen, so daß ich jederzeit mich selbst hinter die feindlichen Jäger hängen kann, denn sie wollen meine letzte Maschine abschießen. Trotz Luftkampf schiebe ich mich langsam an das Ziel heran. Einzelnen Russen, die mich von vorn abschießen wollen, entreiße ich die Chance durch sehr »bewegliches« Fliegen, und im letzten Augenblick gehe ich dann unten durch oder ziehe darüber hinweg. Wenn die neuen Besatzungen es heute schaffen, lernen sie viel.

»Fertigmachen zum Angriff, zusammenbleiben, – aufschließen – Angriff!«
Und ich setze an zum Angriff auf die Brücke. Im Sturz sehe ich das Aufblitzen vieler Flakgeschütze; die Geschosse fliegen an der Maschine vorbei. Henschel meint, der Himmel sei voller Watte, so nennt er die zerlegten Flakgeschosse. Verdammt, die Abstände zwischen den Maschinen erweitern sich, darunter leidet die Abwehrkraft gegen die Jäger; diese greifen noch immer an. Ich mahne die Säumigen:
»Fliegen Sie weiter, schließen Sie auf, wir haben *auch* Angst!«
Mancher Kraftausdruck entschlüpft mir. Ich fange ab und sehe aus 400 Metern Höhe meine Bombe unmittelbar rechts an der Brücke; also Wind.
»Wind von links, linkshalten.«
Die dritte Maschine vernichtet die Brücke endgültig durch Volltreffer. Beim Kreisen, stelle ich die Standorte der feuernden Flakbatterien fest und gebe Befehl, diese anzugreifen.
»Die werden heute wieder anständig zur Minna gemacht«, meint Henschel.
Zwei neue Besatzungen haben leider im Sturz leicht abgehangen, Lags klemmen sich dazwischen. Der eine ist vollkommen durchgedreht, saust an mir vorbei in Richtung Feindgebiet; ich versuche ihn einzufangen, kann aber seinetwegen nicht meine ganze Gruppe im Stich lassen. Ich brülle im Sprechfunk, ich fluche, vergeblich. Er fliegt auf die russische Dnjestrseite; aus seiner Maschine kommt nur eine leichte Rauchfahne, und er könnte bestimmt, wie eine zweite Maschine das macht, einige Minuten weiterfliegen und so eigenes Gebiet erreichen.
»Völlig mit den Nerven runter, der Bulle«, ruft Fickel in den Äther. Im Augenblick kann ich mich nicht weiter darum bekümmern, denn ich muß versuchen, meinen Haufen zusammenzuhalten und mich in Ellipsen wieder nach Osten zu bewegen. Nach einer Viertelstunde drehen die Jäger ohne Erfolg ab, und wir fliegen im normalen Verband Richtung Heimat. Dem Staffelkapitän der Siebenten befehle ich, den Verband nach Hause zu führen; mit der zweiten Maschine des Stabes, Leutnant Fi-

scher, mache ich kehrt und fliege im Tiefflug dicht über dem Wasser im Flußlauf des Dnjestr zurück; rechts und links die steilen Ufer. Ein Stück voraus gewahre ich in Richtung Brücke, etwa tausend bis dreitausend Meter hoch, die russischen Jäger. Aber hier im Flußbett bin ich nur schwer zu sehen, vor allem auch nicht mehr erwartet. Im kurzen Hochziehen über die Uferböschung sehe ich fünf bis sechs Kilometer rechts von uns auf einem Feld die notgelandete Maschine; die Besatzung steht unweit davon. Wild gestikulierend schauen sie herauf, als ich tief vorbeifliege: »Hättet ihr bloß vorher so genau auf mich geachtet, dann wäre dieses heikle Unternehmen überflüssig gewesen«, so rede ich mit mir selber, als ich eine Kurve drehe, um zu sehen, ob das Feld geeignet ist zur Landung. Es ist geeignet. Mit etwas Überwindung sage ich mir: »Also ... ran. Das wird die siebente Besatzung, die ich heute den Russen wieder vor der Nase wegschnappen möchte.« Leutnant Fischer soll oben warten und eventuell angreifende Jäger stören. Die Windrichtung ist mir vom Bombenwerfen her bekannt. – Klappen raus, Gas weg, gleich werde ich sitzen. – Was ist das? Ich komme zu weit, muß durchstarten, eine weitere Kurve machen. Das ist mir bei solch einer Gelegenheit noch nie vorgekommen. Ob das ein Wink des Schicksals ist, nicht zu landen? Du bist in unmittelbarer Nähe des eben angegriffenen Objektes, weit hinter der sowjetischen Front! – Feigheit? – Wiederum Gas raus, Klappe raus – ich sitze ... und bemerke gleich, daß der Boden sehr weich ist, ich brauche nicht einmal zu bremsen. Genau vor den beiden Kameraden steht die Maschine still. Es ist eine neue Besatzung, ein Unteroffizier und ein Obergefreiter. Henschel schiebt das Dach auf, ich winke, schnellstens einzusteigen. Der Motor läuft, sie klettern zu Henschel hin. Über uns kreisen rote Falken; noch haben sie uns nicht gesehen.

»Henschel, fertig?«

»Jawohl!« Ich gebe Gas, linke Bremse – ich will zurückrollen, um genau so rauszustarten, wie ich gelandet bin. Mein linkes Rad versackt tief im Boden; je mehr ich Gas gebe, um so mehr frißt sich das Rad in den Boden. Die Maschine bewegt sich nicht

mehr von der Stelle. Vielleicht klemmt nur zwischen Radverkleidung und Rad sehr viel Dreck?
»Henschel, steig aus, mach die Radverkleidung ab, vielleicht geht's dann!«
Das Fliegerkappmesser geht kaputt, die Radverkleidung bleibt dran; aber auch ohne sie würde es nicht gehen, wir sind versackt. Knüppel an den Bauch, nachlassen, ruckartig Vollgas geben. Alles das nützt nichts, – einen Kopfstand kann man vielleicht erreichen, aber der hilft uns ja auch nicht. Leutnant Fischer fliegt tiefer darüber und fragt über Funkspruch:
»Soll ich landen?«
Nach kurzem Zweifeln sage ich mir, daß er nach der Landung auch nicht wegkommen kann, und antworte ihm:
»Nein, landen Sie nicht. Sie fliegen nach Hause!«
Ich sehe mich um, da kommen vierhundert Meter entfernt, scharenweise Iwans angelaufen. Raus aus der Maschine. – »Mir nach« – und schon laufen wir, was die Beine hergeben, nach Süden. Beim Überflug habe ich hier in ungefähr sechs Kilometer Entfernung den Dnjestr gesehen. Über ihn müssen wir auf jeden Fall, sonst sind wir eine leichte Beute der uns verfolgenden Sowjets. Das Laufen ist nicht leicht, ich trage hohe Pelzstiefel, Pelzjacke und die normale Kommißhose. Schwitzen ist gar kein Ausdruck! Keiner bedarf des Ansporns, niemand möchte in sowjetische Gefangenschaft geraten, die schon manchem Sturzkampfflieger zum sofortigen Tode wurde.
Eine halbe Stunde mag vergangen sein. Die Laufleistung ist gut, die Iwans sind sicher eintausend Meter entfernt. Plötzlich stehen wir vor fast senkrecht abfallenden Steinhängen, unten fließt der Strom. Der Höhenunterschied beträgt zwischen dreißig und vierzig Metern. Wir laufen hin und her, um eine Abstiegsmöglichkeit zu finden ... unmöglich! Die Iwans sitzen uns auf den Fersen. Da schießt mir eine Erinnerung aus der Bubenzeit durch den Kopf: wir ließen uns von den Spitzen der Fichten durch die einzelnen Etagen der Äste durchrutschen, und weil der Fall so gebremst wurde, kamen wir heil nach unten. Aus dem Gestein hier wächst in dichter Fülle Dorngebüsch mit großen Stacheln,

ähnlich unseren Hagebuttensträuchern. Einer nach dem anderen läßt sich so hinunter»gleiten«, und wir landen unten am Ufer, wenn auch zerschunden an allen Gliedern und mit zerrissenen Kleidungsstücken. Henschel wird etwas nervös. Er ruft: »Sofort rein, lieber ertrinken als fangen lassen!«
Ich mahne zur Vernunft. Wir glühen vom Laufen. Kurze Pause, dann die Bekleidungsstücke weitestgehend ablegen. Die Iwans sind inzwischen oben keuchend angekommen. Sie können uns nicht sehen, weil wir uns im toten Winkel ihres Blickfeldes befinden. Sie laufen auf und ab und können sich nicht vorstellen, wo wir sind. Sie halten es sicher für unmöglich, daß wir senkrechte Wände runtergesprungen seien! Der Dnjestr führt Hochwasser; es ist Schneeschmelzzeit, hier und da schwimmt ein Brocken Eis. Wir schätzen die Flußbreite auf sechshundert Meter, die Temperatur drei bis vier Grad plus. Die andern drei gehen schon ins Wasser; ich lege gerade die Pelzstiefel und Pelzjacke weg. Nun folge auch ich, nur noch mit Hemd und Hose bekleidet, unterm Hemd die Karte, in der Tasche die Schwerter und den Kompaß. Als ich das Wasser berühre, sage ich mir: »Hier gehst du nie rein.« Dann denke ich an die Folgen und schwimme schon.
Die Temperatur lähmt schon nach kurzer Zeit die Glieder, ich bekomme keine Luft, fühle nicht mehr, daß ich noch schwimme. Fest konzentrieren, sich die Schwimmbewegungen vorstellen und sie ausführen! Das jenseitige Ufer kommt nur unmerklich näher, die anderen schwimmen vor mir. Ich denke an Henschel, er schwamm sich frei bei mir in der Ergänzungsstaffel in Graz, aber mit Energie wird er die damaligen zwanzig Minuten heute unter erschwerten Umständen wiederholen können, vielleicht sogar etwas verlängern. In der Mitte des Stromes bin ich auf gleicher Höhe mit ihm, einige Meter voraus der Bordschütze des zweiten Flugzeuges, wesentlich weiter vorn der Unteroffizier; er scheint ein hervorragender Schwimmer zu sein. Langsam fühlt man nur noch den Selbsterhaltungstrieb, der die Kräfte verleiht; es geht auf Biegen und Brechen. Ich bestaune die anderen Kameraden, denn ich bin als alter Zehnkämpfer Übermüdung gewöhnt. Ich denke zurück: letzte Übung immer der 1500-Meter-

Lauf, oft Gluthitze, nachdem man vorher in neun anderen Disziplinen höchstmögliche Leistung versucht. Diese Energie macht sich bezahlt. Rein sportlich ausgedrückt geht die augenblickliche Kraftanstrengung bis zu neunzig Prozent an meine Leistungsfähigkeit überhaupt. Der Unteroffizier steigt aus dem Wasser und legt sich ans Ufer, etwas später erreiche ich das rettende Ufer, knapp danach der Obergefreite, Henschel hat noch einhundertfünfzig Meter. Die beiden anderen liegen völlig erstarrt, der Bordschütze phantasiert wirr durcheinander. Armer Kerl! Ich sitze, beobachte Henschel. Noch achtzig Meter. Plötzlich wirft er die Arme hoch und schreit:
»Ich kann nicht mehr, kann nicht mehr!«, und versinkt. Noch einmal taucht er auf, dann nicht mehr. Ich springe erneut ins Wasser, jetzt mit den letzten zehn Prozent Kraft, die ich vielleicht noch habe. Erreiche die Stelle, an der ich Henschel eben noch sah. Ich tauche, ich kann nicht, denn dazu brauche ich Luft; durch die Kälte kann ich keine Luft zum Tauchen nehmen. Nach mehrmaligen nutzlosen Versuchen erreiche ich mit Mühe selbst gerade noch das Ufer. Wäre es geglückt, Henschel zu fassen, so würde ich mit ihm im Dnjestr geblieben sein. Er war sehr schwer, und dieser Anforderung wäre kaum jemand gewachsen gewesen. Nun liege auch ich am Ufer ... matt ... erschöpft ... und irgendwo ein tiefes Elend um meinen teuren Henschel. Einen Augenblick später beten wir für unseren Kameraden ein Vaterunser.

Die Karte ist aufgelöst vom Wasser, aber ich habe alles im Kopf. Nur – weiß der Teufel – wie weit stehen auf dieser Seite Russen? Oder werden wir irgendwann noch auf Rumänen stoßen? Ich stelle unsere Bewaffnung fest: ich selbst habe eine 6,35 Millimeter-Pistole mit sechs Schuß Munition, der Unteroffizier hat eine 7,65 mit einem gefüllten Magazin, der Obergefreite verlor die Pistole beim Schwimmen und hat nur Henschels abgebrochenes Fliegerkappmesser. Mit diesen Waffen in der Hand geht es in Richtung Süden. Vom Überfliegen her ist mir die leicht hügelige Landschaft bekannt. Höhenunterschiede von zweihundert Me-

tern vielleicht, wenig Ortschaften, sechzig Kilometer südlich eine Eisenbahn in Ost-West-Richtung. Davon kenne ich zwei Punkte; Balti und Floresti. Wenn auch die Russen weit durch sein sollten, diese Eisenbahn wird bestimmt noch feindfrei sein.
Es ist etwa 15 Uhr, die Sonne steht im Südwesten, sie scheint uns von vorn rechts ins Gesicht. Zunächst laufen wir in einem kleinen Tal, rechts und links höhere Hügel. Wir sind noch völlig erstarrt, der Obergefreite phantasiert weiter. Ich mahne zur Vorsicht. Wir müssen versuchen, alle menschlichen Ansiedlungen zu umgehen. Jeder bekommt einen bestimmten Sektor zum Beobachten zugeteilt.
Hunger quält mich. Mir fällt ein, daß ich heute noch nichts gegessen habe; es war der achte Einsatz. Zwischen den Einsätzen blieb keine Zeit. Der alte Auftrag wurde dem Fliegerkorps telefonisch geschildert und zurückgemeldet, der neue dann entgegengenommen. Inzwischen wurden die Maschinen getankt, beladen und munitioniert, und rauf ging es wieder. Die Besatzungen selbst konnten in der Zwischenzeit ruhen oder auch essen, ich selbst zählte jedoch in dieser Beziehung nicht zu den Besatzungen. Eine Stunde mögen wir nun unterwegs sein, die Sonne verliert schon wieder an Kraft, und unsere vor Nässe triefenden Kleidungsstücke wollen gefrieren. Sehe ich da vor uns etwas? Täusche ich mich? Nein, es ist Wirklichkeit: Genau aus der Sonne, ich kann es so schlecht erkennen, bewegen sich drei Gestalten auf uns zu; sie sind an die dreihundert Meter entfernt und haben uns bestimmt gesehen, früher als wir sie. Vielleicht lagen sie auf dem Bauch hinter dieser Hügelkette. Große Kerle sind's, sicher Rumänen. Jetzt sehe ich besser; die beiden äußeren haben ein Gewehr umhängen, der mittlere eine Maschinenpistole. Er ist jung, die anderen beiden sind sicher Reservisten, etwa vierzig Jahre alt. Nicht unfreundlich kommen sie auf uns zu in ihren braungrünen Uniformen. Ich denke plötzlich daran, daß wir ja keine Uniform mehr anhaben und unsere Nationalität nicht so ohne weiteres offenbar ist. Ich rate dem Unteroffizier noch schnell, die Pistole wegzustecken; ich tue es auch, damit die Rumänen nicht nervös werden und zu schießen anfangen. Die drei

stehen jetzt einen Meter vor uns und schauen neugierig. Den Bundesgenossen will ich nun sagen oder klarmachen, daß wir notgelandete Deutsche sind und daß sie uns helfen sollen mit Kleidung und Verpflegung und daß wir sofort zu unserer Truppe zurück wollen. Ich sage:
»Wir sind notgelandete deutsche Flieger«, da verfinstern sich plötzlich ihre Mienen, im selben Augenblick habe ich drei Läufe ihrer Waffen vor der Brust; der Junge schlägt sofort auf die Pistolentasche und reißt meine 6,35-Millimeter-Pistole heraus. Sie standen gegen das Licht, ich schaue in die Sonne. Jetzt sehe ich an ihnen rauf: Hammer und Sichel – also Russen. An Gefangennahme denke ich keinen Augenblick, nur an Flucht; es besteht ein Prozent Wahrscheinlichkeit für das Gelingen. Mein Kopf wird bei den Sowjets gut bezahlt, meine Gefangennahme sicher noch besser. Selber erschießen kommt nicht in Betracht, ich habe keine Waffe. Ich wende langsam meinen Kopf, um zu sehen, ob der Weg frei ist; sie wittern Flucht, einer ruft »stoi« (Halt). Ich bücke mich blitzartig unter Drehung von einhundertachtzig Grad und laufe gebückt im Zickzack; drei Schüsse krachen, nun knallen ununterbrochen die Maschinenpistolen und Schnellfeuergewehre. Ein stechender Schmerz in der Schulter. Aus kurzer Entfernung hat der Kerl mit der MP mir durch die Schulter geschossen, die beiden anderen schossen vorbei. Ich laufe wie ein Hase im Zickzack den Hügel rauf, Kugeln pfeifen oben, unten, rechts links. Die Iwans laufen nach, halten an, schießen, laufen, schießen, laufen, schießen, laufen. Noch kurz vorher glaubte ich vor Starrheit meine Glieder kaum bewegen zu können, nun laufe ich den Lauf meines Lebens; nie bin ich eine bessere 400-Meter-Zeit gelaufen. Blut spritzt aus der Schulter, und ich muß stark gegen ein Schwarzwerden vor den Augen ankämpfen. Fünfzig oder sechzig Meter lauf ich vor den Verfolgern, die Kugeln pfeifen ununterbrochen. Mein einziger Gedanke: »Verloren ist nur, wer sich selbst aufgibt.« Der Hügel will kein Ende nehmen, mein Hauptkurs führt noch in die Sonne, um den Iwans das Schießen zu erschweren. In die Grelle schauen ist schwierig, und man verkalkuliert sich leicht, das habe ich soeben ja selbst

erlebt. Jetzt erreiche ich eine Art Höhenkamm, meine Kräfte sind am Ende, um sie noch etwas zu strecken, möchte ich auf dem Kamm längs laufen; das weitere Rauf und Runter werde ich nicht mehr schaffen. Also geht's auf dem Kamm nach Süden. Ich traue meinen Augen nicht: auf der Höhe entgegen kommen an die zwanzig Iwans gelaufen, anscheinend haben sie alles beobachtet und wollen nun das todmüde, waidwund geschossene Wild vereinnahmen. Ich zweifle an Gott. Warum hat Er mich zunächst glauben lassen, die Flucht könne gelingen, denn aus der ersten absolut aussichtslosen Situation kam ich lebendig heraus. Und jetzt will Er mich wehrlos, ohne die letzte Waffe meiner Körperkräfte, aufgreifen lassen? Da bäumt sich noch einmal mein Wille auf zur Freiheit und zum Leben; ich laufe rechts herunter, also auf der entgegengesetzten Seite, von wo ich gekommen bin. Hinter mir, auf zweihundert bis dreihundert Meter, die ersten Verfolger, seitlich von mir die neuen. Erstere sind nur noch zu zweit, im Augenblick können sie mich nicht sehen, denn ich bin auf der anderen Hügelseite. Einer ist sicher zurückgeblieben, um meine beiden Kameraden abzuführen, die bei meiner Flucht stehengeblieben waren. Die Verfolger links von mir laufen nun parallel zu mir, ebenfalls den Hügel runter, um den Weg abzukürzen. Jetzt kommt ein umgepflügtes Feld, ich stolpere und muß zunächst die Iwans etwas aus den Augen lassen; ich bin todmüde, falle über eine Scholle und bleibe liegen. Jetzt wird also das Ende kommen. Ich verwünsche einmal mehr, daß ich keine Pistole und damit nicht einmal die Möglichkeit habe, den Iwans den Triumph zu nehmen, mich gefangen zu haben. Meine Augen sind auf die Sowjets gerichtet. Sie laufen im selben Gelände und müssen auch aufpassen, um nicht zu stürzen. Sie laufen noch fünfzehn Meter, bevor sie aufblicken und nach rechts zu mir schauen. Wir sind zunächst auf gleicher Höhe, im Abstand von zweihundertfünfzig Metern. Nun sind sie schräg voraus. Sie stoppen und schauen, es ist ihnen unerklärlich, wo ich sein könnte. Ich liege im leicht gefrorenen Boden, kratze mich mit den Fingern in die Erde ein; es geht so schwer, alles ist hart, die kümmerlichen Brocken, die ich der Erde abtrotze, werfe ich auf mich, baue sie vor mir auf. Die Wunde blutet, ich habe nichts zum Verbinden; mit nassen Kleidern liege ich in der eiskalten Erde, innerlich koche ich vor Angespanntheit, jeden Augenblick aufgegriffen zu werden. Wieder eins zu hundert, daß ich nicht gleich gefunden und gefangen werde. Aber sollen wir denn nicht den Mut haben, an das fast Unmögliche zu glauben und uns dafür schonungslos einzusetzen, denn wird nicht nur so das fast Unmögliche möglich?

Da kommen die Russen in meine Richtung und geben so immer mehr den seitlichen Abstand auf, sie suchen einzeln, noch nicht systematisch, das Gelände ab. Einige suchen völlig abwegig, vor denen habe ich keine Bedenken, aber da kommt schon einer genau in meine Richtung – meine Spannung ist nicht mehr zu steigern – zwanzig Schritte vor mir bleibt er stehen. Er schaut mich an, schaut er mich an? Sicher, genau in meine Richtung starrt er; kommt er noch nicht, warum wartet er noch? Es dauert schon mehrere Minuten, mir kommt es wie eine Ewigkeit vor; ab und zu wendet er den Kopf ein klein wenig nach links, ein klein wenig nach rechts, er schaut wohl in die Weite. Manchmal gewinne ich wieder Zuversicht. Doch da sehe ich schon aufs neue die Gefahr riesengroß vor mir und bin schon wieder klein. Inzwischen zeichnen sich auf dem Hügel auch die Schattenrisse der ersten Verfolger ab, anscheinend nehmen sie ihre Aufgabe nicht mehr so ernst, nachdem so viele Jäger schon mit dem einen Stück Wild beschäftigt sind.

Plötzlich vernehme ich lautes Flugzeuggeräusch schräg hinter mir und drehe mich um. Über dem Dnjestr fliegt meine Stukagruppe mit starkem Jagdschutz und zwei Fieseler Störchen. Leutnant Fischer hat also alarmiert und nun will man versuchen, mich rauszuholen. Da oben ahnen sie nicht, daß sie völlig falsch suchen und ich längst auf der anderen Seite zehn Kilometer weiter südlich bin. Ich kann mich aus dieser Entfernung auch gar nicht erkenntlich machen, wage nicht einmal den kleinen Finger hochzuheben. Sie fliegen eine Runde nach der anderen in allen Höhen. Dann verschwinden sie ostwärts, und manch einer wird denken: »Diesmal hat es auch ihn geschnappt!« Sie fliegen –

heim. Sehnsüchtig schaue ich ihnen nach: Ihr wißt von euch, daß ihr heute abend irgendwo geborgen schlafen und leben werdet, ich kann die Minuten, die mir das Leben vielleicht noch gönnt, nicht absehen – so hadre ich und bange. Die Sonne versinkt langsam – warum bin ich noch nicht gefunden worden?
Vom Hügel her kommt ein Zug Iwans mit Pferden und Hunden, sie laufen im Gänsemarsch. Wiederum glaube ich an die Ungerechtigkeit Gottes, denn jetzt müßte die einfallende Dunkelheit mich eigentlich in Schutz nehmen. Ich spüre, wie die Erde zittert unter ihren Tritten, meinen Nerven sind zum Zerreißen angespannt. Ich schiele nach hinten. Hundert Meter von mir entfernt gehen Menschen und Tiere in Reihe an mir vorbei – warum wittert mich kein Hund, warum entdeckt mich niemand? Kurze Zeit nachdem sie passiert haben, schwärmen sie in die Breite aus, mit zwei Metern Abstand. Hätten Sie das fünfzig Meter früher getan, wären sie auf mich getreten. Sie verschwinden im langsam anbrechenden Abend.
Das letzte Abendrot weicht dem Blau, schwach zeichnen sich einzelne Sterne ab. Mein Kompaß hat keine Leuchtziffern, meine Hauptrichtung muß Süden bleiben, noch kann ich den Kompaß erkennen und sehe in der Südrichtung einen bereits gut zu erkennenden markanten Stern mit einem kleinen Nachbarn. Ihn werde ich mir als Richtpunkt nehmen. Welcher Stern am russischen Firmament mag das sein? Es ist düster, ich sehe niemanden mehr und stehe auf. Starrheit, Schmerzen, Hunger, Durst. Meine Schokolade fällt mir ein, ach, sie blieb in der Pelzjacke am Dnjestr. Alle Wege, Stege, Ortschaften vermeide ich, da hat der Iwan bestimmt Posten stehen. Ich gehe also nur querfeldein meinem Stern nach, bergauf, bergab, durch Bäche, Morast, Sümpfe, stachelige, abgeerntete Maisfelder; die nackten Füße werden zerschnitten. Wieder im Geröllfeld, schlage ich mir die Zehen und Füße an großen Steinen auf. Allmählich werde ich da gefühllos. Noch treibt mich der Wille zum Leben, zur Freiheit; sie sind beide verwachsen; ohne Freiheit ist das Leben eine hohle Frucht. Wie weit ist denn der Iwan durch? Wie weit werde ich laufen müssen? Wo ich Hundegebell höre, weiche ich aus, denn

in den Ansiedlungen hier sitzen bestimmt keine Freunde. Weit von mir blitzt es manchmal auf und rollt ein dumpfes Grollen, anscheinend ballern die Burschen mit Artillerie; aber dann sind sie weit durchgebrochen. In Tälern zwischen den einzelnen Hügeln rutsche ich oft in der Dunkelheit in die Gräben, wo knietief steifer Schlamm steht und mich so festsaugt, daß ich nicht mehr die Kraft habe, um mich herauszuziehen. Ich lasse mich dann mit dem Oberkörper gegen den Hang fallen – die Beine tief im Schlamm. So bleibe ich liegen, erschöpft und fühle mich wie eine Batterie, deren Strom verbraucht ist. Wenn ich fünf Minuten gelegen habe, bin ich wieder ein klein wenig aufgeladen und habe die Kraft, den Gegenhang hinaufzukriechen. Aber unerbittlich wiederholt sich das nach kurzer Zeit, spätestens bei der nächsten Geländeschwierigkeit. So geht es bis 9.00 Uhr abends. Jetzt ist es aus. Die Kräfte wollen selbst nach größeren Pausen nicht mehr zurückkommen. Ohne Wasser und Nahrung und eine Schlafpause ist ein Weiterlaufen unmöglich. Ich beschließe, ein einzelstehendes Haus aufzusuchen.
In der Ferne höre ich Hundegebell und gehe ihm nach. Vermutlich bin ich nicht allzu weit von einer Ortschaft entfernt. Nach einiger Zeit erreiche ich so ein einsames Gehöft und kann mich der kläffenden Hunde kaum erwehren. Ihr Gebell ist mir sehr unangenehm, da ich befürchte, daß dadurch im nahen Dorf Posten alarmiert werden. Auf Klopfen und Pochen öffnet niemand, vielleicht ist kein Mensch da. Bei einem zweiten Gehöft ergeht es mir ebenso, ich gehe zum dritten. Ungeduld packt mich, als wieder niemand kommt, und ich schlage eine Fensterscheibe ein, um reinzuklettern. Da öffnet eine alte Frau, mit einer trüben Ölfunzel in der Hand, die Türe. Ich bin schon halb durchs Fenster, nun springe ich wieder raus und gehe entschlossen an ihr vorbei. Im Umdrehen deute ich in Richtung des Dorfes und frage: »Bolschewisti?« Sie nickt bejahend; ich nehme also als sicher an, daß im Dorf der Iwan sitzt. Ihre trübe Lampe beleuchtet nur matt den Raum: ein Tisch, eine Bank, ein alter Schrank. In der Ecke schnarcht auf einem etwas schrägen Brett ein grauer Mann; er ist siebzig Jahre alt. Das Brett ist die Schlaf-

stätte für beide. Wortlos gehe ich hinein und lege mich auch drauf; was soll ich auch sagen, ich kann ja nicht Russisch. Daß ich nichts Böses will, haben sie indessen wohl gemerkt und gesehen. Zerlumpt, barfuß, die Hemdreste mit Blut verklebt, hart verkrustet, kann ich eher ein gejagtes Wild sein als ein Verbrecher. So liege ich, die Alte hat sich auch wieder dazugelegt, über uns das trübe Licht. Ich komme nicht auf den Gedanken, zu fragen, ob es etwas für meine Schulter oder die zerschnittenen Füße gibt – ruhen, sonst nichts.

Jetzt quälen mich wieder Durst und Hunger. Ich setze mich auf die Bank und mache der Frau eine Bittbewegung, stelle dabei gebärdenmäßig das Trinken und Essen dar. Nach kurzem Zaudern bringt sie mir wirklich einen Krug Wasser und einen Kanten Maisbrot, leicht schimmelig. So gut hat mir im Leben noch nie etwas geschmeckt. Bei jedem Schluck und Bissen spüre ich, wie die Kräfte wiederkommen, wie Lebenswille und Initiative plötzlich wieder da sind. Zunächst bin ich mit Heißhunger dabei, dann – bedächtig kauend – überlege ich meine Situation und mache mir Gedanken über die nächsten Stunden. Wasser und Brot sind verzehrt, ich will bis 1.00 Uhr ruhen. Es ist 21.30 Uhr. Ruhe ist nötig. Darum lege ich mich erneut zwischen die Alten aufs Brett. Halb wachend, halb schlafend. Mit der Pünktlichkeit einer Uhr wache ich alle fünfzehn Minuten auf und kontrolliere dann die Zeit. Keinesfalls darf ich von der schützenden Nachtzeit zuviel verschlafen, sondern muß in ihr möglichst viele Kilometer nach Süden gewinnen. 21.45 Uhr, 22.00 Uhr, 22.15 Uhr, so geht es weiter; 0.45 Uhr, 1.00 Uhr – auf! Raus, die Alte schließt hinter mir die Tür. Schon stürze ich eine Stufe hinunter. Ist es Schlaftrunkenheit, die stockfinstere Nacht oder die nasse Stufe?

Es regnet, ich sehe die Hand vor den Augen nicht, mein Stern ist weg. Wie orientiere ich mich nun? da fällt mir ein, daß ich vorhin dauernd im Rückenwind lief; ich will es nun wieder tun, um nach Süden zu kommen. Oder ob er sich gedreht hat? Noch befinde ich mich zwischen einzelnen Gehöften; hier verfängt sich der Wind, und er weht dauernd von einer anderen Seite; ich fürchte,

im Kreis zu gehen. Finstere Nacht, Hindernisse – ich schlage meine Beine wieder an; viele Hunde bellen, also immer mehr Häuser; das Dorf? Hoffentlich stehe ich nicht im nächsten Augenblick vor russischen Posten. Endlich komme ich wieder ins Freie, wo ich den Wind einwandfrei in meinem Rücken blasen lassen kann. Auch die Köter bin ich los. Jetzt geht es wieder rauf, runter, rauf, runter, Maisfelder, Steine, Wald, wo die Orientierung erschwert wird, weil der Wind hier fast nicht zu spüren ist. Am Horizont sehe ich es unaufhörlich aufblitzen und höre auch das Dröhnen und Grollen. Nach diesem kann ich mich richten, um die alte Südrichtung halten zu können. Verdächtigen Geräuschen in der näheren Umgebung weiche ich aus. Kurz nach 3.00 Uhr morgens wird es links vor mir grau – der anbrechende Tag. Eine gute Kontrolle, denn nun weiß ich: der Wind hat sich nicht gedreht und ich bin richtig nach Süden gelaufen.
Seit 1.00 Uhr habe ich jetzt mindestens zehn Kilometer gewonnen, vorher vielleicht fünfzehn bis zwanzig, so daß ich mich also fünfundzwanzig bis dreißig Kilometer südlich des Dnjestrs befinde.

Vor mir ein höherer Hügel von zweihundertfünfzig Metern, ich gehe rauf, vielleicht habe ich von dort eine weite Sicht und kann irgendwelche markanten Punkte ausmachen. Es ist jetzt hell, aber ich entdecke nichts Besonderes von oben: drei kleine Ortschaften links und rechts unten, mehrere Kilometer entfernt. Interessant für mich ist, daß ein Höhenrücken mit dem Hügel beginnt, der in nord-südlicher Richtung verläuft, also meine Marschrichtung einhält. Die Seitenhänge sind nicht bewaldet und flach, man kann sie gut übersehen, ob irgend jemand nach oben kommt. Jede Bewegung muß an sich von hier beobachtet werden können; Verfolger müßten bergauf kommen und hätten es wesentlich schwerer. Wer vermutet mich im Augenblick hier? Ich bin froh, denn obwohl es Tag ist, glaube ich sicher noch eine Anzahl Kilometer weiter nach Süden zu kommen. In kurzer Zeit möchte ich möglichst viel Boden gewinnen.

Den Höhenrücken schätze ich auf zehn Kilometer Länge, das ist endlos lang! Aber – ist das wohl so lang? Zehn Kilometer ist doch ein Abstand, den du früher beim Sport gelaufen bist – öfters – und in vierzig Minuten. Was du damals in vierzig Minuten konntest, mußt du jetzt in sechzig schaffen können; denn der Preis ist die Freiheit. Also versuche es mal im Dauerlauf?

Ein Bild entarteter Kunst muß es sein, wie ich mich da auf dem Höhenrücken im Dauerlauf fortbewege – in Fetzen – auf nackten, blutigen Füßen – die Schulter in Schmerzen verkrampft.

Du mußt es schaffen ... denke nur an den Zehnkampf ... – und sicher nur eine Stunde ...

Jetzt muß ich die schützende Höhe leider aufgeben, denn der Weg führt bergab. Vor mir breitet sich eine weite Ebene aus, genau in der Verlängerung des Bergrückens zieht sich eine kleine Senke dahin. Gefährlich, denn hier können schneller Überraschungen auftreten. Außerdem geht es langsam auf sieben Uhr zu, und damit werden unangenehme Begegnungen eher möglich sein ...

Wieder ist meine Kraftbatterie zu Ende. Ich muß trinken ... essen ... ruhen ... Bis jetzt habe ich keine Menschenseele gesehen. Vorsichtig sein? Was kann ich machen ...? Waffen habe ich nicht, nur Durst und Hunger. Vorsicht? Vorsicht ist eine Tugend, aber Durst und Hunger sind eine Urgewalt. Die Not macht mich leichtsinnig; halblinks von mir tauchen am Horizont zwei einzelne Gehöfte im Morgendunst auf. Da muß ich hinein ...

An der Tür einer Scheune bleibe ich einen Augenblick stehen und stecke den Kopf untersuchend um die Ecke; das Gebäude gähnt mir leer entgegen. Alles ist leer, abmontiert bis zum Letzten. Kein Viehzeug, kein lebendiges Wesen – doch – eine Ratte flitzt von einer Ecke zur andern. Auf dem Hof verfault ein großer Haufen von Maisblättern. Mit gierigen Händen wühle ich drin herum. Wenn ich nur ein paar Maiskolben finden würde ... oder nur einige Körner ... ich finde nichts ... und wühle weiter ... wühle und wühle ... nichts!

Plötzlich ein Geräusch hinter mir; in einem Gebäude huschen einige Gestalten vorbei: Russen oder Flüchtlinge, die genau so hungrig sind wie ich und dasselbe wollen? Oder sind es Plünde-

rer, die noch etwas erben möchten? Im zweiten Gehöft genau dasselbe. Auch den Maishaufen hier untersuche ich genauestens – nichts. Enttäuscht überlege ich: wenn es schon nichts zu essen gibt, muß ich wenigstens dafür ruhen. Ich scharre mir ein Loch im Maiskraut und will mich gerade reinlegen, da höre ich ein neues Geräusch; auf einem Pfad fährt ein Kastenwagen vorbei, vorn ein Mann mit hoher Pelzmütze, daneben ein Mädchen. Wo ein Mädchen ist, kann's nicht toll sein, also gehe ich hin. Die schwarze Pelzkappe läßt mich einen rumänischen Bauern vermuten. Ich frage das Mädchen:
»Haben Sie etwas zu essen?«
»Wenn Sie dies essen mögen ...«, sie zieht aus ihrem Beutel etwas hartes Gebäck. Der Bauer hält das Pferd an. Erst jetzt kommt mir der Gedanke, daß ich deutsch gefragt habe und eine deutsche Antwort bekam.
»Woher können Sie Deutsch?«
Sie sagt, sie sei mit den deutschen Soldaten aus Dnjepropetrowsk gekommen, da hätte sie es gelernt. Nun will sie bei dem rumänischen Bauern bleiben, den sie da begleitet. Jetzt flüchten sie vor den Russen.
»Aber Sie gehen so direkt Richtung Iwan«. Ich sehe es Ihnen an, daß sie es nicht glauben wollen.
»Waren die Ruskis schon in der Stadt da hinten?«
»Nein die Stadt heißt Floresti.«
Die unerwartete Antwort macht mich glücklich, das muß also an der mir bekannten Bahnstrecke Balti-Floresti sein.
»Können Sie mir sagen, Mädchen, ob da noch deutsche Soldaten sind?«
»Deutsche nicht mehr, aber vielleicht Rumänen.«
»Dankeschön und gute Reise.«
Ich winke dem Karren nach. Ich höre jetzt schon, wie man mich nachher sicher fragen wird, warum ich den Karren nicht »requiriert« hätte ... An so etwas dachte ich im Augenblick gar nicht; denn: sind die beiden nicht Flüchtlinge wie ich? Und muß ich Gott nicht dankbar sein, daß ich schon so weit der Gefahr entkommen bin?

Nachdem die Spannung schon etwas gewichen ist, überkommt mich Erschlaffung. Bei diesen letzten zehn Kilometern merke ich starke Schmerzen: es dringt plötzlich Gefühl in die zerschnittenen Füße, die Schulter tut bei jedem Schritt weh. Flüchtlinge mit Handwagen und ihrer notwendigen Habe kommen mir entgegen, alles hastet und eilt.
Am Ortsrand von Floresti stehen auf der Böschung einer Sandgrube zwei Soldaten; deutsche Uniform? Noch einige Meter weiter und meine Hoffnung wird bestätigt. Ein unvergeßliches Bild. Ich rufe zu denen rauf:
»Kommt mal her!«
Sie rufen runter:
»Was heißt hier herkommen, wer sind Sie überhaupt, Mann?«
»Ich bin Major Rudel!«
»Nee, so sieht kein Major aus.«
Ausweis habe ich keinen, aber in der Tasche das Ritterkreuz mit Eichenlaub und Schwertern. Ich hole es hervor und zeige es ihnen. Da meint der eine Obergefreite:
»Na, da wer'n wir's mal globen.«
»Gibt's noch eine deutsche Kommandantur?«
»Nee, nur ein Nachkommando von einem Verbandsplatz.«
Dorthin will ich. Sie nehmen mich in die Mitte, und wir laufen hin; das Gehen ist jetzt schon mehr ein Kriechen. Ein Arzt schneidet mir Hemd und Hose vom Körper, alles ist festgeklebt, die völlig offenen Füße behandelt er mit Jod, auch meine Schulter. Während der Behandlung esse ich *die* Wurststullen meines Lebens. Ich frage nach einem Wagen, der mich gleich nach Balti zum Flugplatz bringen soll. Dort hoffe ich eine Maschine zu finden, die mich sofort zur Gruppe fliegt.
»Was wollen Sie denn anziehen?« fragt mich der Arzt; es war ja alles zerschnitten. »Wir haben nichts.« Nackt hüllt man mich in eine Decke, und ab geht's in einem Auto nach Balti. Vor der Flugleitungsbude auf dem Platz in Balti halten wir an. Ja, wer ist denn das? Meine Wagentür öffnet mein Gruppen-T.O., Leutnant Ebersbach:
»Leutnant Ebersbach auf Vorkommando für Verlegung der III.

Gruppe nach Jassy.« Hinter ihm ein Soldat mit einem Drillichanzug für mich. Telefonisch war also von Floresti nach Balti die Nacktfahrt schon gemeldet, und zufällig war Leutnant Ebersbach in der Flugleitung. Er hörte, daß sein totgeglaubter Kommandeur gleich im Adamskostüm erscheinen würde. Ich setze mich in eine Ju 52 und fliege nach Rauchowka zur Gruppe. Hier hat es sich telefonisch mit Windeseile rumgesprochen, und der Geschwaderkoch Runkel ist schon am Tortenmachen. Ich sehe in strahlende Gesichter, meine Gruppe ist angetreten. Ich komme mir wie neugeboren vor; es ist mir, als hätte sich ein Wunder vollzogen: ich bin dem Leben wiedergeschenkt, das Wiedersehen mit den Kameraden ist der schönste Preis für den schwersten Wettlauf meines Lebens.
Trauer um Henschel, den überragenden Bordschützen mit tausendzweihundert Feindflügen. Abends sitzen wir lange ums Feuer zusammen, es macht alles einen gewissen feierlichen Eindruck. Eine Abordnung vom Fliegerkorps ist da, dazu ein Arzt, der mich »im Bett bewachen soll«. Vom General bringt er Glückwünsche, Flugverbot und Befehl, sobald ich reisefähig bin, in Urlaub zu fliegen. Den armen General werde ich schon wieder enttäuschen müssen. Denn innerlich bin ich unruhig. Wie werden die Sowjets gehalten, die nun mit stärksten Kräften vom Dnjestr nach Süden marschieren? Keinen Tag könnte ich ruhig im Bett liegen.

Am nächsten Tag sollen wir mit allen Teilen nach Jassy verlegen. Es ist schlechtes Wetter, unmöglich zum Fliegen. Wenn doch alle ruhen müssen, kann ich dem Doktor seinen Willen tun. Tags darauf fliege ich mit meiner Gruppe nach Jassy, von hier aus haben wir es näher für die kommenden Dnjestr-Einsätze. Meine Schulter ist eingebunden, ich kann sie nicht bewegen, aber das ist fürs Fliegen nicht entscheidend. Schlimmer ist es, daß ich kaum noch Fleisch an den Füßen habe und natürlich so nicht laufen kann. Jeder Druck aufs Seitensteuer ist mit großen Schmerzen verbunden, man trägt mich zur Maschine.
Jassy ist eine schöne rumänische Universitätsstadt, zu dieser

Zeit völlig intakt. Für uns ein herrlicher Anblick, wir kennen es aus der Heimat nicht mehr. Vor den Schaufenstern in Jassy staunen wir und freuen uns wie die Kinder.
Am nächsten Morgen ergibt die Aufklärung starke Panzer- und motorisierte Verbände bereits fast nördlich Balti, eventuell sogar schon in der Stadt. Das Wetter ist zunächst schlecht, die Landschaft hügelig, die höchsten Bergspitzen sind im Nebel. Die Lage ist ernst, in unserem Vorfeld sind gar keine eigenen Kräfte vorhanden. In einem halben Tag können die motorisierten Verbände hier sein, wer hindert sie denn? Wir stehen allein, die Aufklärung meldet starke Abwehr von mitgeführter Flak; sowjetische Lag 5 und Airocobras kurbeln dauernd über der roten Panzerspitze. Die Rußland-Südfront, das Ölgebiet Rumäniens, beides wichtigste Faktoren, sind in Gefahr. Ich sehe und höre keinen Ratschlag mehr in bezug auf meinen körperlichen Zustand. Die Sowjets müssen gebremst, die Panzer, Stoßkraft einer Armee, vernichtet werden. Bis unsere Kameraden auf der Erde selbst einen Prellbock bilden können, vergehen noch acht Tage.
Oberfeldwebel Rothmann, mein treuer erster Wart, trägt mich also in die Maschine. Sechs härteste Einsätze bei schlechtestem Wetter, bis um 3.00 Uhr nachmittags. Starke Abwehr! Fast nach jedem Einsatz muß ich die Maschine wechseln, weil sie durch Erdbeschuß zerschossen ist. Mein körperlicher Zustand ist schlecht, aufrecht erhält mich nur der Wille, die Sowjets zum Stehen zu bringen, wo ich nur kann. Es sind außerdem sicher die Truppen, die mich angreifen wollten und am Fluchttage im Moskauer Rundfunk schon verbreiteten, daß sie den Major Rudel gefangen hätten. Anscheinend glaubte man, daß es für mich nicht möglich sein würde, eigenes Gebiet zu erreichen. Haben die stehengebliebenen Kameraden geplaudert, wer der Flüchtende war?
Panzer, Nachschubwagen mit Benzin und Lebensmittel, Infanterie und Kavallerie greifen wir mit Bomben und Bordwaffen an. Diese Angriffe fliegen wir aus Höhen zwischen zehn und zweihundert Meter, weil das Wetter miserabel ist.

Ich fliege mit Maschinen meiner Panzerstaffel mit den 3,7-Zentimeter-Kanonen und jage Panzer im Tiefflug. Bald fliegt von der Panzerstaffel niemand mehr, denn jedesmal, wenn mir die Maschine zerschossen ist, muß ich eine andere nehmen, und dadurch bekommt einer nach dem anderen Pause. Wenn das Tanken der ganzen Gruppe zu lange dauert, lasse ich schnell eine andere Maschine und meine tanken und munitionieren, und wir fliegen zwischen zwei Einsätzen der Gruppe zu zweit einen weiteren. Meistens sind keine eigenen Jäger da, die Russen fühlen sich uns allein gegenüber in vielfacher Übermacht stark. Das Kurbeln fällt mir bei diesen Luftkämpfen schwer, denn ich kann kein Steuerruder bewegen, ich arbeite nur mit dem Steuerknüppel! Aber bis jetzt habe ich nur Treffer durch Erdabwehr, davon allerdings bei jedem Einsatz zur Genüge. Zum letzten Einsatz habe ich selbst keine Kanonenmaschine mehr, sondern fliege wie die Gruppe im normalen Stukaflugzeug mit Bomben und zwei Zwei-Zentimeter-Kanonen. Mit diesen Kanonen kann man keine stärkeren Panzer durchschlagen. Vermutlich erwarten uns die Sowjets so spät nicht mehr, nur möchten wir nachschauen, wo sie in der Masse geblieben sind, und uns einen Gesamteindruck von der Lage verschaffen. Das ist außerdem für morgen sehr wichtig. Wie fliegen die zwei Straßen nach Norden in Richtung Balti entlang, die Sonne steht schon ziemlich tief; halblinks vor mir steigen aus dem Dorf Falesti große Staubwolken auf. Vielleicht eine rumänische Einheit. Die Gruppe lasse ich oben, ich fliege tief übers Dorf; Flak und starke Erdabwehr empfängt mich. Ich sehe eine Menge Panzer, dahiner eine große Lastwagenkolonne: Nachschub und motorisierte Infanterie. Die Panzer haben alle seltsamerweise zwei oder drei Fässer Benzin aufgeladen. Schlagartig wird mir alles klar. Man erwartet uns nicht mehr und will heute durchbrausen, wenn möglich bis ins Herz von Rumänien, ins Ölgebiet. Unsere Südfront wäre damit abgeschnitten. Sie benutzen die Dämmerung und Nacht, weil sie am Tage sich unter meinen Stukas nicht bewegen können. Darum auch die Fässer auf den Panzern; sie wollen nötigenfalls auch ohne ihre Nachschubkolonnen durchfahren. Sie haben einen

großen operativen Auftrag und sind bereits im Rollen, das sehe ich jetzt genau. Wir sind die einzigen, die es wissen, die Verantwortung liegt bei uns. Ich gebe im Sprechfunk durch:
»Einsatz von allergrößter Bedeutung –«
»Jede Bombe einzeln werfen –«
»Anschließend Tiefangriffe bis zur letzten Patrone –«
»Bordschützen ebenfalls auf Fahrzeuge schießen.«
Ich werfe meine Bomben, dann mache ich Jagd auf die Panzer mit Zwei-Zentimeter-Kanone. Sonst ist es zu schade, mit dieser Munition auf Panzer zu schießen; heute aber schleppt der Iwan die Benzinfässer mit, die lohnen sich. Nach den ersten Bomben bleibt die Iwankolonne zunächst stur und will geordnet, bei wütendem Abwehrfeuer, weiterfahren. Aber wir lassen uns nicht vertreiben; jetzt merken sie unseren tödlichen Ernst. Sie flitzen panikartig von der Straße, wahllos ins Gelände, kurven Vollkreise in allen möglichen Abwehrbewegungen. Ich zerschieße jedesmal mit Brand- und Minenmunition die Fässer. Das Benzin sickert anscheinend durch irgendwelche Fugen, und ein Sog oder Luftzug entsteht; einige Panzer, die hinter Hügeln im tiefen Schatten stehen, explodieren mit grellstem Licht. Wenn die Munition in die Luft fliegt, zuckt ein komplettes Feuerwerk durch den Himmel, und hat ein Panzer viel Signalmunition bei sich, dann wirbeln die tollsten Farben durcheinander.

Bei jedem neuen Anflug verspüre ich die Verantwortung, die jetzt auf uns liegt und hoffe, daß es uns gelingen möge. Welch gutes Geschick, das uns die Kolonne heute noch finden ließ. Meine Munition ist zu Ende, fünf Panzer habe ich soeben mit ihr abgeschossen, aber es stehen noch einige Kolosse im Gelände. Teilweise fahren sie auch noch. Die möchte ich noch irgendwie erwischen.
»Hannelore 7, I« – es ist der heutige Tarnname für den Staffelkapitän der Siebenten – »führen Sie nach der letzten Patrone nach Haus.«
Ich selbst fliege, so schnell es mein Vogel tut, mit meiner zweiten Maschine zum Platz zurück. Wir tanken nicht, es reicht; nur

noch etwas Munition. Die Dämmerung schreitet schnell fort. Es geht mir alles zu langsam, obwohl die braven Waffen- und Bombenleute ihr Bestes hergeben; sie haben von mir in Stichworten erfahren, worum es geht, und nun möchten sie ihren fliegenden Kameraden nicht nachstehen. Zehn Minuten später starte ich erneut; entgegen kommt mir meine Gruppe. Sie fliegt bereits mit Positionslichtern den Platz an. Es dauert lange, endlich bin ich wieder am Ziel; von weitem sehe ich schon die Brände der Panzer und Fahrzeuge. Explosionen erleuchten gespenstisch für kurze Zeit das Gefechtsfeld. Das Licht ist schon denkbar schlecht. Im Tiefflug fliege ich neben der Straße nach Norden, da sehe ich neben mir zwei nach Norden fahrende Stahlkolosse, sie wollen wahrscheinlich die traurige Kunde nach hinten bringen. Kurven und ran, erst im letzten Augenblick in unmittelbarer Bodennähe erkenne ich sie. Das Treffen ist schwer. Da sie aber wie ihre Vorgänger die großen Fässer haben, gelingt es diese beiden zur Explosion zu bringen, wenn auch mit totalem Munitionsverbrauch. Mit ihnen sind es heute insgesamt siebzehn Panzer. Annähernd dasselbe vernichtete meine Gruppe, so daß die Iwans heute über dreißig Totalverluste haben. Ein ziemlich schwarzer Tag für drüben. Für heute nacht können wir in Jassy jedenfalls ruhig schlafen, das ist sicher. Wie weit die Angriffswut im ganzen getroffen ist, wird der morgige Tag zeigen. Im Finstern sezten wir auf. Jetzt allmählich merke ich meine Schmerzen, die Spannung weicht nur langsam. Das Heer- und Fliegerkorps wollen jede Einzelheit kennen, die halbe Nacht habe ich den Telefonhörer am Ohr.
Auftrag für morgen ist selbstverständlich: Bekämpfung derselben Feindkräfte wie heute.

Frühzeitig starten wir, um beim ersten Licht vorn zu sein, denn sicher wird der Iwan diese Zeit auch ausnützen. Schlechtes Wetter, einhundert bis einhundertfünfzig Meter Wolkenhöhe über dem Platz; Petrus steht wieder auf der anderen Seite. Die umliegenden Hügel sind wieder im Dreck. Wir können nur in den Tälern langfliegen. Ich bin neugierig, was sich heute tun wird. An

Falesti fliegen wir vorbei, dort ist alles zerschlagen, so wie wir es gestern verließen. Erst hart südlich Balti treffen wir auf die ersten Panzer und motorisierten Kolonnen. Starke Abwehr, Flak und Jäger empfangen uns; es hat sich wohl rumgesprochen, daß wir uns gestern von der guten Seite gezeigt haben. Ungern möchte ich heute notlanden. Pausenlos greifen wir an; bei jedem Einsatz führen wir Luftkämpfe, alleine, denn eigene Jäger stehen uns hier so gut wie gar keine zur Verfügung. Außerdem macht uns das Wetter sehr zu schaffen, durch die ewige Tieffliegerei bleiben Verluste nicht aus. Aber wir müssen hart bleiben, wir handeln in Notwehr und in eigener Sache. Fliegen wir nicht, steht der Iwan kurz danach auf unserem Platz. Sehr unangenehm, daß ich in diesen schweren Einsätzen Henschel nicht mehr habe, der Treue hätte vieles erleichtern können mit seiner Bordschützenerfahrung. Hinten drin sitzt heute Oberfeldwebel Rothmann, mein erster Wart. Er ist brav, aber es fehlt viel Erfahrung. Sie fliegen alle gern mit mir, weil sie immer sagen: »Wenn keiner mehr wiederkommt, der Alte bestimmt.« Nach dem zweiten Einsatz dauert es mir wieder zu lange, und ich fliege mit Leutnant Fischer zu zwei Maschinen zwischendurch ein »Solo«. Auftrag sind Panzer am Stadtwald von Balti. Eigene Jäger sollen uns über dem Ziel aufnehmen. Im Tiefflug geht es nach dort. Das Wetter wird schlechter, die Sicht beträgt nicht mehr als achthundert Meter. Ich will die Jäger – aber nicht die eigenen, alles Russen.
»Fischer, Achtung, alles Airocobras, dranbleiben, dichter.« Schon haben sie uns gesehen, es sind an die zwanzig. Wir zwei einzelnen haben ihnen gerade gefehlt, da machen sie auf mutig und gehen ran »wie Nettel an die Gänse«. Nach oben ist kein Platz, wir sind im Tiefstflug, nützen jede kleine Schlucht aus, um darin zu verschwinden. Ich kann keine starken Abwehrbewegungen machen, da ich mit meinen Füßen das Seitensteuer nicht bewegen kann. Nur mit dem Höhenruder mache ich müde Richtungsänderungen. Sie sind nicht ausreichend, sofern ein Jäger dahinter ist, der etwas fliegen kann. Und der jetzt hinter mir herjagt, kennt sein Fach. Rothmann verliert etwas die Nerven:

»Sie schießen uns ab.« Ich brülle ihn an, er solle ruhig sein, dafür lieber schießen. Er schreit – es knallt laufend in meinen Flugzeugrumpf, Treffer auf Treffer in der Maschine. Ich kann das Seitensteuer nicht bewegen, eine ohnmächtige Wut überkommt mich, ich kann mich nicht wehren. Ich höre es, große Kaliber schlagen ein, die Airocobra schießt mit einer 3,7-Zentimeter-Kanone außer ihren 2-Zentimeter-Kanonen. Wie lange wird es meine brave Ju 87 noch mitmachen? Wann wird mein Vogel brennen oder abmontieren? Dreißigmal fiel ich im Krieg runter, nur stets durch Erdabwehr, nie durch Jäger. Immer konnte ich das Seitensteuer bedienen und damit fliegen. Dies sind die ersten und letzten Treffer durch Jäger.
»Rothmann, schießen!« Er sagt nichts mehr, sein letztes Wort ist:
»Hemmung – Au« –. Also ist jetzt meine Abwehr nach hinten ausgeschaltet. Die Iwans bemerken es schnell und sind nun noch angriffslustiger; sie greifen von hinten, links und rechts an. Auch von vorn kommt so ein Bursche immer wieder. Wo meine Flächen gerade reinpassen, verstecke ich mich in ganz kleinen Schluchten. Sie schießen auf die lebende Zielscheibe nicht schlecht. Treffer auf Treffer geht in die Maschine. Die Wahrscheinlichkeit für mein Zurückkommen ist wieder einmal gering. Ganz kurz vor dem eigenen Platz in Jassy lassen sie von mir ab, sie haben sicher auch keine Munition mehr. Fischer ist weg, er blieb immer seitlich hinter mir, und ich konnte ihn nicht beobachten. Auch Rothmann weiß nicht, wo er ist. Ist er zur Notlandung gezwungen worden oder gefallen? Ich weiß es nicht. Der Verlust des jungen schneidigen Offiziers trifft meine Gruppe besonders. Meine Maschine ist zersiebt von 2-Zentimeter-Geschossen und acht Treffern von 3,7-Kanonen; Rothmann hält nicht mehr viel von meiner Lebensversicherung.
Nach so einem Einsatz ist man innerlich müde, gejagt, gehetzt, aber es nützt nichts. Neue Maschine her, und ran geht es wieder. Die Sowjets müssen aufgehalten werden. An diesem Tage schieße ich neun Panzer ab. Ein sehr schwerer Tag. In den letzten Einsätzen muß ich schon stark suchen, um Panzer zu finden, es

ist ein gutes Zeichen; ich glaube, die Hauptstoßkraft der Sowjets ist im Augenblick gebrochen, die Infanterie allein macht ohne Panzer keine großen Sprünge.

Die Frühaufklärung des nächsten Tages bestätigt meine Annahme, es macht alles einen stillen, fast toten Eindruck. Bei der Landung nach dem ersten Einsatz springt mir ein junger Soldat des Waffen- und Bombenpersonals wild gestikulierend auf die Fläche und gratuliert zur Verleihung der Brillanten. Soeben sei ein Ferngespräch vom Führer gekommen, aber fliegen dürfte ich nicht mehr. Der laufende Motor verschlingt einen Teil seiner Sätze, aber sinngemäß reime ich es mir zusammen. Um es nicht schwarz auf weiß ansehen zu müssen, daß ich nicht mehr fliegen soll, gehe ich nach den ersten Einsätzen nicht auf den Gefechtsstand, sondern bleibe bei den Maschinen, bis sie wieder fertig zum Einsatz sind. Mittags erhalte ich einen Anruf vom General, ich möchte nach Odessa kommen.
Inzwischen sind aus allen Himmelsrichtungen, auch von Mitgliedern der Reichsregierung, Glückwunschfernschreiben eingetroffen. Es wird ein harter Kampf werden, um wieder durchzusetzen, daß ich weiterfliege. Es berührt mich unangenehm, daß die Kameraden jetzt zum Einsatz rüsten und ich selbst nach Odessa muß. Wie ein Ausgestoßener komme ich mir vor. Wenn das also mit der Auszeichnung verbunden ist, bringt es mir eine seelische Belastung, aber keine Freude über eine Anerkennung der Leistung. In Odessa erfahre ich nichts Neues, nur was ich schon weiß und nicht hören will. Gratulationen höre ich nur in weiter Ferne, meine Gedanken sind bei den fliegenden Kameraden, die diese Sorge nicht haben und fliegen können. Ich beneide sie. Ich will umgehend ins Führerhauptquartier kommen, um die Brillanten vom Führer zu empfangen. Zunächst fliegen wir Verlegung nach Tiraspol, von dort nehme ich mir eine Ju 87 – Henschel wäre dabei, Rothmann sitzt nun hinten. Über Foskani – Bukarest – Belgrad – Keskemet – Wien geht es nach Salzburg. Eine Meldung beim Staatsoberhaupt in weichen Fliegerpelzstiefeln ist auch nichts Alltägliches; aber ich bin froh, daß ich in die-

sen mich fortbewegen kann, wenn auch unter großen Schmerzen. Oberstleutnant von Below holte mich in Salzburg ab, Rothmann fährt mit der Bahn nach Hause, ich werde ihn auf dem Rückflug in Schlesien abholen.

Zwei Tage liege ich nun in der Märzsonne auf der Terrasse des Berchtesgadener Hofs und atme die herrliche heimatliche Bergluft. Jetzt kommt langsam eine Entspannung. Im wunderschönen Berghof stehe ich am dritten Tag dem Führer gegenüber. Er kennt den Ablauf der Dinge der letzten vierzehn Tage bis ins Kleinste genau und gibt seiner Freude Ausdruck, daß das Schicksal es so gut gemeint hat und diese Leistung möglich wurde. Auf mich macht er einen Eindruck von Wärme und fast weicher Herzlichkeit. Er sagt, nun sei es genug, darum das Flugverbot. Er begründet es damit, daß nicht alle großen Soldaten fallen sollen, sondern ihr Vorbild und ihre Erfahrung sollen der Jugend erhalten bleiben. Ich sage ihm, daß ich unter der Bedingung, nicht mehr an der Spitze meiner Gruppe im Einsatz fliegen zu dürfen, die Auszeichnung nicht annehme. Er macht ein ernstes Gesicht, es entsteht eine kleine Pause, dann lächelt er: »Also fliegen Sie.« Jetzt bin ich froh und freue mich schon auf die Gesichter der Kameraden, wenn sie hören, daß ich wieder dabei bin. Wir trinken Tee zusammen und unterhalten uns noch zwei Stunden. Neuerungen auf waffentechnischem Gebiet, die Lage, Geschichte sind die Hauptthemen. Besonders erklärt er mir V-Waffen, mit deren Einsatz soeben begonnen worden ist. Die Wirkung dürfe man derzeit nicht überschätzen, meint er, weil die Treffgenauigkeit der Geschosse noch sehr klein sei. Das sei aber jetzt nicht so wesentlich, weil er im Augenblick lediglich einwandfrei fliegende Raketen haben möchte. Später komme kein normaler Sprengstoff wie augenblicklich in Betracht, sondern etwas anderes, das so gewaltig sei, daß spätestens dann damit die positive Kriegsentscheidung fallen werde. Die Entwicklung dafür sei schon weit fortgeschritten und mit der endgültigen Fertigstellung bald zu rechnen. Für mich ist alles absolut Neuland, und ich kann es mir noch nicht vorstellen. Später höre ich, daß die Sprengwirkung der genannten neuen Rakete auf Atomkräften beruhen soll. Der Eindruck jedes Besuches beim Führer ist nachhaltig. Von Salzburg fliege ich kurz nach Görlitz, meiner näheren Heimatstadt. All die Empfänge strengen mich mehr an als einige Feindflüge. Als ich mal früh um 7 Uhr noch im Bett liege, singt ein Mädchenchor; es bedarf sehr langen Zuredens seitens meiner Frau, um »guten Morgen« zu sagen. Es ist schwer, den Leuten klarzumachen, daß man trotz der Verleihung der Brillanten keine Feiern und Empfänge wünscht. Ruhen will ich, nur ruhen. Einige Tage bin ich noch im engsten Familienkreis in meinem Heimatdorf bei meinen Eltern. Im Radio höre ich Berichte von der Ostfront, denke an die kämpfenden Soldaten da draußen. Dann hält mich nichts mehr. Ich rufe Rothmann in Zittau an, und eine Ju 87 fliegt mit Südkurs über Wien – Bukarest wieder nach Osten.

XIV

SCHICKSALS-SOMMER 1944

Einige Stunden später lande ich in Foscani im nordrumänischen Raum. Meine Gruppe liegt jetzt in Husi, etwas nördlich von hier. Die Front ist nun wesentlich gefestigter als vor vierzehn Tagen und verläuft am Rand des Höhengeländes nördlich Jassy vom Pruth hinüber zum Dnjestr.
Das Städtchen Husi ist eingebettet zwischen Hügeln. Ein Teil dieser Höhen hat große Weinanbauflächen. Ob wir zur Weinlese noch hier sind? Der Flugplatz liegt am Nordrand der Stadt, und da unsere Quartiere sich genau auf der anderen Seite befinden, müssen wir täglich auf dem Weg zu den Maschinen durchs Städtchen. Die Bevölkerung schaut interessiert unserem Treiben zu. Besonders die Vertreter der Kirche halten engen Kontakt mit uns, an der Spitze der Bischof, bei dem ich des öfteren eingeladen bin; er erklärt uns immer wieder, daß die Geistlichen in unserem Sieg die einzige Möglichkeit der religiösen Freiheit und Unabhängigkeit sehen und ihn daher sobald als möglich herbeisehnen. In der Stadt sind viele Geschäftsleute, eine Unmenge kleiner Läden gibt es hier. Das ist ein großer Unterschied zu Sowjetrußland, wo wir gerade herkommen und wo der Mittelstand von der Erdoberfläche verschwunden ist – aufgeschluckt vom proletarischen Moloch.
Was mir beim Durchfahren der Stadt besonders auffällt, ist die Unzahl von Hunden. Allem Anschein nach sind diese Massen herrenlos. Sie vagabundieren durch den Ort, und an jeder Stelle und an jedem Platz trifft man sie wieder. Ich wohne derzeit in einem kleinen Landhaus mit einem Weingarten, an der einen Seite fließt ein kleiner Bach, in dem man baden kann. Des Nachts streifen durch diesen Garten ganze Prozessionen von Hunden. In Reihen gehn sie hintereinander, zwanzig bis dreißig Tiere. Eines Morgens liege ich noch im Bett, als ein riesiger Köter hereinschaut; mit den Vorderpfoten steht er auf meinem

Fenstersims. Hinter ihm, ebenfalls nur auf den Hinterbeinen stehend, sind fünfzehn Kollegen von ihm. Sie stützen sich mit den Vorderpfoten jeweils auf auf den Vorderhund. Alle schauen in mein Fenster. Als ich sie verjage, ziehen sie betrübt und ohne Gebell ab, weiter in ihrem rastlosen Treiben.
Nahrungssorgen gibt es keine, uns geht es gut, denn den Wehrsold bekommen wir in Lei ausgezahlt, und wenn es auch sonst nicht viel Preiswertes zu kaufen gibt, so doch bestimmt Eier. Deshalb wird fast der ganze Wehrsold in Eier umgesetzt. Von den Offizieren hält Oberleutnant Stähler darin den Rekord, er bringt es zu erstaunlichen Leistungen. An den Tagen, wo es wegen Benzinmangels nicht möglich ist, zu fliegen, wird diese neue Energiequelle gleich auf die Probe gestellt; die Gruppe macht geschlossen bis zum letzten Mann Sport, meistens ein langer Geländelauf, Gymnastik und natürlich Fußball. Der Muskelkater ist nicht ohne. Mir persönlich macht es die erste Zeit noch Beschwerden, weil meine Fußsohlen noch nicht wieder ganz heil sind; meine Schulter sticht ebenfalls noch bei unbedachten Bewegungen. Aber für die gesamte Gruppe ist die nebenher betriebene sportliche Betätigung eine gute Entspannung. Einige, ich bin wohl der eifrigste unter ihnen, benutzen ihre Freizeit noch dazu, durch die Bergwälder der Umgebung zu streifen und anderen Sport zu betreiben.
Meistens fahren wir früh zwischen 4 und 5 Uhr zum Platz hinaus zum Einsatz. Auf der anderen Stadtseite begegnen wir jedesmal einer riesigen Schafherde, der ein Esel vorangeht. Der Esel hat vom Kopf herunter hängend eine lange Mähne, seine Augen scheinen damit völlig verdeckt, und wir staunen, daß er überhaupt sehen kann. Wir nennen ihn auf Grund seiner Mähne Verdunkelungsesel. Eines Morgens fahren wir ganz dicht an ihm vorbei und ziehen ihn spaßhalber am Schwanz. Das verursacht einen Schock, der eine Kette von Reaktionen auslöst: erst schlägt der Esel auf Pferdeart mächtig mit den Hinterbeinen aus – dann besinnt er sich seines eseligen Wesens und bleibt stocksteif stehen – jetzt fängt sein Hasenherz an zu klopfen und er schießt mit Windeseile voraus. Die ihm anvertraute Herde von

Schafen versteht wohl nichts von der ungewöhnlichen Situation, noch weniger vom Pferdetritt und überhaupt nichts von der Hasengeschwindigkeit. Als der Esel ganz weit weg ist, erfüllen sich die Lüfte plötzlich mit dem wildesten Gebrüll, und plötzlich galoppieren alle Schafe dem Esel nach ... Wenn die feindliche Abwehr beim ersten Einsatz auch heftig ist, macht uns das nichts aus, denn wir haben noch das lustige Tiertreiben vor Augen und damit die Lebensfreude im Herzen. Dabei verliert die augenblickliche Gefahr an Bedeutung.

Die Einsätze jetzt führen uns in einen verhältnismäßig stabilisierten Abschnitt, wo sich aber langsam durch Heranführen neuer Kräfte ein Stoß der Sowjets in das Herz Rumäniens abzeichnet. Hauptsächlich fliegen wir in dem Raum, der nach Westen hin von der Ortschaft Targul Frumos und im Südosten von einigen Dnjestrbrückenköpfen südlich Tiraspol begrenzt ist. Dazwischen liegt die Gegend nördlich Jassy, wo zahlenmäßig die meisten Feindaufträge hinführen, versuchen doch hier die Sowjets, uns das Höhengelände um Carbiti, in der Nähe des Pruth, zu entreißen. Auf dem sogenannten Schloßberg toben um die Mauerreste des Schlosses Stanca die erbittertsten Kämpfe dieses Abschnitts; unzählige Male ging dieser Punkt für uns verloren und wurde immer wieder zurückerobert.

In diesem Raum rollt ungeheurer Nachschub der Sowjets. Wie oft greifen wir die Flußbrücken in dem genannten Raum an. Über den Pruth hinüber geht es an den Dnjestr, ostwärts Kischinew vorbei. Koschnitza, Grigoriopol, Brückenkopf Butor sind alles Namen, die sich noch lange in unserem Gedächtnis halten werden. Kurze Zeit liegen Jägerkameraden vom Jagdgeschwader 52 mit auf unserem Platz; es ist Major Barkhorn, ein großer Könner in seinem Fach. Des öfteren begleiten sie unsere Einsätze und haben ihre Plage mit uns; denn die auf sowjetischer Seite neu auftretende Jak 5 macht ab und zu doch Mühe. Ein vorgeschobener Gefechtsstand des Fliegerkorps operiert von Jassy aus, von wo aus sich der Luftraum über der Front gut einsehen läßt. Der kommandierende General des Fliegerkorps ist oft vorn, um seine Verbände in der Zusammenarbeit mit den Erd-

truppen zu beobachten. Sein Gefechtsstand verfügt über Funksprechgeräte, die es ihm gestatten, den gesamten Funksprechverkehr in der Luft und am Boden abzuhören. Es sprechen die Jäger untereinander, die Jäger mit ihrem Leitoffizier, die Stukas unter sich, mit ihrem Verbindungsoffizier am Boden, und andere mehr. Jeder steht aber normalerweise auf einer anderen Wellenlänge. Wie sich der General um seine einzelnen Schäfchen Sorge macht, zeigt mir seine kleine Erzählung bei seiner letzten Anwesenheit auf unsrem Gefechtsstand. Er beobachtete den Anflug meiner Stukagruppe über Jassy. Wir zogen nach Norden und sollten nach Aufnahme des Fliegerleitverkehrs gewünschte Ziele der Erdtruppe im Schloßraum angreifen. Abgeholt wurden wir über Jassy, aber nicht von unserem Jagdschutz, sondern von einem starken russischen Lag-5-Verband, und eine wilde Kurbelei entsteht. Die langsamen Stukas gegen pfeilschnelle Jäger, es ist ein ungleicher Kampf, zumal die Bombenlast unsere Stukas noch träger macht. Mit sehr gemischten Gefühlen schaut und hört der General nun zu. Der Staffelkapitän der Siebenten nimmt an, daß ich eine Lag 5, die von unten auf meine Maschine zukommt, nicht gesehen habe, und ruft mir zu:
»Hannelore aufpassen, Sie schießt einer sofort ab!«
Ich hatte den Burschen längst beobachtet, doch ist es zu einem Abwehrmanöver gegen ihn noch Zeit. Ich mag das Geschrei im Äther nicht, es beunruhigt die Besatzungen und beeinflußt die Sicherheit. Ich rufe ihm zurück:
»Wer mich abschießt, der muß erst noch geboren werden.«
Es soll keine Großmäuligkeit bedeuten, das wissen meine Besatzungen schon, aber es spricht eine gewisse Ruhe daraus, die sich dann in einer solch schwierigen Situation auch auf die Piloten überträgt. Strahlend erzählt der General nachher:
»Als ich das gehört habe, hatte ich keine Angst mehr um Sie und Ihren Verband und habe dann eher belustigt diesem Treiben am Himmel zugesehen!«
Wie oft predige ich meinen Besatzungen bei der Einsatzbesprechung: »Wer nicht ranbleibt bei mir, wird durch einen Jäger abgeschossen; wer abhängt, ist eine Beute der Jäger, dem ist nicht

zu helfen. Also: bleibt dran. Flaktreffer sind oft Glückssache; ein Ziegel kann euch zu Hause auch auf den Kopf fallen; auch könnt ihr aus der Straßenbahn stürzen, wenn ihr nun einmal Pech habt – darüber hinaus ist der Krieg keine ausgesprochene Lebensversicherung.«

Die alten Besatzungen kennen schon meine Ansichten und Sprüche; sie lächeln vor sich hin, wenn die Neuen eingewiesen werden und denken: »Irgendwie mag er recht haben.« Daß wir so gut wie keine Verluste durch Jäger haben, bestätigt meine Theorie. Die Neuen müssen natürlich einigermaßen die Maschine beherrschen, wenn sie zur Front kommen, sonst gefährden sie andere Kameraden.

Einige Tage darauf, zum Beispiel, sind wir im selben Einsatzraum und greifen unter starken feindlichen Jagdangriffen wieder an. Der neu gekommene Leutnant Rehm schneidet seinem Vordermann mit seiner Luftschraube, als beide zum Sturz übergehen, den Flugschwanz mit den Steuerorganen ab. Der Wind treibt glücklicherweise die Fallschirme auf eigenes Gebiet. Wir umkreisen die Schirme bis zum Aufkommen auf die Erde, da die Sowjets grundsätzlich mit ihren Jägern unsere Besatzungen am Fallschirm erschießen. Wenige Monate später ist Leutnant Rehm ein hervorragender Flieger geworden, der bald eine Kette übernehmen kann und öfter vertretungsweise eine Staffel führt. Für Leute, die es spät lernen, habe ich Verständnis.

Nicht so gut geht es bei Leutnant Schwirblat ab, der in der 1. Gruppe schon über siebenhundert Feindflüge geflogen hat und das Ritterkreuz trägt. Er muß nach Beschuß der Maschine im Zielraum kurz hinter der vorderen Linie notlanden und verliert den linken Unterschenkel sowie einige Finger. Am Schluß des Krieges soll ich ihn wieder im Einsatz treffen.

Nicht nur im Raum nördlich Jassy geht es hart zu in der Luft, sondern auch an den östlichen Brückenköpfen am Dnjestr. An einem Spätnachmittag fliege ich mit nur drei Maschinen noch einmal in die Dnjestr-Schleife zwischen Koschnitza und Grigoriopol, wo T 34 in größerer Zahl eingebrochen sind. Es begleiten mich mit Bombenmaschinen Leutnant Fickel und ein Oberfeldwebel. Eigener Jagdschutz soll im Raum anwesend sein. Wir nähern uns der Flußschleife, und ich sehe schon Jäger im Tiefflug im Zielgebiet. Als Optimist denke ich sofort an eigene. Ich fliege in den Angriffsraum und suche Panzer, als ich erkenne, daß es nicht mein Jagdschutz ist, sondern alles Iwans sind. Dummerweise sind wir schon verteilt, um einzelne Ziele zu suchen; die anderen beiden schließen nicht sofort auf mich auf und sind nicht so schnell auf der erforderlichen Position hinter mir. Dazu haben wir noch das Pech, an einige Burschen geraten zu sein, die etwas können; das ist nicht allzu häufig. Die Maschine des Oberfeldwebels brennt sofort, eine Fackel fliegt nach Westen. Leutnant Fickel schreit, daß er auch Treffer hat und abfliegt. Genau hinter mir sitzt ein ausgezeichneter Lag-5-Pilot und einige andere mit etwas größerem Abstand. Die Lag bleibt genau hinter mir, was immer ich auch mache; er hat die Klappen etwas herausgedreht, um langsam fliegen zu können. Ich fliege in tiefen Mulden, um ihn zu zwingen, ebenfalls so weit runterzukommen, damit er, durch die Gefahr der Bodenberührung beeinflußt, schlecht schießt. Aber er bleibt überhöht, und die Leuchtspur geht dicht an meiner Kabine vorbei. Mein Bordschütze Gadermann schreit erregt, daß er uns abschießen werde. In einem etwas weiteren Geländeausschnitt südwestlich der Flußschleife kurve ich nun auf der Stelle, die Lag hinterher; er bleibt dran. Gadermann hat hinten Ladehemmung. Die Leuchtspur geht dicht unter meiner linken Fläche durch. Gadermann schreit: »Enger«. Ich zurück: »Geht nicht, ich habe den Knüppel am Bauch.« Mir ist es schon langsam ein Rätsel, wie der Bursche hinter mir mit seinem Jagdflugzeug mitkurven kann. Mir läuft wieder mal der Schweiß von der Stirn. Ich ziehe, ziehe, unter der Fläche durch fliegt nach wie vor die Leuchtspur. Wenn ich mich umdrehe, sehe ich das angespannte Gesicht des Iwans. Die anderen Lags haben sich abgesetzt und warten anscheinend auf den Abschußerfolg ihres Kollegen. Diese Art Fliegerei ist nichts mehr für sie, engste Steilkurven zwischen zehn und fünfzehn Meter Höhe. Am Rand der Böschung stehen plötzlich deutsche Soldaten; sie winken wie toll, haben scheinbar die Situation gar

nicht erfaßt. Nun plötzlich ein lautes Geschrei von Gadermann: »Die Lag ist unten!« Hat Gadermann sie abgeschossen mit dem hinteren Maschinengewehr, oder ist sie runtergefallen, weil ihr die Strömung bei diesen engsten Kurven abriß? Mir soll es gleich sein. Im Kopfhörer höre ich großes Geschrei der Russen, wirr durcheinander; sie haben es beobachtet, und es scheint etwas Besonderes zu sein. Leutnant Fickel sehe ich nicht mehr und fliege allein zurück. Da steht auf einem Feld eine brennende Ju 87; es ist die Besatzung des Oberfeldwebels. Sie stehen beide heil unten, deutsche Soldaten gehen auf sie zu. Also die kommen morgen wieder! Kurz vor der Landung treffe ich noch Leutnant Fickel; Grund zum Geburtstagfeiern wäre heute reichlich vorhanden, meinen Fickel und Gadermann. Sie halten sich auch dran. Am nächsten Morgen ruft mich der Fliegerleitoffizier aus dem Teilabschnitt an und erzählt mir, mit welchem Bangen sie gestern dem Treiben zugesehen hätten; er gratuliert herzlich im Namen seiner Division. Der abgehörte Funkverkehr von gestern abend hat ergeben, daß es ein ganz bekannter sowjetischer Jagdflieger gewesen ist, der mehrfach »Held der Sowjet-Union« war. Geflogen ist er gut, das muß ich ihm lassen.
Innerhalb kurzer Zeit muß ich mich zwischendurch zweimal beim Reichsmarschall melden. Das erstemal lande ich in Nürnberg und komme auf die Burg seiner Vorfahren. Ich bin ganz überrascht, als ich in den Burghof trete und sehe, wie Göring mit seinem Leibarzt in einer altdeutschen Jägertracht und mit Pfeil und Bogen auf eine bunte Scheibe schießt. Er läßt sich zunächst gar nicht stören und schießt erst alle Pfeile ab. Ich staune, daß fast keiner fehlgeht. Ich hoffe nur, daß ihn nicht der sportliche Ehrgeiz packt und er mich ebenfalls an dem Bogen ziehen läßt, denn dann würde er merken, daß ich mit meiner Schulter den Bogen noch nicht halten, viel weniger spannen könnte. Meine Meldung in Pelzstiefeln gibt sowieso schon einige Schwächen meines Zustandes zu. Wie er mir sagt, befaßt er sich in freien Stunden viel mit diesem Sportgerät; es ist eine Körperertüchtigung, und der Leibarzt muß, wohl über übel, mit ran. Nach dem einfachen Mittagsmahl im Familienkreis, wo lediglich noch Ge-

neral Lörzer mit anwesend ist, erfahre ich den Grund meines Hierseins. Er verleiht mir das Goldene Flugzeugführerabzeichen mit Brillanten und bittet mich, ein Geschwader mit neuen Maschinen vom Typ Messerschmitt 410 mit Fünf-Zentimeter-Kanonen aufzustellen und zu übernehmen. Er erhofft sich damit einen entscheidenden Erfolg gegen die viermotorigen Flugzeuge der Allierten. Persönlich glaube ich, daß er mich unbedingt zum Jäger machen möchte, weil mir vor kurzem die Brillanten verliehen worden sind. Sicher denkt er an die Zeit im Ersten Weltkrieg zurück, wo »Pour-le-mérite«-Flieger grundsätzlich Jagdflieger waren, wie er selbst. Seither besitzt er für diese Waffengattung und ihre Angehörigen eine große Vorliebe und möchte mich in diese Kategorie hineinbringen. Wie gern ich früher Jäger geworden wäre, erzähle ich ihm, und welche Zufälle es verhinderten. Aber nun will ich unbedingt meine Erfahrungen als Sturzkampfflieger weiter verwerten und bitte ihn daher, von diesem Auftrag abzusehen. Darauf erzählt er mir, daß er für den Auftrag zwar vom Führer die Genehmigung hat, dieser es jedoch nicht sonderlich gern gesehen hätte, wenn ich der Sturzkampffliegerei den Rücken gekehrt hätte. Jedoch sei es Wunsch und Befehl vom Führer und auch von ihm, daß ich keinesfalls mehr hinter der russischen Front lande, um Besatzungen zu retten. Sollte es wieder nötig werden, so sollen es dieses Mal andere tun. Es gibt mir schwer zu denken; bei uns herrscht die Devise: »Wer runterfällt, wird rausgeholt!« – Ich bin der Ansicht, daß es besser ist, wenn ich es tue, da es für mich mit der wesentlich größeren Erfahrung leichter sein muß als für andere. Wenn es also überhaupt gemacht wird, dann durch mich. Aber dagegen jetzt etwas zu sagen, wäre zwecklos. Im Augenblick wird man tun, was man muß. Zwei Tage später fliege ich wieder in Husi im Einsatz.

Als bei uns einige Tage ruhiger sind, beschließe ich, wegen einer längst fälligen Besprechung kurz nach Berlin zu fliegen. Auf dem Rückweg lande ich in Görlitz, schaue zu Hause vorbei, und fliege über Vöslau bei Wien in Richtung nach Osten. Frühzeitig

erreicht mich bei meinen Freunden ein Anruf, man hätte mich die ganze Nacht schon gesucht. Ein Telefongespräch vom Hauptquartier des Reichsmarschalls sei gekommen, über Husi hat man damit meine Flugstrecke verfolgt, aber man konnte mich bisher nirgends erreichen. Ich melde sofort ein Gespräch an und höre vom Adjudanten Görings, daß ich gleich nach Berchtesgaden kommen soll. Da ich wieder an eine unangenehme Sonder- oder Stabsverwendung glaube, frage ich ihn: »Ist es gut oder schlecht in meinem Sinn?« Er kennt mich ja.
»Schlecht sicher nicht.«
Nicht gerade ruhig, fliege ich zunächst tief an der Donau entlang. Das Wetter ist denkbar schlecht, vierzig Meter Wolkenhöhe, die Flugplätze haben fast alle Start- und Landeverbot. Der Wiener Wald ist restlos in den dicksten Wolken, im Tal lang über St. Pölten-Amstetten fliege ich in Richtung Salzburg und lande dort. Hier werde ich schon erwartet und komme aufs Landhaus vom Reichsmarschall, unweit vom Berghof auf dem Obersalzberg. Er ist gerade bei der Lagebesprechung beim Führer und kommt zurück, als wir beim Essen sind. Die Tochter Edda ist schon groß und ein wohlerzogenes Mädchen; sie darf mit bei Tisch sein. Nach einem kleinen Verdauungsspaziergang im Garten wird es langsam dienstlicher, und ich bin gespannt, was nun wieder geplant ist. Haus und Garten sind von gediegenem Geschmack, nichts plump oder überladen. Der Ton in der Familie ist einfach. Nun melde ich mich in seinem durch viele Fenster erhellten Arbeitszimmer. Im Blickfeld wird die herrliche Berglandschaft von der Vorsommersonne angestrahlt. Für alte Sitten, Gebräuche und Kleidung scheint er eine gewisse Schwäche zu haben. Ich weiß nicht recht, wie ich sein Kleidungsstück nennen soll, eine Art Umhang oder Toga in rötlicher Farbe, wie die alten Römer sie trugen, mit einer goldenen Spange dran. Ganz genau kann ich es nicht definieren. Jedenfalls ist es mir eine neuartige Tracht. Er raucht eine lange Pfeife, sie reicht bis zum Erdboden und hat einen schön bemalten Porzellankopf. Ich kann mich erinnern, mein Vater hatte auch solch ein Instrument; es war damals viel größer als ich selbst. Ich werde immer neugieri-

ger, was ich hier tun soll. Er beginnt zu sprechen, nachdem er mich eine Zeitlang ruhig gemustert hat. Wieder ist es eine Auszeichnungsangelegenheit. Er verleiht mir die goldene Frontflugspange mit Brillanten, anläßlich meines zweitausendsten Feindfluges, den ich vor einiger Zeit gemacht habe. Es ist ein absolut neuartiger Orden, bisher nie verliehen, da außer mir niemand diese Feindflugzahl erreicht hat. Er ist aus massivem Gold und hat in der Mitte einen Kranz aus Platin, über dem zwei gekreuzte Schwerter liegen, unten dran ein Anhänger mit der Zahl zweitausend, in kleinsten Brillanten ausgelegt. Ich bin froh, denn es ist nicht wieder ein unangenehmer Auftrag.
Dann unterhalten wir uns über die Lage, und er meint, ich müßte schnell in meinen Raum zurück. Das habe ich sowieso vor. Dort sei eine größere Angriffsoperation geplant, und schon dieser Tage wird es losgehen. Soeben sei diese noch bis ins kleinste in der Lagebesprechung beim Führer besprochen worden. Er staunt, daß ich draußen bei uns noch nichts davon gemerkt habe, wo doch annähernd dreihundert Panzer an dieser Operation von unserer Seite aus beteiligt sein sollen. Nun werde ich hellhörig. Die Zahl dreihundert macht mich stutzig. Bei den Russen alltäglich, bei uns gar nicht mehr zu glauben. Ich kann es mir schlecht vorstellen, erwidere ich ihm, ob er mir nicht einmal die einzelnen Divisionen mit den betreffenden Panzerzahlen nennen könnte, da ich über mehrere Einheiten und deren Stand an einsatzklaren Panzern genau informiert bin. Vor meinem Abflug hatte ich gerade noch mit dem kommandierenden General der 14. Panzerdivision, General Unrein, gesprochen, das ist jetzt vier Tage her, und er hat mir sein Leid geklagt, daß er nur noch einen Panzer habe, auch der sei ohne eigentliche Kampfkraft, weil er darin alle Geräte für Fliegerleitverkehr eingebaut habe und dies ihm wesentlich mehr wert sei als ein klarer Panzer. Denn viele Ziele, die sein Panzer nicht ausschalten könne, wurden ihm durch uns Stukas bei gutem Leitverkehr aus dem Weg geräumt. Den Stand der 14. Panzerdivision kenne ich also genau: ein Panzer. Der Reichsmarschall will es kaum für möglich halten, da er eine andere Zahl für diese Division gehört zu

haben glaubt. Halb im Ernst, halb im Scherz, sagt er mir: »Wenn ich Sie nicht kennen würde, ließe ich Sie am liebsten einsperren wegen dieser Äußerungen, aber das werden wir gleich haben.« Er geht ans Telefon und läßt sich mit dem Generalstabschef verbinden:
»Sie haben doch gerade dem Führer dreihundert Panzer für das Unternehmen X gemeldet.« Das Telefon geht laut, ich kann alles mithören.
»Jawohl!«
»Geben Sie mir doch mal die beteiligten Divisionen mit den jeweiligen Panzerzahlen an. Hier ist jemand bei mir aus dem Abschnitt, der die Verhältnisse gut kennt.«
»Wer ist es denn?« fragt der Generalstabschef.
»Ein Mann von mir, der es wissen muß.« Nun beginnt der Generalstabschef unglücklicherweise gleich mit der 14. Panzerdivision und sagt, sie hätten sechzig Panzer. Göring beherrscht sich nur mit Mühe:
»Mein Mann meldet, die 14. hätte *einen*.« Längeres Schweigen auf der anderen Seite.
»Wann ist er draußen weggefahren?«
»Vor vier Tagen.« Wieder Schweigen. Dann:
»Vierzig Panzer sind noch in Zuführung zur Front. Der Rest kann auch stimmen, diese stehen noch im rückwärtigen Heeresgebiet in Werkstätten und anderen Einrichtungen, werden aber bestimmt bis zum Angriffstermin bei der Truppe sein, so daß die Zahlen stimmen.«
Bei den anderen Divisionen verhält es sich ähnlich. Der Reichsmarschall hängt wütend den Hörer auf!
»So erhält der Führer ein völlig falsches Bild mit nicht zutreffenden Angaben und wundert sich dann, wenn die Operationen nicht den gewünschten Erfolg haben. Heute ist durch Sie zufällig noch Klarheit geschaffen worden, wie oft mag man schon von solchen Utopien ausgegangen sein? Der Südostraum liegt mit seinem Verkehrsnetz dauernd unter den Bombenteppichen. Wer weiß, wie viele Panzer zum Beispiel von diesen vierzig bei der Truppe eintreffen werden, und wann! Wer kann sagen, ob

die Werkstätten ihre Ersatzteile rechtzeitig bekommen und ihren Fertigstellungstermin für die Reparaturen an den Panzern einhalten können? Ich melde den Vorfall sofort dem Führer.« Die letzten Sätze sind in großer Erregung gesprochen, dann schweigt er.
Auf dem Rückflug zur Front mache ich mir viele Gedanken über das eben Erlebte. Wo sollen diese Zweck- und Falschmeldungen hinführen? Ist es Fahrlässigkeit oder Absicht? Es leistet dem Feind auf jeden Fall Vorschub! Wer oder welche Kreise begehen diese Ungeheuerlichkeiten?

Bei meiner Zwischenlandung in Belgrad auf dem Flugplatz Semlin erscheinen nordamerikanische viermotorige Verbände, die diesen Platz angreifen. Beim Ausrollen sehe ich schon die gesamte Belegschaft des Flugplatzes weglaufen. Westlich des Rollfeldes sind Hügel, wo anscheinend einige Stollen als Unterstände für solch Zwecke eingebaut sind. Ich sehe den Verband genau vor mir kurz vor dem Platz. Ich ahne nichts Gutes. So schnell, wie es mit meinen Pelzstiefeln möglich ist, laufe ich dem Menschenstrom nach. Ich trete in den Stollen ein und schon fällt der Bombenteppich auf den Platz, ein riesiger Rauchpilz, Explosionen. Daß dort noch irgend etwas heil sein kann, erscheint mir ausgeschlossen. Nach einigen Minuten lichtet sich der Qualm ein wenig, und ich gehe zum Platz hinüber. Fast alles ist zerstört, neben den Trümmern steht meine brave Ju 87, von Splittern durchlöchert, aber der Motor heil und die Laufräder auch; die Steuerorgane sind in ihren wesentlichen Punkten in Ordnung. Außerhalb des eigentlichen Rollfeldes suche ich mir eine kurze Strecke, die sich zum Start eignet und bin froh, als ich wieder in der Luft bin. Treu und brav trägt mich der kranke Vogel durch den Südostraum wieder zum Geschwader nach Husi.

In den Tagen meiner Abwesenheit ist noch eine rumänische Ju-87-Staffel zu uns gestoßen; die Besatzungen bestehen fast ausschließlich aus Offizieren. Einzelne verfügen über gewisse fliegerische Erfahrung, doch bald sehen wir, daß es besser ist, wenn sie als Staffel nur zusammen mit uns im geschlossenen Verband fliegen. Sonst treten bei jedem Einsatz fast immer größere Verluste ein. Besonders die feindlichen Jäger machen ihnen Schwierigkeiten, und die Erkenntnis, daß man mit einer langsamen Maschine im Verband nicht unbedingt abgeschossen werden muß, kommt ihnen erst langsam durch die Erfahrung. Der Geschwaderstab hat auf FW 190 umgeschult. Derzeit ist unsere 1. Gruppe dran, sie ist für acht Wochen aus dem Einsatz gezogen, auf einem rückwärtigen Platz in Sächsisch-Regen. Die Ju-87-Flieger lernen hier in ihren alten Tagen noch einmal auf das einsitzige Muster um. Auf lange Sicht kann das mit all unseren Einheiten nötig werden, da die letzte Baureihe der Ju 87 noch auslaufen soll, dann aber nicht mehr neu hergestellt wird. Darum schule ich nun persönlich in Husi zwischen den Einsätzen auf die neuen FW-190-Maschinen des Geschwaders um, dann brauche ich deswegen nie selbst aus dem Einsatz. Als Abschluß fliege ich hier im Frontraum gleich einige Einsätze mit diesem Typ und fühle mich auch darauf absolut sicher.

Es geht auf den Juli zu, unsere Einsatzzahlen wachsen erheblich, und es läuft das örtlich geplante Angriffsunternehmen im Raum nördlich Jassy. Nicht mit den Panzerphantasiezahlen, und später als damals angegeben, aber doch mit frischeren Kräften, als wir sie in letzter Zeit gewohnt sind. Das gesamte Höhengelände zwischen dem Pruth und Targul Frumos muß genommen werden. Es läßt sich leichter verteidigen und wird damit auch als günstige Ausgangsbasis für einen feindlichen Angriff ausgeschaltet. Die ganze Front in diesem Abschnitt ist in Bewegung, und es gelingt, die Sowjets ein größeres Stück zurückzudrängen. Einige Stützpunkte behalten sie durch zähe Verteidigung. Sie haben Glück, denn Angriffsumstellungen, um auch diese Widerstandsnester aufzuräumen, kommen nicht mehr zur Durchführung. Einige Angriffsverbände, die wie eine Feuerwehr eingesetzt werden, immer dort, wo es brennt, müssen herausgezogen werden. Im Rahmen dieser Einsätze fliege ich meinen zweitausendeinhundertsten Feindflug. Ziel ist einmal mehr die Brücke Sculeni, sie ist für den Nachschub der bedrängten Sowjets sehr wichtig. Je-

desmal wird die Brücke schon vernebelt, wenn wir nördlich Jassy im Anflug sind und es noch gar nicht abzusehen ist, ob wir nicht im frontnahen Raum unsere Bomben abwerfen. Jedesmal, wenn ich sehe, wie vernebelt wird, muß ich lachen, weil ich mir die Gesichter der Iwans vorstelle, die da unten sitzen und auf die anfliegenden Stukas starren. Natürlich auch hier wildes Geschrei im Äther. Auch als Sprachunkundiger wird man immer ein Wort heraushören: »Stuka – Stuka – Stuka.« Unsere Tage in Husi sind gezählt.
Nach einer Geburtstagsfeier in meinem Weingarten in der ersten Julihälfte kommt der Befehl, nach Zamosc in die Mitte der Ostfront zu verlegen. Hier läuft ein neuer Großangriff der Russen. Über die nördlichen Karpaten geht der Flug über Stry an Lemberg vorbei nach dem neuen Einsatzhafen. Zamosc ist ein kleines nettes Städtchen, es macht einen guten Eindruck. Wir wohnen in alten polnischen Kasernen am Nordrand der Stadt. Unser Flugfeld selbst liegt ziemlich weit draußen und besteht aus einem abgeernteten Feld, die Landebahn ist schmal und fordert gleich einen sehr bedauernswerten Unfall. Bei der ersten Landung überschlägt sich die Maschine von Oberfeldwebel W., und der Pilot verletzt sich verhältnismäßig schwer. Er ist einer meiner besten Panzerschützen und wird uns nun lange nicht mehr zur Verfügung stehen. Gerade für gute Panzerknacker gibt es hier wieder viel zu tun, da die Fronten nicht feststehen, sondern in Bewegung sind. Panzerdurchbrüche sind an der Tagesordnung. Wir halten Kowel, die Sowjets sind daran vorbeigestoßen und schicken sich an, den Bug zu überschreiten. Bald tauchen ihre Spitzen im Raum nordwestlich Lemberg-Rawaruska, Towaszow und nördlich davon in Cholm auf. In diesen Tagen ziehen wir erneut um nach Mielec, einem polnischen Städtchen, einhundert Kilometer nordwestlich Krakau. Die Stoßrichtung der Sowjets ist klar zu erkennen, sie wollen in breiter Front die Weichsel erreichen. Zugleich fliegen wir auf die angreifenden Material- und Menschenmassen, die jetzt versuchen, nördlich von Przemysl den San zu überschreiten. Die Jagdabwehr ist nicht zu unterschätzen, da jetzt öfter amerikanische Jäger auf-

tauchen, sie stammen von viermotorigen Verbänden, wo sie Begleitschutz fliegen. Sie kommen ursprünglich von Plätzen aus dem Mittelmeerraum. Wie wir nun deutlich zu spüren bekommen, kehren sie nicht immer nach Erfüllung ihres Auftrages um, sondern fliegen auf russisches Gebiet, um zu tanken. Dann kommen sie mit neuem Auftrag eines Tages wieder zurück und fliegen nach dem Süden zu ihrer Ausgangsbasis. Bei einem Einsatz am San begegne ich solch einem Mustangverband schon auf dem Anflug, es sind an die dreihundert Flugzeuge. Ich fliege mit fünfzehn Maschinen ohne jeden Jagdschutz und bin noch dreißig Kilometer vor Jaroslaw, wo mein Ziel für heute liegt. Um meine Gruppe und vor allem mehrere neue Besatzungen nicht zu gefährden, befehle ich die Bomben wegzuwerfen, damit wir beweglicher sind für den allzu ungleichen Luftkampf. Der Befehl fällt mir schwer, haben wir doch bisher immer, auch bei größter feindlicher Luftüberlegenheit, das befohlene Ziel angegriffen. Es ist das erstemal und soll bis zur Beendigung des Krieges auch das letztemal bleiben. Aber heute muß es sein. So bringe ich meine Gruppe ohne Verlust nach Hause, und wir können morgen unter günstigeren Voraussetzungen den Einsatz nachholen. Der Erfolg gibt mir recht, denn abends höre ich, daß eine Nachbareinheit durch diesen Riesen-Mustangverband große Verluste hatte. Einige Tage später überrascht uns mittags beim Tanken wiederum ein Verband der Nordamerikaner, der sofort mit Tiefangriffen auf unsere Maschinen beginnt. Die Platzflak ist nicht stark und zunächst überrascht worden, jetzt schießt sie auf die Angreifer. Mit Abwehr hatten diese nicht gerechnet, und es steht sicher auch nicht in ihrem Programm, heute nicht nach Hause zu kommen. Ohne wesentlichen Erfolg drehen sie ab, um sich leichtere Beute zu suchen.

Ein Anruf von der Luftflotte, die Russen haben erstmalig in diesem Krieg deutschen Boden betreten und stoßen aus dem Raum Willkowiscen in Richtung Gumbinnen-Insterburg nach Ostpreußen hinein. Ich will sofort nach Ostpreußen verlegen, der Befehl dazu kommt, und so bin ich am nächsten Tag schon mit

meinen fliegenden Teilen in Insterburg. In der himmlischen Ruhe Ostpreußens kann man sich gar nicht vorstellen, daß der Krieg schon so nahe gerückt ist und von hier aus Einsätze mit Bomben und Panzermaschinen geflogen werden sollen. In Insterburg selbst hat man auch gar nicht so auf Ernst umgeschaltet, und der Platz ist noch überfüllt mit Einrichtungen, die mit konzentriertem Einsatzbetrieb nichts zu tun haben. Daher ist es günstiger, nach Lötzen zu ziehen, inmitten der masurischen Seenplatte, dort sind wir allein auf dem kleinen Platz.
Hochsommer in der herrlichen Ostpreußenlandschaft. Dieses Gebiet soll Kampfgebiet werden? Hier wird es klar, daß unser Einsatz um die Freiheit unserer Heimat geht. Wieviel deutsches Blut ist hier schon geflossen, umsonst? Das darf nicht sein! So sinnt man vor sich hin im Anflug zum Angriffsziel und im Abflug. Nördlich der Memel oder bei Schaulen, bei Suwalki oder Augustowo, immer quälen uns diese Gedanken. Wir sind jetzt an der Ausgangsbasis von 1941 angelangt, hier begann der Vormarsch nach dem Osten. Hier wurden im Ersten Weltkrieg entscheidende Schlachten geschlagen. Wird das Denkmal Tannenberg noch größere Bedeutung bekommen? Auf unseren Geschwaderstabsmaschinen ist als Wappen das Zeichen der Deutschritter angebracht. Nie hat es für uns eine größere Bedeutung gehabt als jetzt.
Härteste Kämpfe im Raum um Willkowiscen, die Stadt selbst wechselt mehrfach den Besitzer. Mehrere Tage lang greift der Russe hier ununterbrochen an, stand hält eine kleine Panzereinheit, von uns von der ersten bis zur letzten Minute des Tages unterstützt. Die T 34 stehen zum Teil überdacht durch Kornpuppen auf den abgeernteten Feldern. Wir schießen die Kornpuppen in Brand, damit die Panzer zum Vorschein kommen, dann geht's gegen diese. Ein heißer Sommer, wir wohnen direkt am Wasser, in der halben Stunde Einsatzpause baden wir oft; ein köstlicher Genuß. Der rastlose Einsatz am Boden und in der Luft macht sich bald bemerkbar, die ursprüngliche Angriffswucht der Russen hat spürbar nachgelassen. Eigene Gegenstöße werden immer häufiger, und so kann sich die Front wieder eini-

germaßen festigen. Aber wenn es an einer Stelle ruhig ist, bricht es an einer anderen bestimmt wieder los, so ist es auch hier. Die Sowjets drängen nach Litauen, um unsere in Estland und Lettland stehenden Einheiten abzuschneiden. An Arbeit für uns kann es also hier oben nie mangeln. Die Sowjets sind verhältnismäßig gut orientiert, was ihnen am Boden und in der Luft gegenübersteht.

Anläßlich eines Einsatzes hat Oberleutnant Fickel wieder einmal Grund, Geburtstag zu feiern: Wir sind im Anflug auf feindliche Ansammlungen, die Sowjets stehen ein weiteres Mal auf unserer Wellenlänge, sie schreien durcheinander. Persönlich kann ich im Augenblick nicht verstehen was, aber sicher gilt es uns; öfter fällt wieder das Wort »Stuka«. Mein sprachkundiger Offizier und eine Bodenstelle, die ebenfalls einen Dolmetscher bei sich hat, erzählten es mir nachher. Es sieht folgendermaßen aus:
»Von Westen her kommen Stukas – an alle roten Falken: greifen Sie sofort die Stukas an, es sind etwa zwanzig – vorn fliegt ein einzelner Stuka mit zwei langen Stangen – es ist bestimmt die Gruppe von Major Rudel, der uns immer die Panzer abschießt. An alle roten Falken und Luftabwehrbatterien: schießen Sie den Stuka mit den langen Stangen ab.«
Oberleutnant Markwardt übersetzt es uns schon ein wenig in der Luft. Fickel meint scherzhaft:
»Die zielen auf den ersten, treffen aber bestimmt den zweiten!«
Er fliegt meistens als zweiter bei mir und spricht daher aus Erfahrung.
Vor uns und unter uns Iwans mit Kraftfahrzeugen, Artillerie und anderen Geräten auf einer Straße zwischen einzelnen Waldstükken. Die schwere Flak schießt gut, die roten Falken sind schon da, Airocobras greifen an. Ich gebe den Angriffsbefehl, ein Teil von uns stürzt auf die Fahrzeuge, ein kleinerer Teil auf die Flak. Es ist ein wildes Gekurbel, die Jäger halten jetzt ihre Chance für gekommen. Die Flakwolken liegen dicht an unseren Maschinen. Kurz vor dem Abkippen bekommt Fickel einen Volltreffer in die

Fläche, schmeißt die Bombe weg und fliegt ab in der Richtung, aus der wir gekommen sind. Seine Maschine brennt. Wir stürzen und greifen die Ziele an; nun ziehe ich hoch und sehe, wo Fickel geblieben ist. Er landet gerade in einem völlig ungeeigneten Gelände, durch Gräben zerfurcht, mit Löchern, Baumstümpfen und anderen Hindernissen. Seine Maschine springt wie ein trotziger Ziegenbock über zwei Gräben; ein Wunder, daß er nicht schon längst einen Überschlag gemacht hat. Jetzt klettern er und der Bordschütze heraus. Die Situation ist übel; vom Waldstück her kommt bereits in Richtung der Maschine Kavallerie, dahinter Panzer, sie wollen die Besatzung natürlich haben. Von oben greifen uns wild die Airocobras an. Ich gebe durch:

»Sie wissen, daß ich es nicht mehr darf, es muß jemand sofort landen.«

Ich habe ein furchtbares Gefühl, weil ich selbst ausdrücklich Landeverbot habe und es widerstrebt mir, mit vollem Bewußtsein gegen den Befehl zu handeln. Noch kurven wir tief über der Maschine, Fickel und Bartsch sind unten, sie können sich sicher nicht vorstellen, daß unter diesen Voraussetzungen hier jemand heil landen wird. Die Sowjets schieben sich immer näher an die Maschine heran, noch schickt sich keiner an zur Landung, das Kurbeln mit den Jägern nimmt die Besatzungen voll in Anspruch. Der Entschluß, doch selbst zu landen, fällt mir unendlich schwer, aber jetzt bin ich soweit: wenn ich es jetzt nicht tue, sind die Kameraden verloren. Wenn es überhaupt für jemanden möglich sein wird, dann am ehesten noch für mich. Handeln gegen den Befehl ist nicht zu entschuldigen, ich weiß es, aber der Wille zur Rettung der Kameraden ist stärker, ich denke an nichts anderes mehr, nicht an die Folgen, an nichts. Ich muß es durchführen und gebe durch:

»Die 7. Staffel: Tiefangriffe auf Kavallerie und Infanterie; 8. Staffel: in geringer Höhe Abwehrkreise um Fickel und um mich; 9. Staffel: oben bleiben und Jäger ablenken vom geplanten Manöver. Stoßen Jäger nach unten, dann greift 9. Staffel sie von oben an.« Ich fliege ganz tief über die Notlandestelle und suche mir einen Streifen heraus, wo es mit etwas Glück für eine Landung reichen könnte. Langsam mit Gas heranziehen, nun ist der zweite Graben vorüber. Gas raus, es holpert stark, der Schwanz kommt kurz hoch, dann stehe ich. Fickel und Bartsch laufen um ihr Leben und sind schnell an meiner Maschine, die Geschosse des Iwans haben bisher noch nichts Wesentliches getroffen. Beide hinten rein, den Gashebel auf Vollgas. Ich koche vor Anspannung. Wird es reichen, wird die Maschine abheben, bevor sie am Boden gegen ein Hindernis rast und zerschellt? Jetzt kommt ein Graben. Ich reiße die Maschine weg, kurz dahinter tupft sie noch einmal mit den Rädern auf den Boden, dann hält sie sich in der Luft. Langsam läßt die Spannung nach, die Gruppe schließt auf. Ohne Verluste kehren wir zurück.

Unweit der lettisch-estnischen Grenze, in der Nähe der Stadt Wenden hat nun der Wanderzirkus Rudel auf einem abgeernteten Kornfeld sein Quartier aufgeschlagen. Feldmarschall Schörner ist die ganze Zeit über immer bemüht, meine Gruppe in seinen jeweiligen Abschnitt zu bekommen und das hat uns jetzt hier oben an die Kurlandfront gebracht. Beim Einzug aufs Kornfeld kommt auch schon die unvermeidliche Torte des Feldmarschalls, und wo auch immer ich bei ihm auftauche, erscheint so eine sagenhafte Torte, meistens mit einem daraufgespritzten Panzer T 34 mit der jeweils erreichten Abschußzahl. Augenblicklich zeigt der Tortenguß die Zahl dreihundertzwanzig.

Die Gesamtlage hier oben verhält sich so, daß im Raum Tuckum ein eigenes Angriffsunternehmen läuft, um die verlorengegangene Verbindung mit der übrigen Ostfront durch die Kampfgruppe des hervorragenden Obersten Graf Strachwitz wiederherzustellen. Es gelingt. Auf der ostwärtigen Seite Kurlands aber versuchen die Sowjets laufend unsere Front an dieser Stelle einzudrücken, dieser Frontabschnitt ist ihnen schon lange ein Dorn im Auge. Grenzenloser Heldenmut deutscher Soldaten hat das bisher verhindern können trotz zahlenmäßig vielfacher Unterlegenheit. Jetzt im Augenblick erlebt dieser Raum wieder eine besondere Drangperiode, zu der uns der Feldmarschall zu Hilfe geholt hat. Bei den ersten Einsätzen merken wir gleich, daß die Fronten hier nicht allzusehr in Bewegung sind, überall

sind die roten Stellungen gut ausgebaut, die Tarnung ist ausgezeichnet, die Luftabwehr ist in allernächster Nähe der vorderen Linie postiert und überall stark. Die feindliche Lufttätigkeit ist groß und rege. Jäger in den rauhesten Mengen, von eigenen Verbänden ist sehr wenig da; schon deshalb, weil die Nachschubverbindungen hierher sehr schwierig sind. Benzin, Bomben, Geräte müssen bei unserer Anwesenheit immer gleich da sein und erfordern viel Transportraum. Das hier gegessene Brot ist sauer verdient. Wo immer wir auch hinfliegen, nach Osten oder Süden des Kessels, an die Tuckumfront oder auf die russische Angriffsspitze, die über Dorpat hauptsächlich auf Reval zielt. So konnten wir vor den Toren Dorpats in mehreren Einsätzen eine große motorisierte Kolonne einschließlich begleitender Panzer zusammenschießen, so daß dieser Durchbruch verhindert wurde und vom Heer endgültig abgeriegelt werden konnte. Wo kommen denn nur immer diese Massen von Material her, es ist geradezu unheimlich! Die zusammengeschossenen Wagen sind in der Mehrzahl amerikanischer Herkunft. Bei den Panzern treffen wir ab und zu auf kleine Gruppen von Shermans. Das haben die Russen auch gar nicht nötig, denn ihre Panzer sind für den Rußlandkrieg besser als die nordamerikanischen, und ihre Produktion ist märchenhaft groß. Diese Materialzahlen bereiten uns Kopfschütteln und stimmen uns oft nachdenklich.
In der Luft treffen wir häufig nordamerikanische Typen, vor allem Airocobras, Kingcobras und Bostons. An Fahrzeugen, besonders aber auch in der Luft, ist die amerikanische Hilfe enorm. Ob die Amerikaner, rein von ihrem Standpunkt aus gesehen, richtig handeln? Wir sprechen oft darüber.
Eines Morgens, um zwei Uhr dreißig, ruft mich Leutnant Weißbach, mein Einsatzoffizier: der Feldmarschall Schörner wolle mich dringend sprechen. Seit längerer Zeit schon habe ich das Telefonieren nachts abgestellt, da ich früh fliegen muß, brauche ich meine Nachtruhe; so übernimmt alle Nachtgespräche der Einsatzoffizier, der am nächsten Tag nicht fliegt. Aber für Feldmarschall Schörner bin ich immer da. Er fällt gleich mit der Tür ins Haus – wie es seine Art ist:

»Können Sie sofort fliegen? Vierzig Panzer mit motorisierter Infanterie sind durchgebrochen, die eigene Truppe vorn hat sich überrollen lassen und will abends die Lücke wieder schließen! Aber diese weit durchgebrochenen Kräfte vom Russen müssen angegriffen werden, damit sie den Einbruchsraum nicht erweitern und so im rückwärtigen Heeresgebiet mit allen seinen Nachschubverbindungen größeren Schaden anrichten können.«
Ich kenne das aus den Schörner-Abschnitten schon, die Kameraden vorn bleiben liegen, lassen sich überrollen, weil sie vertrauen, daß wir mit den Kräften in ihrem Rücken fertigwerden und sie abends oder ein bis zwei Tage später die Lücke schließen können, um dann den eingekesselten Feind unschädlich zu machen. Hier in Kurland ist es besonders wichtig, weil jeder größere Einbruch zum Zusammenfallen der gesamten Front führen kann.
Nach schneller Überlegung sage ich dem Feldmarschall: »Es ist noch stockfinstere Nacht, und mein Einsatz hat jetzt keinerlei Erfolg, denn zu Tiefangriffen auf Panzer und Fahrzeuge muß ich Tageslicht haben. Ich verspreche Ihnen, beim ersten Licht mit meiner III. Gruppe und der Panzerstaffel in das angegebene Quadrat zu starten und werde Sie dann sofort anrufen, wie es aussieht.« Seiner Beschreibung nach sind die Sowjets von Osten kommend in ein Seengebiet eingedrungen und stehen augenblicklich mit ihrer Panzerspitze auf einer Straße, die zwischen zwei Seen hindurchführt. Leutnant Weißbach soll indessen Wettermeldungen telefonisch an allen möglichen Stellen einholen und dementsprechend uns wecken, so daß wir, im Dustern startend, beim ersten Licht über dem Ziel sind. Ein kurzer Anruf an die Staffelkapitäne, und automatisch läuft nun alles von allein. Was man viele hundert Male übte, geht wie im Schlaf. Der Koch weiß genau, wann der Kaffee bereitgestellt werden muß, der Oberwerkmeister gibt mit Sicherheit die richtige Zeit fürs Ausrücken des technischen Personals zum Flugklarmachen der Flugzeuge. Alles besagt der kurze Anruf an die Staffeln:
»Start zum ersten Einsatz 5 Uhr 30.«
Früh hängt über dem Platz Hochnebel, in etwa fünfzig Metern.

In Anbetracht der Dringlichkeit und in der Hoffnung, daß es im Zielraum besser sei, starten wir. Im Tiefflug geht es nach Südosten. Glücklicherweise ist das Gelände bretteben, sonst wäre das Fliegen unmöglich. Die Sicht beträgt kaum mehr als einen Kilometer, zumal es noch nicht gänzlich hell ist. Eine halbe Stunde mögen wir geflogen sein, da sinkt die Nebeldecke bis ungefähr in die Bodennähe ab, weil wir uns dem Seengebiet nähern; jetzt gebe ich den Befehl zur Umkehr, nachdem es Mühe macht, in fünf bis sechs Metern Höhe zu fliegen. Aus Sicherheitsgründen fliegen wir sofort in Linie nebeneinander. Meine außenfliegenden Maschinen kann ich schon nicht mehr erkennen, sie bewegen sich im Bodendunst und tauchen manchmal in den Hochnebel ein. Ein erfolgreicher Angriff kann das bei dieser Wetterlage nicht werden. Würden wir Bomben abwerfen, so wäre die Höhe so gering, daß die eigenen Bombensplitter die Maschine beschädigen und Verluste entstehen würden, ohne daß es irgend jemandem nützen könnte, und das machen wir nicht. Damit, nur im Zielraum gewesen zu sein, ist heute keinem geholfen. Ich bin froh, als bis zur letzten Maschine wieder alles heil gelandet ist. Ich berichte es dem Feldmarschall, und er sagt mir, daß er von vorn auch diese Wettermeldungen bekommen hat.

Endlich, gegen 9 Uhr, reißen in die Hochnebeldecke über dem Platz einige Löcher, und sie steigt auf vierhundert Meter. Ich starte mit der Panzerstaffel, die siebente begleitet uns, um die Bombenziele zu übernehmen. An der Hochnebelgrenze geht es erneut nach Südosten, je weiter wir aber in dieser Richtung fliegen, um so mehr sinkt die Untergrenze der Wolken wieder ab; bald sind wir nochmals in fünfzig Meter Höhe angelangt, die Sicht ist märchenhaft schlecht. Anhaltspunkte gibt es kaum, und so fliege ich nur nach Kompaß. Das Seengebiet beginnt, das Wetter bleibt übel. Ich fliege nicht gleich von Nordwesten her den Punkt an, den mir Feldmarschall Schörner als Standort der Spitze angab, sondern etwas nach Westen ausholend gehe ich seitlich daran vorbei, um dann kehrtzumachen. Damit erreiche ich, daß ich beim Angriff gleich wieder Flugrichtung Heimat habe, was bei dem Wetter sehr nötig werden kann. Sollte nämlich der Gegner so stark wie beschrieben sein, so wird seine Flakabwehr entsprechend aussehen. Ein geschicktes Anfliegen hinter Deckung durch Hügel oder Bäume fällt hier weg, da ich über Wasser anfliege, infolgedessen muß unbedingt die Erdabwehr bei der Auswahl der Angriffstaktik mit berücksichtig werden. Ein kurzes Rein- und Rausstoßen in die Wolken, um sich der Sicht zu entziehen, ist in Bodennähe wegen der Zusammenstoßgefahr für einen ganzen Verband nicht zu empfehlen, wohl aber für Einzelmaschinen. Ganz abgesehen davon müssen die Flugzeugführer dann ihre ganze Fähigkeit in die rein fliegerische Leistung legen und können sich nicht mehr genügend auf das eigentliche Punktziel konzentrieren.

Vom Süden her fliegen wir tief über dem Wasser, es ist dunkel und diesig; höchstens auf sieben- bis achthundert Meter im voraus kann ich etwas erkennen. Jetzt sehe ich genau in meiner Flugrichtung in einer schwarzen Masse Bewegung: die Straße, Panzer, Fahrzeuge, Sowjets. Ich schreie sofort: »Angriff!«, entsichere; schon schlägt mir aus unmittelbarer Nähe von vorn konzentriertes Abwehrfeuer entgegen, Vierlings- und Zwillingsflak, Maschinengewehrbeschuß, alles sieht gespenstisch aus, es leuchtet grell auf bei dieser trüben Beleuchtung. Ich fliege in drei Meter Höhe und bin genau in die Mitte des Wespennestes hineingestoßen. Ob das wohl gutgeht? Die andern sind seitlich auseinandergestoben und befinden sich nicht so im Kernpunkt der Abwehr. Ich schüttle mein Flugzeug in tollen Abwehrbewegungen hin und her, um Treffer zu vermeiden; ich bin zum Greifen nahe, drücke auf die Kanone, teilweise zur eigenen Beruhigung. Ich streue die Geschosse zwischen den Knäuel; einen Augenblick stillzuhalten, um ein bestimmtes Ziel zu treffen, bedeutet den sicheren Abschuß. Jetzt ziehe ich vor den Fahrzeugen und Panzern etwas hoch und springe darüber, ich sitze wie auf Eiern und warte, ob es kracht. Das kann doch nicht gutgehen, mein Kopf glüht wie die vorbeifliegenden Geschosse. Ein paar Sekunden später knallt's auch schon, Gadermann schreit: »Maschine brennt!« Motortreffer. Ich merke es, nur mühsam schafft es der Motor noch mit einem Bruchteil seiner Leistung. Flammen schießen an der Kabine vorbei.

»Ernst, wir springen raus, ich ziehe etwas hoch und fliege, so weit es geht, damit wir nicht bei den Russen ankommen, nicht allzu weit von hier habe ich noch eigene Leute gesehen.« Ich versuche zu ziehen – wie hoch ich bin, weiß ich nicht. Eine dunkle Schicht Öl hat sich über Innen- und Außenseite der Glasscheibe ausgebreitet, ich kann nichts mehr sehen und werfe die Kabine ab, um Sicht zu bekommen, aber es geht auch das nicht, die Flammen schlagen von außen vorbei.

»Ernst, wir müsen jetzt raus.«

Der Motor stottert und rumpelt, setzt aus, stottert wieder, setzt aus, stottert ... Unser Vogel wird auf diese Weise unser Krematorium werden. Wir müssen raus!

»Wir können nicht, du fliegst in nur dreißig Meter Höhe!« ruft er. Er hat nach hinten heraus Sicht; er hat auch das Dach abgeworfen, es reißt ihm das Kabel der Kopfhaube entzwei. Nun können wir uns nicht mehr verständigen. Seine letzten Worte sind:

»Wir fliegen über Wald!« – Trotz dem Ziehen am Knüppel steigt die Maschine nicht mehr, sondern befindet sich in einer Art überzogenem Flugzustand, sie ist jetzt völlig weich und für jeden Steuerausschlag empfindlich. Von Gadermann weiß ich, daß wir nur geringe Höhe haben, zum Abspringen reicht es nicht aus. Ob wir die Ju 87 hinschmeißen können? Vielleicht ist das noch möglich, wenn ich auch keine Sicht habe. Der Motor müßte dazu weiterlaufen, auch wenn es nur mit geringer Leistung ist. Es mag angehen, sofern das Gelände einigermaßen geeignet ist. Jetzt aber tut es einen Knacks, der Motor steht ruckartig, der krampfhaft überzogene Flugzustand, der nur durch den laufenden Motor beibehalten werden konnte, ist zu Ende; ein Nachdrücken, um Fahrt aufzuholen, gibt es aus dieser Lage nicht mehr. Wir stürzen ab. Jetzt der Knall – aus. Auf diese Weise ist es nun auch bei dir aus.

Nun merke ich die Ruhe um mich – also lebe ich. Ich versuche, zu rekonstruieren, ich liege am Boden, möchte aufstehen, kann es nicht, ich bin eingequetscht und habe Schmerzen am Bein und am Kopf. Da fällt mir ein, Gadermann müsse irgendwo sein. Ich rufe:

»Wo bist du, ich kann nicht raus.«

»Warte – vielleicht geht es doch – bis du schwer verletzt?« Es dauert einige Zeit, dann kommt er humpelnd an und versucht, durch die Trümmer zu mir vorzudringen. Jetzt wird mir klar, was mich so schmerzt: In meinem Unterschenkel spießt ein langes Metallstück des Flugzeugschwanzes, der in seiner Gesamtheit auf mich drückt, so daß ich mich auch nicht bewegen kann. Nur gut, daß in meiner Umgebung nichts brennt; wo mögen denn die brennenden Teile sein? Zunächst zieht mir Gadermann das Metallstück heraus, dann wälzt er die anderen Flugzeugteile von mir, was nach großer Anstrengung gelingt. Ich frage:

»Glaubst du, daß die Russen schon hier sind?«

»Schwer zu sagen.«

Um uns Gebüsch und Wald. Nachdem ich mich aufgerichtet habe, sehe ich das Trümmerfeld: etwa einhundert Meter vor mir liegt der Motor, brennend; fünfzig bis sechzig Meter seitlich liegen die Flächen, eine davon schwelt ebenfalls. Genau vor mir, ein ganzes Stück entfernt, liegt ein Teil des Flugzeugrumpfes mit dem Bordfunkersitz, in diesen Teilen klemmte Gadermann. Darum kam auch die Stimme von vorn, als ich rief; normalerweise hätte sie von der anderen Seite kommen müssen, denn er sitzt rückwärts. Wir verbinden die Wunden und versuchen den Glücksumstand, daß wir noch leben und einigermaßen heil sind, zu erklären, denn ohne einen entsprechenden Verband ist an ein Weglaufen von mir nicht zu denken, da ich starken Blutverlust habe. Das Runterfallen aus dreißig Meter Höhe scheint folgendermaßen vor sich gegangen zu sein: Den Hauptschlag beim Anprall fingen die Bäume auf, die am Ende des Waldes standen, dann wurde das Flugzeug auf den Sandboden geschleudert, wo es zerschellte und alles wie beschrieben durcheinanderfiel. Beide waren wir schon losgeschnallt, zum Abspringen vorbereitet; warum ich nicht mit dem Kopf gegen das Instrumentenbrett geschlagen bin, bleibt mir unerklärlich. Ich selbst liege weit hinter

den Resten meines Führersitzes, muß also mit dem Flugzeugschwanz dorthin geschleudert worden sein. Ja – Glück muß man haben.
Da raschelt es plötzlich im Gebüsch; jemand drängt sich durch das Dickicht. Wie gebannt schauen wir hin ... dann atmen wir erleichtert auf. Wir erkennen, daß es deutsche Soldaten sind. Sie haben von der Straße aus den Knall gehört, nachdem sie von der Ferne den Beschuß vernommen hatten und kurz darauf ein brennendes deutsches Flugzeug sahen. Sie mahnen zur Eile: »Hinter uns ist nichts mehr von den Unsrigen ... nur viele Iwans ...«, grinsend fügt einer hinzu: »Aber die Iwans haben Sie selber wohl ... bemerkt«, und wirft einen bedeutungsvollen Seitenblick auf die schwelenden Flugzeugreste. Schon sitzen wir auf dem Kübelwagen, den sie bei sich haben, und ab geht es mit großer Geschwindigkeit Richtung Nordwest.
Am zeitigen Nachmittag treffen wir wieder bei der Gruppe ein. Keiner hatte den Absturz beobachtet, da jeder bei dieser Situation mit sich selbst genügend zu tun hatte. Allzu große Sorgen macht man sich bei mir die ersten vier Stunden der Abwesenheit noch nicht, da man es schon oft mitgemacht hat, daß ich auf Grund von Feindeinwirkung irgendwo vorn eine brave Ju 87 auf den Bauch legen muß und mich dann wieder telefonisch melde. Doch wenn es länger dauert als vier Stunden, verfinstern sich die Mienen, und mein sprichwörtlicher, nie versagender Schutzengel wird angezweifelt. Ich rufe den Feldmarschall an, er freut sich mit am meisten, daß ich wieder da bin und natürlich kündigte er eine neue Torte an für heute »zum Geburtstag«.
Draußen ist strahlend blauer Himmel, die letzten Hochnebelreste lösen sich auf, ich melde dem Feldmarschall, daß wir nun erneut starten, mit besonderer Wut meinerseits auf die sowjetischen Freunde. *Die* oder *ich,* ist eine Kriegsregel. *Ich* war es diesmal nicht, folgerichtig müssen es jetzt *die* sein! Das Fliegerkorps schickt mit einem Fieseler Storch einen Arzt, der mir einen neuen Verband anlegt und eine Gehirnerschütterung feststellt. Gadermann hat drei Rippen gebrochen. Daß mir wohl ist, kann ich nicht behaupten, aber der Wille zum Fliegen ist größer.

In der Einsatzbesprechung verteile ich die Ziele. Mit allen Bombenmaschinen werden wir die Flak angreifen und wenn diese ruhiger geworden ist, in Tiefangriffen Panzer und Fahrzeuge vernichten.
Kurze Zeit später ist meine Gruppe in der Luft mit Kurs Südost. Das Seengebiet kommt schon in Sicht, wir fliegen in zweitausendzweihundert Meter. Um aus der Sonne zu kommen, fliegen wir das Ziel von Südwesten her an, die Flak kann uns nur schwer ausmachen, aber wir können alles besser erkennen, wenn es im Sonnenglanz strahlt. Da stehen sie auch noch an derselben Stelle wie vorher! Anscheinend wollen sie nicht mehr durchfahren, bis weitere Verstärkung eingetroffen ist. Wir kurven um das Objekt und locken somit die Flak zum Schießen heraus. Teilweise ist sie auf Lastwagen montiert, der andere Teil ist in Stellung rund um die Fahrzeuge gegangen. Als das Feuerwerk im Gange ist, verteile ich nochmals kurz die Ziele, und dann kommt der Angriffsbefehl, zunächst auf die Flak. Ich empfinde es als eine Genugtuung, denn durch sie hing einige Stunden vorher mein Leben wieder einmal an einem seidenen Faden. Zwischen dem Bombenqualm und den Staubfontänen, die durchs Bombenwerfen entstehen, fliegen wir Panzermaschinen mit Tiefflug hindurch und greifen die T 34 an. Es heißt auf der Hut sein, daß man nicht in krepierende Bomben hineinfliegt. Bald schweigt die Flak; ein Panzer nach dem anderen explodiert, Fahrzeuge brennen. Sie werden Deutschland *nicht* erreichen. Diese Angriffsspitze hat bestimmt ihre Stoßkraft verloren.
Wir fliegen nach Hause, mit dem Gefühl, alles getan zu haben, was in unseren Kräften stand. Nachts ein erneuter Anruf des Feldmarschalls, der mir sagt, daß der Gegenstoß unserer Kameraden auf der Erde geglückt ist, der Einbruch abgeriegelt und der eingeschlossene Feind aufgerieben wurde. Er dankt im Namen aller seiner Soldaten für diese Unterstützung; ich werde es morgen früh meiner Gruppe sagen. – Es ist wieder unser höchster Lohn, von den Kameraden der Erde zu hören, daß unser Einsatz ihnen unentbehrlich war und sie dadurch diesen Erfolg haben konnten.

In Lettland erreichen uns Alarmmeldungen, die Sowjets dringen in Rumänien ein. Von heute auf morgen verlegen wir über Ostpreußen – Krakau-Debrecen nach Buzau, einer Stadt nördlich Bukarest. Ein wundervoller Flug über das östliche Europa in den letzten Sommersonnenstrahlen. Es fliegt die III. Gruppe mit dem Geschwaderstab, die zweite ist im Raum Warschau, die erste ist schon in Rumänien. In Debrecen dauert es lange mit dem Tanken, so daß wir abends nicht mehr in Richtung Rumänien starten. Wir müssen die Karpaten passieren, und ich will keine Besatzung bei einem Verlegungsflug verlieren. Wir bleiben also in Debrecen, und auf meinen Vorschlag hin gehen wir abends noch baden. Hier gibt es fabelhafte Bäder mit warmen Heilquellen. Meine Soldaten sind belustigt und erstaunt: Frauen jeden Alters sitzen mit Handtaschen, Büchern, Handarbeiten oder Schoßhündchen unentwegt im Bad, das ist mit den dazugehörigen weiblich-endlosen Konversationen ihre Tagesbeschäftigung. Es ist für alte Rußlandsoldaten nichts Alltägliches, so viel leichtbekleidete Weiblichkeit auf einem Platz zusammen zu sehen.

Am nächsten Morgen starten wir nach Klausenburg, einer alten, herrlichen Stadt, wo sich vor Hunderten von Jahren die Siebenbürger Deutschen niederließen; deshalb wird hier viel Deutsch gesprochen. Hier wird nur kurz getankt, wir haben es eilig. Zugleich erscheint auch schon ein amerikanischer Aufklärer in sieben- bis achttausend Meter Höhe, so daß mit baldigem Einflug amerikanischer Bomberverbände zu rechnen ist. Der Flug über die Karpaten nach Buzau ist großartig, so wie jeder Flug über schöne Bergwelt bei gutem Wetter. Vor uns liegt nun die Stadt, früher ein unbedeutender Zwischenlandeplatz auf dem Weg zur Front, die weit nördlich lag, jetzt Einsatzplatz. Was ist aus der feststehenden Front Jassy-Targul-Frumos geworden, aus Husi?

Der freigelegene Flugplatz bietet keinerlei Tarnmöglichkeit für die Maschinen, und Ploesti, das Ölzentrum Rumäniens, liegt nahe. Es wird ununterbrochen von amerikanischen Bombern mit stärkstem Jagdschutz angegriffen; die Jäger können sich dann mit uns befassen, sofern wir nicht sowieso mal eines Bombenteppichs wert erscheinen. Der amerikanische Begleitschutz für einen Bomberverband bei einem Einsatz hier ist zahlenmäßig stärker als die ganze deutsche Jagdwaffe der Gesamtfront.

Im Einkurven auf den Platz sehe ich auf den Zufahrtsstraßen unendlich viel rumänisches Militär mit Marschrichtung Süden, teilweise stocken die Kolonnen. Schwere Waffen aller Art sind dabei. Deutsche Einheiten sind keine darunter. Hier spielt sich eine Tragödie ab. Ganze Abschnitte wurden von rumänischen Einheiten gehalten, die nun jeden Widerstand aufgeben und zurückgehen. Die Sowjets drängen nach. Vorn kämpft der deutsche Soldat, hält und wird deshalb abgeschnitten und gefangengenommen. Er hält es nicht für möglch, daß die rumänischen Bundesgenossen kampflos die Russen nach Rumänien eindringen lassen und sich diesem entsetzlichen Schicksal aussetzen wollen; er glaubt es nicht.

Nach der Landung werden die Maschinen gleich feindflugklar gemacht, und ich melde mich beim alten Fliegerkorps; die freuen sich, uns wiederzuhaben. Zu tun gäbe es genügend, meinen sie. In Foscani rollen bereits russische Panzer mit dem Auftrag, Bukarest und Ploesti sofort zu nehmen. Weiter nördlich kämpfen noch deutsche Einheiten der Heeresgruppe Süd.

Die Maschinen sind indessen startklar, und wir fliegen gleich mal an der Hauptstraße nach Norden hoch, Richtung Foscani. Zehn Kilometer südlich dieser Stadt erblicken wir riesige Staubwolken; wenn das da nicht schon Panzer sind – richtig! Eigene werden wohl mit diesem Tempo nicht zurückfahren, also T 34! Wir greifen an; sie verlassen die Straße und verteilen sich im Gelände. Es nützt ihnen aber nichts, einen Teil schießen wir ab; dann kehren wir zurück, um neue Munition zu holen, und ran geht es wieder an dieselbe Kolonne. Wo man hinschaut, Massen an Menschen und Material, alles Russen, größtenteils Mongolen. Sind die Menschenreserven so unerschöpflich? Daß die Kapazität der Sowjetproduktion von allen weit unterschätzt wird und kein Mensch die wahren Verhältnisse kennt, das bekommen

wir erneut zu spüren. Die Panzermassen, immer wieder unvorstellbar groß, sind das überzeugendste Beispiel dafür. Viele Kraftfahrzeuge sind auch amerikanischer Herkunft. Einsatz jagt neuen Einsatz, wie all die Jahre hindurch von früh bis spät.
Es ist einer der letzten Augusttage. Ich starte frühmorgens, um in den Nordeinbruchsraum zu fliegen und bin fünfzig Meter hoch über meinem Platz. Plötzlich schießt die Flak; sie wird von Rumänen bedient, die meinen Platz vor Angriffen durch russische und nordamerikanische Luftstreitkräfte schützen sollen. Ich blicke in Richtung der krepierenden Geschosse und suche die feindlichen Maschinen. Sind die Amerikaner schon so früh aufgestanden? Ich kurve über dem Rollfeld mit meinem Verband, um eventuell im Schutz der eigenen Luftabwehr die weitere Entwicklung abzuwarten. Komischerweise liegen die Sprengwolken der Geschosse gar nicht mehr hoch, sondern teilweise dicht an meinen Maschinen. Ich schaue nach unten zu den feuernden Geschützen und sehe, wie sie bei unseren Kurven immer mit diesen nachdrehen; eine Salve der Sprengpunkte liegt nun in unmittelbarer Nähe vor meiner Maschine. Von feindlichen Flugzeugen ist nichts zusehen. Nun besteht kein Zweifel mehr, das Flakfeuer gilt uns. Es ist mir unerklärlich, aber es muß so sein. Wir fliegen nach Norden, unser befohlener Auftrag, auf den angreifenden sowjetischen Feind, der aus dem Raum Husi-Barlag-Foscani stark hervordrängt.
Bei der Rückkehr zum Platz bin ich schon auf weitere Flaksensationen seitens der Rumänen vorbereitet; meine eigene Bodenstelle teilt mir auf dem Rückflug mit, daß das Abwehrfeuer mir gegolten habe. Rumänien befindet sich ab sofort im Kriegszustand mit uns. Gleich bleiben wir im Tiefflug und landen einzeln; die Flak schießt wieder vereinzelt, aber mit ebensowenig Erfolg wie vordem. Ich gehe sofort ans Telefon und lasse mich mit dem rumänischen Luftwaffengeneral Jounescu verbinden. Er befehligt rumänische Luftwaffeneinheiten, auch Flak, und ich kenne ihn persönlich gut aus Husi, er trägt deutsche Auszeichnungen. Ich sage ihm, ich muß annehmen, die Unfreundlichkeiten heute morgen hätten mir und meinen Maschinen gegolten, ob das der

Fall sei? Er meint ja, seine Flaksoldaten in Bukarest hätten gesehen, wie ein deutsches Jagdflugzeug ein rumänisches Kurierflugzeug abgeschossen hätte und nun seien sie alle auch hier erzürnt und schössen auf alle deutschen Flugzeuge. Vom Kriegszustand Deutschland-Rumänien erwähnt er noch nichts. Auf sein Klagen entgegne ich ihm, daß ich gar nicht daran denke, mir das gefallen zu lassen, und ich an sich einen neuen Einsatz auf die Sowjets nördlich Ramnicul Sarrat fliegen möchte. Jetzt würde ich aber zunächst mit meiner Stukagruppe hier die Flak am Platz mit Bomben und Bordwaffen angreifen, damit mein kommender Start ungehindert vor sich gehen könne. Mit der anderen Gruppe griffen wir sein Stabsquartier an, das sei mir ja bekannt.
»Um Gottes Willen, tun Sie das nicht, wir sind doch schon immer alte Freunde gewesen, und für das, was unsere Regierungen machen, können wir doch nichts. Ich mache Ihnen einen Vorschlag: wir beide tun uns nichts, und für uns besteht die Kriegserklärung nicht. Ich garantiere Ihnen, aus meinem Bereich fällt kein Schuß mehr gegen Ihre Stukas.«
Er beteuert nochmals seine alte Freundschaft zu mir und seine Zuneigung uns Deutschen im allgemeinen gegenüber. Damit tritt der Sonderfrieden für uns in Kraft, und ich habe auch keinerlei Anlaß mehr zu Klagen. Merkwürdige Situation: Auf diesem Flugplatz liege ich mit der gesamten dazugehörigen Ausrüstung, einschließlich schweren Waffen. Wer hindert sie daran, uns über Nacht zu kassieren? Bei Dunkelheit ist dieser Zustand sehr unangenehm, am Tage sind wir wieder stark. Vor meinen Stukas werden auch zwei Divisionen nicht allzu viel Angriffslust zeigen, wenn sie so konzentriert und offen im Gelände stehen.
Bomben- und Benzinvorräte auf unserem Platz gehen zur Neige, und es kommt kein Nachschub mehr, da Rumänien nicht mehr gehalten werden kann. Absetzen auf die andere Karpatenseite ist die einzige Möglichkeit. Und dort versuchen, eine neue Front aufzubauen aus den Teilen, die sich noch aus Rumänien herausschlagen, und anderen, die irgendwo als Reserven zusammengekratzt werden können. Daß die Masse der schweren Waffen nicht über die Karpaten kommen wird, sondern in Rumänien

bleibt, ist völlig klar. Wenn nur ein großer Teil unserer tapferen Einheiten aus diesem Hexenkessel des Verrats der neuen rumänischen Regierung herauskommen würde! Waffen sind zu ersetzen, wenn auch schon schwer, aber Menschen nie! Unsere Bodenkolonne macht sich fertig zur Verlegung über den Buzau-Paß, wir fliegen bis zum letzten Tropfen auf die russische Angriffsspitze, die sich immer dichter an Buzau herangeschoben hat. Teilweise fliegen wir weit im russischen Hinterland, zur Entlastung für hier noch erbittert kämpfende deutschen Einheiten. Ein Bild des Jammers, zum Verzweifeln, wie diese alten, bewährten Rußlandkämpfer, umzingelt, einer vielfachen Übermacht die Stirn bieten und langsam außer ihren Handfeuerwaffen nichts mehr haben. Die Munition für schwere Waffen ist längst verbraucht, bald wird es auch für die Gewehre und Pistolen nichts mehr geben. Bei jedem Einsatz dorthin muß ich mich zwingen, nur nicht zu denken. Angreifen und wiederum angreifen ist das einzige Betäubungsmittel. Ein kleines Stalingrad!
Jetzt sind die Vorräte am Platz restlos erschöpft, und wir fliegen nach Westen über die Karpaten unserem neuen Einsatzplatz Sächsisch-Regen in Ungarn zu. In diesem Städtchen wird auch weitgehend deutsch gesprochen, es ist eine Hochburg der Siebenbürger Deutschen. Hier gibt es eine deutsche Kirche und deutsche Schulen, beim Durchschreiten der Stadt hat man nie das Gefühl, nicht in Deutschland zu sein. Landschaftlich liegt es herrlich, große Waldgebiete in der Nähe, alles eingebettet zwischen Hügelketten und kleinen Bergen. Unser Platz liegt zwischen Waldeinschnitten auf einer Art Hochebene; wir haben Quartier in der Stadt und in nahen rein deutschen Ortschaften nördlich und nordostwärts davon. Unsere Einsätze richten sich im Augenblick gegen den Feind, der über die Karpatenpässe vom Osten her nachdrängt. Das Gelände ist für die Verteidigung günstig, aber die Kräfte fehlen dazu, und die nötigen schweren Waffen gingen in Rumänien verloren. Selbst allergünstigstes Gelände ist mit Heldenmut allein gegen moderne Waffen nicht zu verteidigen. Wir machen Tiefangriffe im Oitoz- und am Gymnoz-Paß und in den nördlich davon gelegenen Gebirgsstraßen.

Ich kenne die Bergfliegerei aus dem Kaukasus. Aber die Täler hier sind sehr eng, besonders unten in den Talsohlen, und um darin kehrtzumachen, muß man schon wieder ein ganzes Stück hochziehen. Die Paßstraßen sind sehr kurvenreich und verschlungen, teilweise winden sie sich durch Felsgruppen hindurch. Da die Fahrzeuge oder Panzer meistens dicht vor oder hinter den Felsen stehen, muß höllisch aufgepaßt werden, daß man nicht irgendwo gegenbrummt. Wenn zu gleicher Zeit ein anderer Verband im Raum ist, der womöglich von der anderen Talseite angreift und im Dunst nicht so schnell erkannt wird, hat für Bruchteile von Sekunden »der Tod die Hand am Steuerknüppel«, weil sich unten plötzlich Maschinen auf Gegenkurs begegnen. Das ist dann gefährlicher als die Flakabwehr; obwohl auch diese hier ziemlich stark ist. Sie steht teilweise überhöht aufgebaut, rechts oder links der Paßstraßen, weil sie erkannt hat, daß ihre Wirkungsmöglichkeit sehr gering ist, wenn sie inmitten ihrer Kolonnen stehen bleibt und wir zum Beispiel hinter einer anderen Felsengruppe eine tiefer befindliche Einheit, die ebenfalls ihrem Schutz untersteht, angreifen. Mit der Jagdabwehr ist im Augenblick nicht viel los. Ob die Russen die rumänischen Plätze noch nicht klar und bevorratet haben? Das glaube ich kaum, denn sie haben riesigen Transportraum, und die zur Verfügung stehenden Plätze sind für diese Kampfhandlungen absolut günstig gelegen und ausreichend, wie Buzau, Roman, Tecuci, Bakau und Silistea. Die Iwans werden von der Bergfliegerei vielleicht nicht viel halten, besonders das Tieffliegen in den Tälern scheint ihnen unangenehm zu sein, weil diese mal plötzlich von einem querstehenden Berg abgeschlossen sein können. Denselben Eindruck hatte ich zwei Jahre vorher in den Pässen und Tälern des Kaukasus.
In diesen Tagen bekomme ich den Auftrag, die Führung des Geschwaders zu übernehmen und die meiner alten III. Gruppe damit aufzugeben. In Vorschlag für die Kommandeurstelle in meiner alten Stammgruppe bringe ich Hauptmann Lau; in Griechenland war er schon dabei im Kampf gegen die englische Flotte und verdiente sich dort Lorbeeren. Nach den ersten Rußland-

gefechten erhielt er eine Stabsvertretung und kommt nun wieder zur Front. Einsatzmäßig verändert sich für mich so gut wie nichts, da ich jetzt in meinen Geschwaderstab sämtliche in Betracht kommenden Flugzeugtypen aufnehme, um damit zu jeder Zeit bei einer meiner Einheiten mitfliegen zu können.
An einem der ersten Septembertage bin ich mit meiner III. Gruppe frühzeitig unterwegs, die II. fliegt für uns Begleitschutz, ich selbst sitze in einer Panzermaschine, um am Oitoz-Paß zu jagen. Die Lage vorn sieht nicht gerade schön aus, darum beschließe ich, sofort nach Rückkehr mit meiner FW 190 wieder zu starten; in dieser Zeit können die anderen wieder ihre eben benutzten Maschinen klarmachen. Leutnant Hofmeister hat noch ein Flugzeug startklar und begleitet mich als Rottenflieger.
Wir fliegen zum Oitoz zurück, machen Tiefangriffe und beschauen in allen Karpaten-Pässen und auf den Höhen den Stand der Dinge. Daraus ergibt sich dann ein Überblick über die Gesamtlage in unserem Abschnitt. Praktisch ohne Betriebsstoff, ohne einen Schuß Munition, komme ich im Tiefflug wieder an unseren Platz in Sächsisch-Regen, wo mir vierzig silberglänzende Maschinen in gleicher Höhe entgegenfliegen. Wir rasen ganz dicht aneinander vorbei, keine Täuschung mehr möglich, alles Amerikaner, »Mustangs«. An Hofmeister gebe ich durch: »Sofort landen!« Fahrwerk raus, Klappen raus, und bevor der Mustangverband kehrtgemacht hat zum Angriff, sitze ich schon. Vor dem Anschweben zur Landung hatte ich Angst, denn es ist der Moment, wo das Flugzeug absolut wehrlos ist und man nichts machen kann als warten und den Landevorgang in Ruhe beenden. Leutnant Hofmeister hat wohl das Landemanöver nicht so schnell mitbekommen, ich sehe ihn nicht mehr. Mein Flugzeug ist noch im schnellen Ausrollen nach dem Aufsetzen, als ich im Rausschauen beobachte, wie die Mustangs zum Angriff ansetzen und eine davon genau meine Maschine anfliegt. Schnell reiße ich die Kabine auf, ich rolle sicher noch mit fünfzig Kilometer Geschwindigkeit, und lasse mich über die Fläche nach unten auf die Erde fallen. Fest presse ich mich an den Boden, kurz darauf das Bellen der Kanonen von den Mustangs,

meine Maschine brennt im ersten Anflug, sie ist noch ein ganzes Stück allein weitergerollt. Ich bin froh, daß ich nicht mehr darin bin.

Am Platz haben wir keinerlei Flakschutz, weil niemand auf das schnelle Zurückgehen auf die ungarischen Plätze gefaßt und vorbereitet war. Unser Material ist leider so begrenzt, daß nicht aufs Geratewohl »alle Plätze Europas« von vornherein geschützt werden können. Unsere Gegner, denen unbeschränkt Material zur Verfügung steht, können Flakgeschütze an jeder Straßenekke aufbauen, wir leider nicht. Die Mustangs haben sich über den ganzen Platz verteilt und veranstalten ein friedensmäßiges Schulschießen. Unten stehen meine Gruppen, die während meiner Abwesenheit sich neu betanken und beladen sollten. Viele Transportmaschinen stehen frei da, sie bringen Munition, Betriebsstoff, Bomben. Die einsatzklaren Maschinen stehen in ausgeschlagenen Boxen im Wald und sind schwer zu treffen. Aber Reparaturmaschinen, Transportmaschinen mit Bomben und Betriebsstoff fliegen in die Luft, die Kanonen der vierzig Mustangs rattern ununterbrochen, alles, was sie sehen, schießen sie in Brand. Eine ohnmächtige Wut packt mich, völlig wehrlos diesem Treiben zusehen zu müssen. Rings um den Platz schwarze Rauchpilze, die einzelnen Brände der Maschinen. In diesem nicht zu überbietenden Getöse könnte man an den Weltuntergang glauben. Absurd, aber ich werde versuchen zu schlafen; wenn ich dann aufwache, ist alles vorbei; trifft mich der Bursche, der mich dauernd anfliegt, dann ist das im Schlaf auch besser zu ertragen.
Nachdem der Mustangpilot meine Maschine beim ersten Anflug in Brand geschossen hatte, muß er mich seitlich daneben haben liegen sehen. Vielleicht hat er auch schon im Anflug beobachtet, wie ich mich aus der Maschine fallen ließ; jedenfalls macht er Anfug über Anflug mit seinen Kanonen und Maschinengewehren. Hin über den Platz, zurück, hin, zurück. Er sieht anscheinend schlecht durch seine Vorderscheibe, hinter der er seine Visiereinrichtung hat und zielen muß; er glaubt wohl nach jedem

Anflug nicht recht, daß er mich schon getroffen hat; denn nachdem er ein oder zwei Anflüge gemacht hat, saust er immer seitlich in drei bis vier Metern Höhe, sein Flugzeug schräg legend, an mir vorbei und schaut mich an; ich liege nach wie vor fest an die Grasnarbe gepreßt auf dem Bauch und habe nur den Kopf leicht auf die Seite gewandt, um ihn aus zugekniffenen Augen zu beobachten. Bei jedem Anflug von vorn spritzen mit seinen Geschossen Erde und Sand an mir vorbei, rechts und links. Ob er mich beim nächsten Anflug trifft? Weglaufen kommt gar nicht in Frage, denn auf alles was sich bewegt, wird sofort geschossen. So wiederholt es sich immer wieder, mir scheint es eine Ewigkeit zu dauern; jetzt aber hat er sicher keine Munition mehr, denn nachdem er noch einmal tief seitlich an mir vorbeigekommen ist, fliegt er ab; seine Kollegen haben auch alle ihre Munition angebracht; nutzbringend, das müssen wir bestätigen. Sie sammeln über dem Platz und fliegen ab.
Bei uns sieht es übel aus, besonders im ersten Augenblick. Als erstes sehe ich nach Leutnant Hofmeister. Seine Maschine liegt am Platzrand, er ist also nicht so schnell nach unten gekommen und wurde während der Landung erwischt. Er ist verwundet, ein Fuß muß ihm abgenommen werden. Am Platz brennen und explodieren fünfzig Maschinen, glücklicherweise nur wenige meiner einsatzklaren Flugzeuge, die in guter Deckung nicht so leicht angreifbar waren. Jetzt höre ich auf den Gefechtsständen der einzelnen Einheiten in den Waldstücken, daß das Bodenpersonal während des Angriffs, wie befohlen, mit Handfeuerwaffen, Maschinenpistolen, Gewehren, Maschinengewehren, Pistolen, ununterbrochen geschossen hat und vier Mustangs in Platznähe unten liegen. Bei keinerlei Flakschutz ist das ein erfreulicher Erfolg. Das harmlose Schulschießen ist für die Mustangs also nicht ganz verlustlos ausgegangen. Einige Tage später kommt Flakschutz für meinen Platz, und diese Art Besuche mit so großen Erfolgen werden aufhören.
Öfter erscheinen deutsche Maschinentypen in unserem Raum, Rumänen, die von uns damit ausgerüstet wurden und mit rumänischen Hoheitsabzeichen auf russischer Seite fliegen. Manche

Flugzeuge tragen bei Einzelaufträgen zur Täuschung sogar weiter deutsche Hoheitsabzeichen. Die Ausgangsbasis für die rumänische Luftwaffe liegt nicht weit von uns. Infolgedessen greifen wir zwei Tage lang im Tiefflug die Plätze im Raum Karlsburg, Kronstadt und Hermannstadt an. Böswillige Leute von uns meinen, wir wären erst durch die »Mustangs« dazu gereizt worden, die hätten es vorgemacht. Mehr als hundertfünfzig Maschinen vernichten wir am Boden, einige davon in der Luft; allerdings sind es meistens Schul- und Kurierflugzeuge. Aber auf jeden Fall dienen sie zur Ausbildung der rumänischen Luftwaffe. Der Erfolg bei dieser Angriffsart ist weitestgehend abhängig von der gegnerischen Abwehr.

In Rumänien ist der Kampf zu Ende, und die Sowjets durchströmen das ganze Land, um daraufhin an allen möglichen Stellen zu versuchen, den Einmarsch nach Ungarn zu erzwingen. In dicksten Kolonnen kommen sie augenblicklich durch den Roten-Turm-Paß in Richtung auf Hermannstadt. Die Einsätze auf diese Angriffsspitze sind besonders schwer, da diese Gruppe stärkstens gegen Luftangriffe geschützt ist. Bei einem Flug am nördlichen Ausgang des Passes schießt mir die 4-Zentimeter-Flak das Kabinendach von meiner FW 190 weg, und ich sitze schlagartig im Freien. Von den Splittern hat mich glücklicherweise keiner verletzt.

An diesem Abend meldet mir ein Nachrichtenoffizier, daß er fast jeden Tag Hetzsendungen in deutscher Sprache im Rundfunk hört. Greuelmärchen über die deutschen Soldaten und Aufforderungen zum Partisanenkampf. Der Sprecher meldet sich stets unter Kronstadt. Nach Mitteilung ans Fliegerkorps wird für morgen der erste Einsatz auf die genannte Radiostation gehen: den Hetzern muß doch beizukommen sein! Beim ersten Licht geht es nach Kronstadt, einer alten Siedlung der Siebenbürger Sachsen. Genau vor uns schimmert unter den ersten Sonnenstrahlen die Stadt im Dunst. Wir brauchen sie nicht zu überfliegen, der Sender mit den zwei hohen Funktürmen steht etwa acht Kilometer nordostwärts an einer Hauptstraße. Zwischen den hohen Masten ein kleines Häuschen, das Nervenzentrum des ganzen Sendeorganismus. Kurz vor dem Sturz sehe ich im Anflug ein Auto aus dem Vorplatz fahren; wenn das der Hetzer wäre, würde er eines leichten Andrückens wert sein; er verschwindet in einem Waldstück und erlebt von weitem unseren Angriff auf die Sendeanlagen. Allzu tief darf bei diesem Angriff nicht gestürzt werden, weil die Türme oben mit vielen kleinen Drähten miteinander verbunden sind und man leicht dagegenfliegen kann. In meinem Visier ist das Häuschen, ich drücke auf den Knopf, fange ab und umkreise die Türme, um den Erfolg zu sehen und den Verband wieder zu sammeln. Durch einen Zufall fiel mir eine kleine Flächenbombe von siebzig Kilogramm genau auf die Spitze eines Funkturmes, und diese ist umgeknickt und steht nun rechtwinklig ab. Vom Häuschen unten ist nichts mehr zu sehen, da die gesamte Bombenlage ausgezeichnet ist. So schnell wird von hier aus nicht mehr gehetzt werden. Mit diesem beruhigenden Gefühl fliegen wir ab.

Bei dem ansteigenden Druck auf die Karpatenpässe zeigt es sich immer mehr, wie groß unsere Krafteinbuße durch die rumänische Tragödie ist. Die Sowjets stehen weit über Hermannstadt hinaus vor Thorenburg und versuchen, Klausenburg zu nehmen. In diesem Abschnitt sind zumeist ungarische Einheiten, vor allem die 1. und 2. ungarische Panzerdivision, eingesetzt. Deutsche Reserven sind so gut wie nicht vorhanden, in diesem wichtigen Abschnitt könnten sie ein Rückgrat bilden. Dieser sowjetische Vormarsch wird eine Gefahr für die noch weit im Nordosten an den Karpatenbergen stehenden deutschen Einheiten. Sie müssen hier die Paßstellungen verlassen, das ist sehr folgenschwer, weil die Karpaten als natürliche Festung die Schlüsselstellung zu der ungarischen Tiefebene sind, und es wird sehr schwierig sein, sie mit diesen geringen Kräften zu verteidigen. Für die Sowjets war es in den letzten Wochen zum größten Teil sehr bequem, denn sie marschieren durch das »verbündete« Rumänien, wo ein zusammenhängender deutscher Widerstand unmöglich war. Die Devise hieß: »Raus aus Rumänien, neue Auffangsstellung sind die Karpaten.« Die rumänischen Landesgrenzen aber sind ausgedehnt und bedeuten eine Verlängerung der an sich schon so dünnen Front.

Wir verlegen noch für einige Tage nach einem Platz westlich Sächsisch-Regen und sind von hier aus fast täglich im Thorenburgraum. Seit längerer Zeit greift der Iwan zum ersten Male wieder mit seinen eisernen Gustavs in die Erdkämpfe ein. In jedem Einsatz bleiben wir so lange im Zielraum, wie es der Benzinvorrat nur zuläßt, und hoffen immer, daß in dieser Zeit auch die Konkurrenz der anderen Seite kommt. Die III. Gruppe wirft Bomben, mit der zweiten Gruppe fliege ich mit dem Geschwaderstab auf FW 190 Begleitschutz. In dieser Zeit gelingen uns viele Abschüsse russischer Schlachtflieger und Jäger. Besonders der Kommandeur meiner II. Gruppe, Hauptmann Kennel, der das Eichenlaub trägt, hat viel Jagdglück. Es ist zwar als Sturzkampf- und Schlachtflieger nicht unsere Aufgabe, gegnerische Flugzeuge abzuschießen, aber mir scheint im Augenblick die Bekämpfung der feindlichen Luftwaffe für unsere eigenen Kameraden auf der Erde auch sehr wichtig zu sein. So schießen die Panzerexperten auch Flugzeuge ab, und mit gutem Erfolg. Bei diesen Flügen sehen wir alten Ju-87-Flieger sehr deutlich, daß es doch besser ist, zu dem jagenden Teil und nicht zum gejagten zu gehören. Aber dennoch schwören wir auf unseren alten Vogel.

Der Kampf um die ungarische Tiefebene wird nun zur Wirklichkeit – im September 1944. In diesem Moment erreicht mich die Beförderung zum Oberstleutnant. Der Geschwaderstab liegt nur für kurze Zeit mit den Bodenteilen südlich Tokai bei Tasnad. Die I. und II. Gruppe mit ihren Einsatzteilen und mir selbst ostwärts davon; die III. Gruppe geht in den Raum Miskolcz, wo sie schwer mit den Platzverhältnissen zu kämpfen hat; einschließlich der Zufahrtstraßen wird die ganze Umgebung durch Regengüsse zu einem Seengebiet.
Hier, wo wir im Raum Großwardein-Cegled-Debrecen die Sowjets bekämpfen können, bleiben wir nur für kurze Zeit. Ihre Massen bewegen sich mit großer Geschwindigkeit, fast ausschließlich nachts. Am Tage stehen sie gut getarnt in angrenzenden Waldstücken oder Maisfeldern, oder sie halten sich in Ort-

schaften für die fliegerische Aufklärung verborgen. Bei allen Angriffen ist also das eigentliche Treffen mit Bomben und Bordwaffen erst in zweiter Linie wichtig. Zunächst muß man das Ziel in seinem Schwerpunkt erkennen können. Eine zusammenhängende deutsche Front gibt es augenblicklich nicht, nur einzelne Kampfgruppen, schnell irgendwie aufgestellt, aus zusammengeschmolzenen Einheiten, die sich aus Rumänien zurückschlugen oder bisher im Nachschubwesen in Ungarn wirkten. Angehörige aller Wehrmachtsteile bilden diese Einheiten. An besonderen Brennpunkten tauchen die Namen der Eliteverbände auf, Formationen des Heeres mit Traditionsnamen, Panzerdivisionen, Waffen-SS-Verbände, sie alle sind alte Bekannte von uns und Freunde, mit denen wir schon die ganze schwere Rußlandzeit zusammen durchgestanden haben. Sie lieben ihre Stukas und schätzen sie, und so geht es auch uns. Wenn wir wissen, daß einer von diesen Verbänden unten steht, dann kann es keine sonderlich unliebsame Überraschung geben. Wir kennen die meisten ihrer jeweiligen Fliegerleitoffiziere persönlich oder doch zumindest an ihrer Stimme. Die kleinsten Widerstandsnester geben sie uns an, wir greifen diese dann mit Bomben und Bordwaffen an. Blitzartig greifen gleich nachher die Erdverbände an und überrollen alles. Aber zahlenmäßig sind wir dem Feind zu unterlegen, so daß große örtliche Erfolge wie ein Tropfen auf den heißen Stein sind. Rechts oder links von solchen Kampfhandlungen steht ebenfalls der Feind, aber wir haben nicht genügend Soldaten, um ihm auch da die Stirn zu bieten. Dort ist er dann wieder durch. So müssen auch die haltenden Einheiten zurück, um nicht abgeschnitten zu werden.

So verläuft es auch hier, bis zur Theiß, die als neue Widerstandslinie gehalten werden soll. Dieser Fluß ist schmal und kann in einem Krieg mit modernen Behelfsmitteln kein allzu großes Hindernis mehr bedeuten. Darum erkämpfen sich die Russen bei Szeged sofort einen starken Brückenkopf, der nicht mehr eingedrückt werden kann. Aus diesem erfolgt dann bald ein Stoß nach Nordwesten in Richtung Kescemet. Mein Geschwader ist wieder einmal umgezogen und liegt westwärts Szolnok in

Farmos an der Eisenbahnstrecke Szolnok-Budapest. Sehr oft haben wir viermotorigen Besuch der Nordamerikaner über unserem Platz. Bisher galt es aber der Eisenbahnbrücke bei Szolnok.
Mit der Verpflegung geht es uns hier gut, weil Niermann die Genehmigung zum Jagen hat und man fast von einer Hasenplage sprechen kann. Jeden Tag schleppt er eine Anzahl an, Fridolin kann sie schon bald nicht mehr sehen. Manchmal ist es jetzt sehr kalt, es geht mit Riesenschritten auf den Winter zu. Bei meinen abendlichen Geländeläufen in der näheren und weiteren Umgebung von Farmos lerne ich auch die Reize der Ebene lieben, als Bergmensch hätte ich das nicht für möglich gehalten.
Unsere Flüge führen uns meistens in die Theißnähe auf das jenseitige und auch diesseitige Ufer, da es den Sowjets gelungen ist, an einigen Stellen auf dem Westufer Brückenköpfe zu bilden. Materialansammlungen an den Ufern oder den Zufahrtsstraßen sind wie bei allen bisherigen Flußübergängen unsere Ziele, darüber hinaus die immer wieder neu erstehenden Brücken und der Übersetzverkehr, der teilweise mit primitivsten Mitteln betrieben wird. Balken, Flöße, alte Barken, Fischerboote, private Sportboote, alles fährt über die schmale Theiß. Der Iwan hat möglichst schnell alles zusammengesucht. Hauptübersetzungsbewegungen vollziehen sich zunächst im Raum zwischen Szeged und Szolnok, später auch nördlich davon. Die Bildung der vielen Brückenköpfe ist immer eine Warnung, daß die Sowjets Material aufspeichern und sich zu neuem Vormarsch vorbereiten und bereitstellen. Um das zu stören, läuft ein kleineres eigenes Angriffsunternehmen mit gutem Erfolg im Raum Szolnok-Mezotuer-Kisujzales-Turkewe; wir unterstützen dauernd. Der neue russische Aufmarsch an der Theiß wird durch diese Unterbrechung der Nachschubverbindungen zumindest in diesem nördlichen Abschnitt sehr verzögert und geschwächt. Aber der große Brückenkopf bei Szeged kann sich immer mehr erweitern und sich mit einem kleineren, nördlich liegenden, vereinigen.
Gegen November beginnt aus diesem Gesamtraum der Angriff auf Kescemet von Osten und Südosten her mit Stoßrichtung

Nordwest und Nord. Ziel ist klar: die dünne Widerstandslinie an der Theiß zu Fall zu bringen und weiteres Durchstoßen der Tiefebene zur ungarischen Hauptstadt und der Donau hin. Die Lufttätigkeit vom Iwan ist groß, er scheint die ganze Platzgruppe um Debrecen herum belegt zu haben, und wir schlagen uns wieder mal mit zahlenmäßig weit überlegenen Kräften herum. Hinzu kommt, daß mir durch Erdbeschuß eine Anzahl Maschinen ausgefallen sind und der Nachschub an allen möglichen Dingen zu wünschen übrig läßt. Es ist kein Verdienst der Sowjets, sondern ihrer westlichen Verbündeten, die unsere Nachschubverbindungen in den Südostraum durch ihre viermotorigen Angriffe auf Bahnhöfe und Städte stärkstens gefährden. Die Überwachung der Straßen und Eisenbahnen durch nordamerikanische Jabos tut das übrige. Der erforderliche Schutz für die Verkehrswege ist mangels Menschen und Material nicht da. Mit wenigen Maschinen meines Geschwaders, einschließlich der Panzerstaffel, starte ich sehr oft zum Einsatz in dem Raum südöstlich Kescemet. Der Maschinenbestand geht aufgrund der geschilderten Umstände derart zurück, daß ich eines Tages allein, mit Begleitung von vier FW 190, in diesem Raum zur Panzerbekämpfung fliege. Ich traue im Anflug meinen Augen kaum, weit nördlich Kescemet fahren Panzer, es sind Russen. Darüber hängt wie eine Traube ein dichter Jagdschirm der Sowjets, der diese Spitze schützen soll. Einer der mich begleitenden Offiziere kann Russisch und übersetzt mir sofort alles, was er versteht. Die Sowjets stehen wieder fast genau auf derselben Wellenlänge wie wir. Sie schreien entsetzlich durcheinander. Ein Wunder, daß sie sich noch einigermaßen untereinander verständigen können. Was mein Dolmetscher in der 190 versteht:
»An alle roten Falken, im Anflug auf unsere Panzer ist ein einzelner Stuka mit zwei langen Stangen vorn. Es ist sicher das Nazischwein, das uns die Panzer abschießt – es fliegen einige Focke mit (mein Begleitschutz). An alle: greifen Sie nur den Stuka an, nicht die Focke, er muß heute abgeschossen werden!«
Während des Geschreis habe ich unten längst einen Anflug gemacht, und ein Panzer brennt. Zwei FW 190 kurbeln oben als

Ablenkungsmanöver mit einigen Lag 5. Die beiden anderen bleiben bei mir, sie fliegen Abwehrbewegungen wie ich; sie wollen mich nicht allein lassen, was zwangsläufig geschieht, wenn sie sich mit einigen Iwans in einen Luftkampf einlassen. Zwanzig bis dreißig Lag 5 und Jak 9 reagieren sich nun auf uns ab, der Jägerleitoffizier sitzt scheinbar in der Nähe der Panzer am Boden, denn er brüllt wie am Spieß: »Schießen Sie endlich das Nazischwein ab, sehen Sie nicht, da brennt schon ein Panzer.« – Für mich ist es die beste Erfolgsbestätigung. Jedesmal wenn einer mich angreift und dicht an mir dran ist, – mache ich kehrt. Diese enge Kurve bekommt er dann mit seinem Vogel nicht wegen seiner Geschwindigkeit und verliert seine Schußposition, da er zu weit rausgetragen wird. Ich mache dann noch eine Kehrtkurve und sitze hinter ihm, wenn auch mit ziemlichem Abstand. Jetzt schicke ich diesem Vogel, obwohl es mir leid tut um meine Panzermunition, zwei feurige 3,7-Zentimeter-Geschosse hinterher, sie fehlen mir später natürlich für weitere Panzer. Wenn sie auch nicht genau treffen, so werden sie vom jeweiligen Gemeinten doch bemerkt, und das Erschrecken über die dicht vorbeifliegenden Feuerkugeln ist groß genug. Nun schreit wieder einer von den soeben Beschossenen.

»Achtung – Vorsicht – habt ihr gesehen, das Nazischwein schießt wieder. Achtung.« Er brüllt, als wäre er schon abgeschossen. Ein anderer, sicher der derzeitige Verbandsführer:

»Wir müssen ihn gleichzeitig von mehreren Seiten angreifen, sammeln über der Ortschaft wo ich gerade fliege, wir werden besprechen, wie es zu machen ist.«

Indessen greife ich weiter die Panzer an, bisher sind sie nicht in Deckung gefahren; sie glauben sicher, ausreichend durch die Jäger geschützt zu sein. Wieder brennt einer. Die roten Falken kurven in einem Kreis über der Ortschaft und schreien wild durcheinander, sie wollen alle Ratschläge zum Abschießen meiner Ju 87 geben. Der Jägerleitoffizier tobt, droht, fragt, ob sie nicht sähen, daß schon vier Panzer brennen. Nun kommen sie erneut, tatsächlich von allen Seiten, und ich bin froh, daß nach dem fünften Panzer meine Munition zu Ende ist, denn auf die

Dauer muß das nicht unbedingt gutgehen. Geschwitzt habe ich die ganze Zeit mächtig, obwohl es draußen kalt ist; die Spannung wärmt mehr als jede Pelzjacke. Genauso geht es meinem Begleitschutz. Oberleutnant Niermann und Kinader hatten mehr Angst, daß ihr Schutzobjekt runterfallen würde, als selbst abgeschossen zu werden. Denn der eine oder andere Iwan konnte sich durchaus sagen, wenn schon nicht den befohlenen Stuka mit den Stangen, dann die »Fockes«. Beim Rückflug kommen die Iwans nur ein kleines Stück mit, dann kehren sie um. Lange noch hören wir das vorwurfsvolle Geschrei des Leitoffiziers am Boden und die Entschuldigungen der roten Falken.
Außer örtlichen Alarmeinheiten, die sich oft aus Flugplatz- und Flakkommandos und Angehörigen von Nachschubeinheiten zusammensetzen, steht den Angriffsoperationen der Russen oft nichts entgegen. Es fehlt an Menschen und Material, das alte Lied, immer wieder. Einzelleistungen und Einzelaktionen können verzögern, aber einen Vormarsch von riesigen Menschenmassen und Material nie ganz verhindern. Die wenigen Kerneinheiten, die wir noch haben, können nicht überall zugleich sein. Unsere Kameraden auf der Erde leisten ohnehin unvorstellbar Großes. Die Theißfront ist nicht mehr zu halten, die nächste Widerstandslinie soll die Donau sein. Bedenklich stimmt mich, daß sich im Süden ein sowjetischer Stoß über Fünfkirchen in Richtung Kaposvar abzeichnet, dann ist auch diese neue Stellung wieder in Gefahr. Wenig später bestätigt sich meine Befürchtung.

XV

KAMPF UM UNGARN

Er ist einer der letzten Tage in Farmos. Soeben kommt ein Anruf, daß der Iwan mit einer starken Panzerspitze in Richtung des Matra-Gebirges vorgestoßen sei und dicht vor Goengjes stehe. Die eigene Truppe sei noch vorn und wolle nach Möglichkeit die Lücke wieder schließen. Das Wetter ist nicht schön, was sich besonders unangenehm bemerkbar macht, weil dieses Gelände sehr hügelig ist und die Hochnebeldecke hier noch weiter absinkt. Budapest bleibt rechts von uns liegen, und bald sehen wir vor uns das Matra-Gebirge, wenig später die Stadt Goengjes. Einige Kilometer südlich davon brennt es, dort scheint etwas los zu sein. Richtig, hier fahren Panzer, Deutsche sind es bestimmt nicht. Als ich eine größere Kurve nach Süden mache, um die Gesamtkräfte zu überblicken, schießt auch schon heftig leichte und mittlere Flak. Im Tiefflug umkreisen wir die Spitze. Etwas zurück stehen T 34 und Stalin, ganz vorn ein Typ, der mir unbekannt ist; als amerikanisches Modell ist er mir bisher auch noch nicht zu Gesicht gekommen. Zunächst nehme ich mir den Unbekannten vor, dann die anderen. Die Munition ist zu Ende, nachdem ich fünf Panzer in Brand gesetzt habe. Auch die Panzerstaffel hat gut abgeschossen, und für den Iwan ist es ein unangenehmer Vormittag geworden. Wir sammeln und kurbeln noch mit hinzugekommenen sowjetischen Jägern vom Typ Jak 9, die aber kein Glück mit uns haben, und fliegen dann nach Hause.
Zehn Minuten vom Einsatzort entfernt, schon weit über eigenem Gebiet, fällt mir ein: was soll ich in der Erfolgsmeldung über den Typ von meinem ersten Abschuß schreiben? Wird meine Motorleica so gut gearbeitet haben, daß ich dadurch vielleicht noch feststellen kann, was für ein Panzer es war? Zu wissen, ob und welche neuen Muster in einem Frontabschnitt auftreten, ist für die Führung sehr wichtig, das gibt Auskunft über Produktionsumstellung, Waffenneuanfertigung oder Waffenlieferung

aus anderen Ländern. Ich muß wissen, was der Erste für ein Muster war, und gebe daher an den Gruppenkommandeur der II. Gruppe durch, er solle nach Hause führen. Ich selbst mache noch einmal kehrt und fliege zu den Panzern.
Ich nehme das Gas etwas zurück und kreise in vier bis fünf Meter Höhe in engem Radius vier- bis fünfmal um den geheimnisvollen Stahlkoloß und schaue ihn mir aus allernächster Nähe in Ruhe an. Seitlich von ihm steht ein Stalin, der anscheindend gerade von weiter hinten vorgekommen ist, um zu sehen, was hier los ist. Der Unbekannte brennt noch; bei meinem letzten Kreis sehe ich unter dem weit vorgebauten Kettenschutz des Stalin einige Iwans hocken, hinter einem Dreibein mit einem 13-Millimeter-MG zur Fliegerabwehr. Dicht an den Panzer gepreßt, den Kopf eingezogen, schauen sie zu mir, aus der Mündung des MG sehe ich Qualm kommen und erkenne daraus, daß sie fleißig auf mich schießen. Mein seitlicher Abstand beträgt kaum mehr als fünfzig, höchstens sechzig Meter, aber durch das starke Kurven ist die Auswanderung des Zieles für sie so groß, daß ein Treffer schwer sein wird. Sie müßten schon mit sehr viel Erfahrung das richtige Vorhalten gelernt haben. Wie ich so in mich hineinphilosophiere, knallt es auch schon zweimal in der Maschine, und ich fühle einen stechenden Schmerz im linken Oberschenkel. Ich kämpfe stark gegen das Schwarzwerden vor den Augen an und merke, wie das Blut nur so fließt; es ist mir schon ganz feucht und warm am Bein. Hinten sitzt Gadermann, ich sage es ihm, er kann nicht helfen, denn es ist unmöglich, nach vorn zu kommen: Verbandsmaterial habe ich nicht bei mir. Die Gegend, über die wir fliegen, ist nur dünn besiedelt, das Gelände zur Notlandung auch nicht sonderlich geeignet. Wenn wir hier runtergehen, ist in absehbarer Zeit keine ausreichende ärztliche Hilfe da, und ich würde verbluten. Darum muß ich versuchen, das fünfundzwanzig Minuten entfernte Budapest zu erreichen.
Meine Kräfte lassen stark nach, ich merke es. Das Blut fließt ungehindert ... es ist mir merkwürdig im Kopf ... eine Art Traumzustand ... Aber ich fühle, daß ich meine Sinne noch in der Gewalt habe. Ich schalte das Mikrofon ein und frage Gadermann:

»Glaubst du, daß die Besinnung mich plötzlich verlassen kann ... oder wird die Kraft langsam nachlassen?«
»Budapest erreichst du nicht mehr ... wahrscheinlich ... aber plötzliche Bewußtlosigkeit wird nicht eintreten ...«
Das letztere hat er schnell hinzugefügt, wohl um mich zu beruhigen?
»Dann werde ich auf jeden Fall weiterfliegen ... und es versuchen!«
Der Gashebel ist ganz vorn ... Minuten der Spannung ... ich *will* nicht aufgeben ... ich *will* nicht ... Da ist der Jägerplatz ... Budapest ... Klappen raus ... Gas raus ... ich setze auf ... Aus! ...
Auf einem Operationstisch in einer Klinik, wo mich die umstehenden Schwestern ein wenig merkwürdig betrachten, wache ich auf. Gadermann steht hinter dem operierenden Professor Fick und wiegt seinen Kopf hin und her. Nachher sagt er mir, daß ich in der Narkose gerade einige komische Dinge erzählt habe, worüber die Schwestern sich nicht gerade begeistert gezeigt hätten. Was kann man da machen? Professor Fick erklärt mir, was er soeben operiert habe: Einen Durch- und Steckschuß als Querschläger von einem 13-Millimeter-MG. Mein Blutverlust sei groß, und ich müsse sofort mit meinem eingegipsten Bein in ein Sanatorium am Plattensee, um unter bester ärztlicher Versorgung möglichst schnell wieder den Blutverlust aufholen zu können und die Wunden in Ruhe verheilen zu lassen. Fridolin ist indessen auch hier und schimpft, daß wegen meiner Neugier wieder diese Geschichte entstanden ist, aber im stillen ist er doch froh, daß es noch so abgegangen ist. Er meldet mir, daß wir verlegen sollen in den Raum Stuhlweißenburg, wir selbst werden in Boergoend sein. Nun laden sie mich in einen Sanitätsstorch ein und fliegen mich nach Hevis am Plattensee, wo ich von Dr. Peter in Empfang genommen werde. Prof. Fick habe ich schon gefragt, wie lange es dauern wird, bis ich wieder laufen oder wenigstens fliegen kann. Die Antwort ist ungenau ausgefallen, vermutlich auf einen Wink von Gadermann hin, der meine Ungeduld zur Genüge kennt. Stabsarzt Dr. Peter soll nun gleich mal den Verband wieder aufmachen und mir sagen, wie lange er

glaubt, daß ich hier sein muß. Er tut es erst nach langem Zureden, er meint, die Wunde müsse Ruhe haben, dann sieht er doch mal nach und sagt:
»Wenn alles glatt geht, sechs Wochen bis zum ersten Aufstehen.«
Bis jetzt war ich noch nicht niedergeschlagen wegen meiner Wunde, jetzt fühle ich mich wieder ausgeschaltet von allem, zur Untätigkeit verurteilt in einer Zeit, wo alle Kräfte so gebraucht werden. Vor Wut könnte ich sonstwas machen. Sonstwas ist gut gesagt, wo doch mein Bein fest eingegipst ist und ich mich kaum rühren kann. Aber eins weiß ich genau, so lange werde ich es nie aushalten. Die Pflege, die äußere Ruhe, sie kann noch so groß sein, ich selbst werde keine Ruhe finden, bis ich nicht wieder bei meinem Geschwader bin und mitfliegen kann. Fridolin kommt alle zwei Tage mit der Unterschriftenmappe aus Boergoend und berichtet alles Wissenswerte von den Einsätzen und den sonstigen Sorgen und Nöten des Geschwaders. Zwischen Farmos und unserem jetzigen Platz war noch einige Tage der Platz Veces, ein Vorort von Budapest vorübergehender Standort. In den letzten Tagen herrschte sehr oft schlechtes Novemberwetter; trotz der kritischen Lage konnten nur wenige Einsätze geflogen werden.
Am achten Tag kommt er wieder mit der Nachricht, daß die Sowjets mit starken Kräften Budapest angreifen, an einigen Stellen hätten sie schon Brückenköpfe auf der diesseitigen Donauseite; darüber hinaus ziele ein neuer Stoßkeil von Süden her auf den Plattensee. Er ist einigermaßen erstaunt, als ich ihm sage, daß ich genug hätte vom Liegen, aufstehen und mit zum Geschwader fahren würde.
»Aber ...« Weiter sagt er nichts mehr, er kennt meine Sturheit. Die Schwester hört das Rumoren vom einpackenden Fridolin und traut ihren Augen nicht, als sie ihren Kopf zur Tür reinsteckt, um zu sehen, was los ist. Der alarmierte Dr. Peter findet mich schon abfahrbereit vor. Daß er es nicht verantworten kann, weiß ich, er soll es auch nicht. Kopfschüttelnd schaut er unserem Auto nach, das uns in einigen Stunden zum Geschwader bringt.

Wie in Farmos wohnen wir im Ort. Die Bevölkerung ist mehr als freundlich zu uns, erhofft sie sich doch von uns das Aufhalten der Sowjets und die Befreiung ihrer schon zum Teil besetzten Heimat. Dahlmann, mein Bursche, hat schon in einem kleinen Häuschen ein Zimmer vorbereitet und eingeheizt, er glaubt bestimmt, daß dieser Raum zunächst ein Krankenzimmer werden soll. Es dauert noch einige Tage, dann ist die Schlechtwetterlage vorbei. Vom ersten Tag an bin ich wieder dabei, nachdem mein Gipsverband zur größeren Belastungsmöglichkeit verstärkt worden ist. Es fällt mir nicht ganz leicht, aber es geht. Mitte Dezember verschlammt unser Platz immer mehr durch die Regengüsse und den Schneefall, dann gibt es einen neuen Standortwechsel nach Varpolota. Dieser Platz ist durch seine Höhenlage absolut günstig und stets einsatzklar.
Auf lange Sicht soll nun auch meine III. Gruppe auf Focke Wulf 190 umgerüstet werden; in Anbetracht der Lage möchte ich nicht, daß sie deswegen für einige Zeit aus dem Einsatz gezogen werden muß. Deshalb sind nur jeweils einige Flugzeugführer zum Geschwaderstab kommandiert, die ich dann zwischen den Einsätzen auf dieses Muster einweise und umschule. Je nach fliegerischer Veranlagung fliegt jeder eine Anzahl Starts, und dann nehme ich ihn als Rottenflieger bei mir mit zum Einsatz. Nach fünfzehn bis zwanzig Einsätzen kann die Umschulung als geglückt abgeschlossen werden und es kommen andere Besatzungen. So kann die III. Gruppe ununterbrochen im Einsatz bleiben.
Geschenkt wird den Besatzungen bei den ersten Feindflügen meistens nichts, da die Abwehr überall stark ist und sie außerdem noch etwas von dem neuen Maschinentyp beeindruckt sind, zumal jetzt kein Bordschütze mehr drinsitzt, der nach hinten gegen feindliche Jagdabwehr sichern kann. Oberleutnant Stähler bekommt schon bei seinem ersten Feindflug auf FW 190 Motortreffer durch Erdabwehr, so daß er sofort runtermuß. Es gelingt ihm, auf eigenem Gebiet eine ordentliche Notlandung zu machen. Dieser Tag hat es überhaupt in sich! Ich will gerade mit Hauptmann M. ..., der ebenfalls zur Umschulung bei mir ist, zu

einem Feindflug starten, als ein starker JL-II-Verband mit Jagdschutz in sechshundert Meter Höhe in Sichtweite des Platzes bei uns vorbeifliegt. Es ist ein kalter Dezembertag, und ich müßte den Motor lange warmlaufen lassen, um ihn sehr beanspruchen zu können, dann ist der Iwan inzwischen aber bestimmt weg! Da fällt mir ein, daß unsere Mechaniker seit den ganz kalten Tagen wieder das Kaltstartverfahren verwenden, mit dem es möglich ist, sofort zu starten ohne besonders lange warmlaufen zu lassen. Das Verfahren beruht auf einer Zubereitung des Betriebsstoffes. Ich winke M. ..., sofort Gas reinzuschieben und mit mir zu starten. Wir haben für den geplanten Auftrag Bomben darunter, ich möchte sie auch behalten, denn mit ihnen haben wir ja eine Aufgabe. Vielleicht holen wir den JL-II-Verband auch noch mit dieser Belastung ein. M. ... hat anscheinend eine langsame Maschine und bleibt zurück, ich hole langsam zu den eisernen Gustavs auf, noch achthundert Meter fehlen. Jetzt fliegen sie auf ihr eigenes Gebiet, aber nun bin ich hartnäckig und will ran, auch wenn ich allein bin. Mit meiner FW 190 fürchte ich das Können der begleitenden Lag 5 und Jak 9 nicht. Plötzlich knallt es im Motor, das Öl läuft mir aus, ich kann nichts mehr sehen, weil alles verklebt ist, sämtliche Kabinenscheiben sind ruckartig undurchsichtig geworden. Im ersten Augenblick denke ich an Motortreffer durch Flak oder Jäger, dann merke ich aber, daß es ein Maschinendefekt, ein sogenannter Kolbenfresser ist. Der Motor rappelt und rumpelt furchtbar, jeden Augenblick kann er völlig wegbleiben. Im Moment des Knalls bin ich in einer Art Reflexbewegung abschwungähnlich nach unten weggegangen und habe Kurs auf eigenes Gebiet genommen. Jetzt muß ich es schon erreicht haben. Ein Abspringen kommt mit meiner Gipsschiene nicht in Betracht; außerdem bin ich schon viel zu tief dazu; steigen kann diese Maschine keinen Meter mehr. Um wenigstens nach der Seite und nach hinten Sicht zu bekommen, werfe ich die Kabine ab. Ich bin in fünfzig Meter Höhe, und unter mir ist noch kein Gelände, das für eine Notlandung geeignet wäre; zumal ich möglichst nahe an den Platz kommen will, um bald wieder beim Geschwader zu sein. Ganz nahe huscht seitlich ein Kirchturm an mir vorbei, gut daß er nicht vor mir stand. Schräg voraus sehe ich eine hohe Straßenböschung, jeden Augenblick kann die Luftschraube stehen; hoffentlich springt die Maschine noch über die Straßenbrücke. Ich ziehe, warte, geht es oder nicht? Nun drücke ich bis an den Boden ran. Es schleift und knistert, die Maschine rutscht über den festgefrorenen Boden parallel zu einem breiten Graben, dann ist es still. Meinem Bein ist nichts passiert, es war meine Hauptsorge. Ich schaue in eine stille, ruhige Winterlandschaft, nur das Grollen der Artillerie aus der Ferne erinnert mich daran, daß noch kein Frieden ist, wo doch Weihnachten vor der Tür steht. Mit den Armen stemme ich mich aus dem Sitz, vor mir der qualmende Motor, ich setze mich auf den Rumpf der Maschine. Da kommt von der Straße schon ein Wagen mit zwei Heeressoldaten. Erst mustern sie mich genau, ob ich auch kein Russe bin, denn diese liegen häufiger in unserem Gelände als wir, allerdings abgeschossen. Sie legen einen kleinen Steg über den Bach und tragen mich in ihr Auto. Eine halbe Stunde später bin ich wieder auf unserem Platz zu neuem Einsatz.

Unsere Unterkünfte sind in Kasernen wenige Kilometer unterhalb des Flugplatzes am Stadtrand von Varpalota; am nächsten Tag liege ich zwischen zwei Feindflügen auf meinem Bett, um mich etwas auszuruhen, als ich starkes Flugzeuggeräusch höre; es sind keine deutschen Maschinen. Schräg durchs offenstehende Fenster sehe ich in vierhundert Meter Höhe vor mir einen russischen Boston-Verband. Sie kommen genau auf uns zu, nun zischt es schon, die Bomben. Mit gesundem Bein hätte ich nicht schneller auf dem Boden liegen können. Eine schwere Bombe schlägt fünf Meter vor dem Fenster ein und vernichtet meinen BMW-Wagen, der dort auf mich wartet. Dahlmann, der gerade zur gegenüberliegenden Tür reinkommt, um Fliegeralarm anzukündigen, hat plötzlich den Fensterrahmen um den Hals hängen. Außer dem Schreck hat er nichts abbekommen, aber er schleicht jetzt immer etwas gebückt und innerlich geknickt umher, mit griesgrämigen Gesicht, wie ein altes Männchen. Vom Krieg scheint er nicht viel mehr zu halten, und wir lachen jedesmal, wenn wir den jungen Kerl in seiner neuen Rolle sehen! Nicht zuletzt durch unsere Unterstützung aus der Luft wird es im Raum des Plattensees ruhiger. Aber ostwärts von uns sind die Sowjets an Budapest vorbeigestoßen und haben nördlich der Donau den Fluß Gran erreicht. Südlich Budapest sind sie aus ihren Brückenköpfen herausgestoßen und zusammen mit den Kräften aus dem Süden nach Nordwesten zum Angriff angetreten, ihre Angriffsspitzen stehen am ostwärtigen Rand des Vecec-Gebirges nördlich Stuhlweißenburg. Budapest ist also eingeschlossen. Ein Teil der Einsätze geht in diesen Raum oder noch weiter ostwärts. Wir versuchen weit hinten im Raum Hadvan den Nachschub zu stören, der für die Sowjets hier bereits auf der Eisenbahn heranrollt. Bei solchen sich überstürzenden Ereignissen werden wir schnell Mädchen für alles; wir sind Stukas, Schlachtflieger, Kampfflieger, Aufklärer.

XVI

WEIHNACHTEN 1944

Die Schlacht um den Entsatz von Budapest ist in vollem Gange; unser Standort liegt im Raum Papa bei Kememed St. Peter. Wir fliegenden Besatzungen sind gerade vom Platz Varpalota gekommen, fühlen uns noch gar nicht heimisch, und schon ist Fridolin da und fragt: »Wißt ihr nicht, daß in zwei Tagen Weihnachten ist?« richtig, dem Kalender nach muß das stimmen. Start – Feindflug – Landung – Start – Feindflug – Landung – das ist unser Rhythmus; täglich – jahrelang. In diesem Rhythmus geht alles auf: Kälte, Hitze; Winter, Sommer; Wochentage, Sonntage. Einige nicht mehr wegzudenkende Begriffe und Ausdrücke füllen unser Leben aus, besonders seitdem der Krieg ein wahrhafter Kampf auf Leben und Tod geworden ist. Der eine Tag reiht sich an den andern; der eine Tag hat denselben Atem wie der andere. »Einsatz!« »Wohin?« »Gegen wen?« »Wetter!« »Abwehr!« beschäftigen die Gedanken des jüngsten Flugzeugführers genauso wie die des Geschwaderkommodores. Wird es ewig so weitergehen?

Also übermorgen ist Weihnachten. Fridolin fährt mit einem Verwaltungsbeamten zum Fliegerkorps, um das Christkind zu holen. Indessen schicken auch Heereseinheiten ihren »Immelmännern« den Nikolaus ins Haus. Um 5 Uhr kommen wir am Heiligen Abend vom letzten Einsatz heim; da sieht es wirklich weihnachtlich aus, schön und feierlich, fast wie zu Haus. Aus Mangel an einem Riesenraum feiert jede Staffel für sich in dem größten Zimmer ihrer Unterkünfte. Ich gehe bei allen Staffeln vorbei, jede Einheit hat jeweils ihren besonderen Stil, aus der Persönlichkeit des jeweiligen Einheitsführers heraus; schön ist es überall. Den größten Teil des Heiligen Abends verbringe ich bei der Geschwaderkompanie. Auch hier ein mit Grün festlich geschmückter Raum in hellem Lichterglanz. Zwei große Christbäume und davor aufgestellte Gabentische erinnern uns an unsere Kinderzeit. In den Augen meiner Soldaten liegt ein träumerischer Glanz, sie sind mit ihren Gedanken zu Hause, bei Frau und Kind, bei Eltern und Geschwistern in Vergangenheit und Zukunft. Nur im Unterbewußtsein sehen wir zwischen dem Grün die deutsche Kriegsflagge. Sie zwingt uns zur Wirklichkeit zurück; wir feiern Weihnachten im Felde! Wir singen »Stille Nacht, heilige Nacht« und all die anderen Weihnachtslieder. Die rauhen Soldatenkehlen bekommen einen weicheren Klang. Dann geschieht das große Wunder in unseren Herzen. Die Gedanken an Angriff, Bomben, Flak, Treffer, Tod weichen vor einem sonderbaren Gefühl von Frieden, stillem, sanften Frieden. Und wir können an die schönsten und höchsten Dinge denken, genauso wie an Nüsse und Punsch und Pfefferkuchen. Die schönsten deutschen Weihnachtslieder sind nun verklungen, ich erzähle etwas über das deutsche Weihnachten, meine Soldaten sollen heute in mir vor allem den Kameraden merken, nicht den Vorgesetzten. Wir sitzen noch einige Stunden fröhlich zusammen, dann ist der Heilige Abend vorbei.

Am ersten Feiertag hat Petrus mit uns ein Einsehen, es ist dichter Nebel. Durch meine Weihnachtstelefongespräche weiß ich, daß der Iwan angreift und wir dringend benötigt würden, aber es ist absolut unmöglich, zu fliegen. Am Vormittag spiele ich mit meinen Soldaten etwas Eishockey, das heißt, ich stehe mit meinen Pelzstiefeln diesmal im Tor, da ich mich mit meiner fünf Wochen alten Verwundung nur unbeholfen bewegen kann; an Schlittschuhlaufen ist nicht zu denken. Am Nachmittag bin ich mit einigen Kameraden von meinen Quartiersleuten zur Jagd eingeladen; von diesem »gewöhnlichen« Jagen auf der »festen« Erde verstehe ich nicht viel. Wir sind viele Schützen, aber nur wenige Treiber. Die Hasen haben ihre Chance erkannt und wetzen im letzten Augenblick immer durch die großen Lücken unseres Kessels. Das Waten durch den tiefen Schnee läßt auch kein allzu schnelles Laufen zu. Mein Fahrer, Obergefreiter Boehme, läuft seitlich von mir. Auf einmal sehe ich in derselben Richtung ein Prachtvieh von einem Hasen ausbrechen. Mit dem Gewehr

im Anschlag, gehe ich, wie ein geborener Jäger, in Körperdrehung mit, kneife ein Auge zu ... peng! Mein Schuß geht ab. Einer fällt um, nicht der Hase, sondern Boehme, den ich in meinem Neulingseifer gänzlich übersehen habe. Er traut mir noch nicht ganz, denn er guckt mit verstörter Miene aus dem Schnee heraus und sagt vorwurfsvoll:
»Aber Herr Oberstleutnant!« Er hatte mein Hantieren schon beobachtet und sich dann kurz entschlossen hingeworfen. Die Schrotkörner sind an ihm, aber auch am Hasen vorbeigeflitzt! Nachträglich faßt mich der Schrecken mehr als die beiden, das wäre so eine Weihnachtsüberraschung gewesen. Unser altes Stukasprichwort hat schon seine Berechtigung: »Es geht nichts – was nicht geübt wird!«
Am nächsten Morgen haben wir endlich mal gutes Flugwetter. Der Iwan ist schon zeitig unterwegs; er greift unseren Flugplatz an. Die Burschen werfen wieder miserabel, es ist eine Schande. Ihre Tiefangriffe beenden sie in vierhundert Meter Höhe; wir erleiden so gut wie keinen Schaden. Wir fliegen den ganzen zweiten Feiertag zur Entlastung der Erdtruppe oben im Nordosten am Gran und an der übrigen Budapest-Front. Unsere friedliche Weihnachtsstimmung ist vorbei. Die Härte des Krieges ist wieder in vollem Umfang zu spüren, der stille Glanz vom friedlichen Heiligabend ist in weiteste Fernen geglitten.
In der Luft und auf dem Boden toben erbitterte Kämpfe; neue, eigene Kräfte werden herbeigeführt, alles alte Bekannte von mir – Ostfrontkameraden, Panzermänner, die so, wie wir selbst, die »Feuerwehr« der Führung sind. Zusammen sollen wir in Budapest eingeschlossene Teile unserer Division »herausboxen« und ihnen eine Gasse zu den übrigen Kräften bahnen. Mit dieser »Feuerwehr« müßte es gelingen. Fast Tag für Tag hänge ich nun jahrein, jahraus über allen Abschnitten der Ostfront und bilde mir ein, auch einen guten Blick für die Taktik der Erdtruppen erworben zu haben. Die Erfahrung lehrt, daß Praxis alles ist: sie entscheidet, was möglich oder unmöglich, gut oder schlecht ist. Wir kennen durchs tägliche Fliegen jedes Grabenstück, jeden Geländestreifen genau, immer geht's im Tiefflug drüber. Was

hier im Augenblick geschieht, ist auf keinen Fall gutzuheißen. Man trennt zum Teil die Panzer von ihren dazugehörigen Grenadieren und setzt diese gesondert ein. Die Panzer fühlen sich ohne ihre eingespielte Stammannschaft unsicher und fremd. Die den Panzern zugeteilten Einheiten haben keine Praxis in der Zusammenarbeit mit Panzern, und daraus können gefährliche Überraschungen entstehen. Mir ist unklar, wie ein solcher Befehl gegeben werden kann; darüber hinaus ist der Angriffsabschnitt für Panzer wegen Sümpfen und anderer Geländeschwierigkeiten denkbar ungünstig gewählt, wo es so viele andere, gute Möglichkeiten gäbe. Die Infanterie dagegen soll angreifen in einem Gelände mit großen freien Flächen. Da gehören doch keine Infanteristen, sondern Panzer hin. Die Gegenseite nützt dies alles aus, und so steht unsere Infanterie ohne Panzer den sowjetischen Kolossen gegenüber. Warum diese unnötigen Verluste? So kann es keinen Erfolg geben. Wer erteilt bloß die Befehle? Mit diesen Gedanken sitzen wir abends grübelnd beisammen.
Am 30. Dezember kommt ein Funkspruch, daß ich sofort nach Berlin kommen und mich beim Reichsmarschall melden soll. Ich rege mich auf, denn ich fühle mich jetzt bei den schweren Einsätzen unentbehrlich; ich fliege am gleichen Tag über Wien nach Berlin, mit der Absicht, in zwei bis drei Tagen wieder bei den Kameraden zu sein. Befehl ist Befehl. Als Gepäck nur eine große Aktentasche mit etwas Wäsche und Toilettensachen. Daß es länger dauern könnte, halte ich bei der dringenden Lage an der Front für ausgeschlossen.
Beim Hinflug habe ich schon eine dunkle Ahnung: etwas Gutes wird es nicht sein! Bei der letzten Verwundung im November bekam ich ein erneutes Flugverbot. Dann flog ich aber sofort nach Lazarettrückkehr wieder. Bisher ist keiner dagegen angegangen, und langsam hatte ich das schon als stille Duldung aufgefaßt; jetzt ist es wieder mal soweit, daß ich deswegen angespitzt werden soll. Mehr als ungern fliege ich hin, denn ich weiß, daß ich diesem Befehl nie nachkommen werde. Eine Unrast in mir läßt Zuschauen, Raten oder Nur-Befehlen nicht zu, wenn die Heimat in höchster Not ist, zumal es mir mit meiner großen Pra-

xis viel leichter fällt als jedem anderen, der dieses Training nicht hat. Auch die Erfolge, Früchte der Erfahrung, sind somit viel größer. Ich habe das Glück, trotz fünffacher Verwundung, von teils schwerer Art, immer wieder über die Kraft zu verfügen, kurze Zeit darauf erneut in der Maschine sitzen zu können, tagaus, tagein, Jahr für Jahr, die Ostfront rauf und runter – vom Eismeer über Moskau und von Astrachannähe zum Kaukasus. Ich kenne die russische Front ganz und gar. Deshalb fühle ich eine ruhelose Verpflichtung: zu fliegen und zu kämpfen, bis die Waffen aufhören zu sprechen und die Freiheit unseres Vaterlandes gesichert ist. Rein äußerlich kann ich es durch den gesunden, sportlich trainierten Körper; er ist eine meiner wichtigsten Kraftquellen.

Nach kurzem Aufenthalt bei meinen Freunden in Wien lande ich drei Stunden danach in Berlin und melde mich sofort telefonisch in Karinhall. Ich möchte gleich rausfahren, um möglichst schnell wieder zurückfliegen zu können. Es ist mir unverständlich, aber ich soll heute im »Fürstenhof« bleiben und mir morgen im Reichsluftfahrtministerium eine Karte besorgen für den Sonderzug des Reichsmarschalls, der nach dem Westen fährt. Es wird also länger dauern – so viel ist sicher; mit einer nur erneuten Vermahnung zur Einhaltung des Flugverbots scheint es nichts zu tun zu haben.

Am nächsten Abend fahren wir ab vom Bahnhof Grunewald, in Richtung Westen. Ich werde also den Jahreswechsel im Zug verbringen, an mein Geschwader darf ich gar nicht denken, sonst fahre ich aus der Haut. Was wird uns das Jahr 1945 alles bringen?

Am 1. Januar früh sind wir im Raum Frankfurt. Ich höre Flugzeuggeräusch und schaue raus in den grauenden Morgen. Viele Jäger sausen im Tiefflug vorbei. Mein erster Gedanke ist: Amerikaner! So viele Flugzeuge auf einmal habe ich lange nicht mehr auf eigener Seite gesehen. Aber das ist ja unglaublich: alle tragen deutsche Hoheitsabzeichen, und es sind Me 109 und FW 190. Sie fliegen Kurs West. Später soll ich erfahren, welches Unternehmen sie aufführen. Nun hält der Zug, es scheint die Gegend Nauheim-Friedberg zu sein. Ein Wagen holt mich ab und

bringt mich durch ein Waldgebiet zu einem alten burgähnlichen Gebäude. Hier treffe ich einen der Adjudanten vom Reichsmarschall. Er sagt mir, der Chef sei noch nicht da, ich müsse warten. Worum es sich handle, wisse er nicht. Es bleibt nichts anderes übrig, als hier im Westhauptquartier abzuwarten.
Ich gehe einige Stunden spazieren; wie herrlich ist die Luft in den deutschen bewaldeten Bergen! Ich genieße sie mit vollen Zügen. Warum bin ich hierher befohlen? – Um 3 Uhr soll ich wieder zurück sein; der Reichsmarschall wird erwartet. Wenn ich dann nur schnell zur Meldung komme. Bei meiner Rückkehr ist er noch nicht da. Außer mir ist ein General eingetroffen, ein alter Bekannter aus meiner Grazer Stuka-Anfangszeit. Er erzählt mir von der Luftaktion des heutigen Tages, wofür er weitgehend die Regie übernommen hat. Dauernd kommen Meldungen über den Verlauf des großangelegten Flugplätzeangriffs in Belgien und Nordfrankreich.
Die Flugzeuge von heute morgen waren Teile eines der Verbände, die im Tiefflug die alliierten Flugbasen angreifen sollten. Wir hoffen, so viele Flugzeuge zerstören zu können, daß die feindliche Luftüberlegenheit über der zum Stillstand gekommenen Ardennenoffensive nicht mehr so groß ist.
Ich sage dem General, daß im Ostkrieg so etwas unmöglich wäre, da die Anflugstrecke über Feindgebiet zu lang ist und die Verluste durch die starke Erdabwehr im Tiefflug zu groß sind. Sollte es denn im Westen anders sein? Kaum. Wenn den Nordamerikanern über Deutschland solche Angriffe gelingen, dann nur, weil wir unsere Plätze und Anflugstrecken nicht genügend schützen können, da wir zu wenig Menschen und Material dazu abstellen können. Alle Verbände haben heute festgelegte Anflugstrecken im Tiefflug. Im Osten sind wir schon lange davon abgekommen, die Praxis aus der Theorie zu entwickeln, sondern machen es umgekehrt. Dem Verbandsführer kann nur die Aufgabe gestellt werden; wie er sie dann löst, ist seine Sache, er muß sie ja selbst durchführen. Der Luftkrieg ist augenblicklich dermaßen variabel geworden, daß man auf Theorien nicht mehr fußen kann; nur die Verbandsführer haben die im Augenblick nö-

tige Praxis und werden die richtige Entscheidung treffen. Gut, daß wir es im Osten rechtzeitig erkannt haben, sonst flöge dort sicher von uns niemand mehr. Hat man außerdem noch nicht verstanden, daß wir gegen die Materialmasse der Gegenseite nie ankommen werden?

Fünftausend Flugzeuge am Boden mehr oder weniger sind für die Gegenseite nicht entscheidend, wenn die Besatzungen nicht mit getroffen werden. Um ein Vielfaches besser wäre der Einsatz der so lange aufgesparten Jäger über der eigenen Front, zum Freikämpfen des Luftraumes. Wie könnten unsere Kameraden auf der Erde aufatmen, wenn der Alpdruck der vielfachen Luftüberlegenheit der Alliierten einen Augenblick aussetzen würde! Und wir wieder einmal ungehindert Nachschubbewegungen durchführen könnten! Was dann dem Gegner in der Luft ausfällt, wird in den meisten Fällen ein wirklicher Verlust bleiben, weil die Besatzung mit betroffen wird.

Alles das geht mir durch den Kopf. Wenige Sekunden später gibt mir das Endergebnis recht. Es fehlen über zweihundertzwanzig eigene Flugzeuge mit Besatzungen, am Boden zerstört wurden fünfhundert alliierte Flugzeuge. Älteste Verbandsführer, die so selten geworden sind, alte Hasen sind heute mit dabei. Mich stimmt es traurig. Abends wird es dann dem Reichsmarschall und dem Obersten Befehlshaber als großer Erfolg gemeldet. Ist es Absicht oder übertriebener persönlicher Ehrgeiz?

Der Adjutant kommt und sagt zu mir:

»Oberst von Below hat gerade angerufen, ob Sie nicht zum Kaffeetrinken kommen wollen?«

»Aber kann ich mich in dieser Zeit nicht gerade beim Reichsmarschall melden?«

»Vorläufig ist der Reichsmarschall noch nicht da, und Ihrem kurzen Besuch bei Oberst von Below steht nichts im Weg.«

Ich überlege, ob ich mich umziehen soll, aber lasse es dann, weil ich das letzte ganz saubere Hemd für die Meldung beim Reichsmarschall aufheben möchte.

Jetzt geht es mit dem Wagen längere Zeit durch Hochwald, und dann befinden wir uns in einer Holzhaus- und Barackenstadt,

dem Führerhauptquartier West. Ich erzähle Oberst von Below beim Kaffee von den letzen Ereignissen an der Rußlandfront; nach zwanzig Minuten steht er auf, kommt gleich wieder und bittet mich kurz einmal mitzukommen. Völlig ahnungslos folge ich ihm durch einige Zimmer, dann öffnet er eine Tür, läßt mich vorgehen, und der Führer steht vor mir. Ich denke nur daran, daß ich kein frisches Hemd angezogen habe, mehr nicht. Ich erkenne die Umstehenden: den Reichsmarschall, er strahlt – ein seltener Fall in letzter Zeit –, Admiral Dönitz, Feldmarschall Keitel, den Generalstabschef, Generaloberst Jodl und mehrere andere militärische Persönlichkeiten, darunter auch Generale der Ostfront. Alle umstehen einen Riesenkartentisch mit der augenblicklichen Frontlage. Sie schauen auf mich, und diese Blikke machen mich nervös. Der Führer hat es gemerkt und schaut mich eine Zeitlang schweigend an. Dann reicht er mir die Hand und spricht sein Lob aus über meinen Einsatz. Er sagt, daß er mir hierfür die höchste Tapferkeitsauszeichnung verleiht, das Goldene Eichenlaub mit Schwertern und Brillanten zum Ritterkreuz des Eisernen Kreuzes, und daß er mich zum Oberst befördert. Bis dahin höre ich halb verdutzt zu, als er aber sehr nachdrücklich sagt:
»Mit dem Fliegen ist es jetzt genug. Sie müssen der deutschen Jugend und der Erfahrung erhalten bleiben«, da werde ich schlagartig munter: das heißt also Flugverbot. Lebt wohl, Kameraden!
»Mein Führer, ich nehme die Auszeichnung und Beförderung nicht an, wenn ich nicht weiter mit meinem Geschwader fliegen darf.«
Seine Rechte hält noch die meine, er sieht mir noch immer in die Augen, mit der Linken übergibt er mir ein schwarzes, mit Samt gefüttertes Kästchen, in dem die neue Auszeichnung liegt. Die vielen Lichter im Zimmer sprühen aus den Brillanten ein Feuer in allen Farben. Nun blickt er sehr ernst, ein leichtes Zucken geht über sein Gesicht, dann sagt er:
»Also fliegen Sie wieder«, und lächelt.
Jetzt schlägt eine warme Welle des Glücks in mir hoch, und ich

freue mich. Nachher erzählt mir Oberst von Below, daß ihn und die Generalität fast der Schlag getroffen hätte bei meiner Erwiderung; das Wetterleuchten im Gesicht des Führers löse sich nicht immer in einem Lächeln auf. Alle gratulieren, der Oberbefehlshaber der Luftwaffe besonders herzlich, er kneift mich vor Freude tüchtig in den Arm. Die Gratulation von Admiral Dönitz ist einigermaßen bedingt, denn er fügt etwas bissig hinzu:
»Daß Sie Ihr Weiterfliegen heute wieder beim Führer erzwingen konnten, finde ich unsoldatisch. Ich hatte auch gute U-Boot-Kommandanten, die aber eines Tages aufhören mußten.«
Gut, daß er nicht mein Oberbefehlshaber ist!
Der Führer zieht mich an den Kartentisch und sagt mir, daß die Besprechung soeben der Lage bei Budapest gegolten habe; aus diesem Abschnitt käme ich ja auch. Er wiederholt noch einmal, welche Gründe ihm gemeldet werden für die im Raum Budapest nicht gerade günstig verlaufenden Operationen, die bis jetzt noch keine Vereinigung mit der eingeschlossenen Stadt erreichen konnten. Es wurden Wetter-, Transport- und andere Schwierigkeiten angeführt, nicht aber die Fehler, die wir täglich bei unseren Einsätzen sehen, die Aufteilung innerhalb der Panzerdivisionen und der geländemäßig ungünstig gewählte Einsatz für die Panzer und auch die Infanterie. Ich äußerte meine Ansicht, die auf jahrelanger Ostfronterfahrung und auf der Tatsache fußt, daß ich bei diesen Kampfhandlungen bis zu acht Stunden am Tage meist im Tiefflug über diesen Abschnitt flog. Schweigend hören alle zu. Nach einer kurzen Pause sagt der Führer mit einem Blick auf die Umstehenden:
»Sehen Sie, so werde ich belogen – wer weiß, wie lange schon?«
Keinem macht er einen Vorwurf, obwohl er die wahren Verhältnisse nun kennt, aber man merkt ihm an, er trägt es schwer. Anhand der Karte zeigt er, daß er umgruppieren möchte, um aufs neue zu versuchen, Budapest zu besetzen. Er fragt mich, wo es für die Panzerverbände günstiges Gelände zum Angriff gebe. Ich äußere meine Meinung. Diese Operation hat später Erfolg, und die Angriffsgruppe erreicht die Spitzen der Verteidiger von Budapest, die einen Ausfall unternehmen.

Nach der Besprechung geht er mit mir in sein angrenzendes Privatzimmer, es ist geschmackvoll und zweckdienlich einfach eingerichtet. Ich wünschte, meine Kameraden könnten dabei sein und diese Stunden miterleben, denn auch wegen *ihrer* Leistungen bin ich hier. Der Führer bedient mich, und wir unterhalten uns über vieles. Er fragt, wie es meiner Frau geht, dem Buben, meinen Eltern und Geschwistern. Nachdem er sich eingehend nach meinen persönlichen Dingen erkundigt hat, fängt er an, über Umrüstungsvorschläge zu sprechen. Erklärlicherweise beginnt er mit der Luftwaffe und besonders mit Verbesserungen an den von uns benutzten Maschinen. Er fragt mich, ob ich es noch für möglich halte, mit der langsamen Ju 87 weiterzufliegen, wo doch die Feindjäger um bis zu vierhundert Stundenkilometer schneller seien als wir. Anhand von einigen Skizzenzeichnungen und Kalkulationen zeigt er mir, daß ein einziehbares Fahrwerk die Ju 87 bestenfalls um sechzig Stundenkilometer schneller machen könnte, dafür aber die Sturzkampfeigenschaften benachteiligt würden. In allen diesen Dingen erkundigt er sich immer nach meinen Ansichten. Er bespricht die kleinsten Einzelheiten auf waffentechnischem, physikalischem oder chemischem Gebiet mit einer Leichtigkeit, die auch mich als kritischen Beobachter auf diesem Gebiet beeindruckt. Er erzählt mir auch, daß er erproben lassen will, ob es nicht möglich wäre, statt der zwei 3,7-Zentimeter-Kanonen vier 3-Zentimeter-Kanonen in die Flächen hineinzubauen. Die ärodynamischen Eigenschaften unseres Panzerbekämpfungsflugzeuges würden dadurch weitestgehend verbessert; die Munition natürlich mit der gleichen Wolframkernzusammenstellung, wodurch die Waffenwirkung des Ganzen sicher noch größer werden würde.
Nachdem er ausführliche Verbesserungen auf den anderen Sektoren, wie Artillerie, Infanteriewaffen, U-Boote, alles mit den gleichen erstaunlichen Kenntnissen erläutert hat, erklärt er, daß er die Urkunde von meiner letzten Auszeichnung nach seinen persönlichen Angaben anfertigen läßt.
Wir mögen eineinhalb Stunden geplaudert haben, als eine Ordonnanz meldet, daß »der Film vorführklar ist«. Jede neue Wo-

chenschau wird ihm zunächst vorgeführt und von ihm begutachtet. Der Zufall will es – wir sind nun eine Treppe tiefer gegangen und sitzen in einem Film-Vorführraum –, daß die erste Aufnahmeserie gerade eine Episode aus meinem Gefechtsstand in Stuhlweißenburg zeigt mit anschließendem Start meiner Stukas und darauffolgenden Panzerabschüssen von mir, im Raum westlich von Budapest. Nach der Filmvorführung melde ich mich beim Obersten Befehlshaber ab. Oberst von Below übergibt mir noch die Urkunden vom Ritterkreuz, dem Eichenlaub, den Schwertern und den Brillanten, sie lagerten bisher in der Reichskanzlei. Jede einzelne wiegt mehrere Kilogramm, besonders die beiden letzten sind mit Goldrahmen verziert und stellen außer dem hohen ideellen noch einen sachlichen Wert dar. Ich fahre zu Görings Hauptquartier. Der Reichsmarschall drückt mir seine Freude aus, die um so größer ist, als er aufgrund der Ereignisse einen schweren Stand hat. Fast alles wird erschwert durch die feindliche Luftüberlegenheit oder sogar unmöglich gemacht, wer aber müßte das verhindern? Daß nun ein Mann von ihm den Führer veranlaßt, eine neue deutsche Tapferkeitsauszeichnung zu schaffen, das ist die große Freude und sein Stolz. Spitzbübisch sagt er mir und zieht mich etwas beiseite:
»Sehen Sie, wie neidisch die anderen auf mich sind und wie schwierig meine Gesamtsituation ist? Der Führer hat in einer Lagebesprechung geäußert, für Sie schaffe er jetzt eine neue einmalige Auszeichnung, weil Ihre Leistung einmalig ist. Darauf haben die Vertreter der anderen Wehrmachtsteile eingewandt, es sei ein Soldat der Luftwaffe, deren Probleme gerade so viel Kopfzerbrechen machten; ob es nicht wenigstens theoretisch auch für einen Angehörigen einer anderen Waffengattung möglich sein sollte, diese Auszeichnung zu erlangen? So sehen Sie, in welcher Lage ich mich den anderen gegenüber befinde.«
Er fährt dann fort, daß er um alles in der Welt nicht geglaubt habe, daß ich den Führer nochmals würde umstimmen können, wieder fliegen zu dürfen. Wo dieser es erlaubt habe, könnte er es nicht erneut verbieten. Wie schon mehrfach, bittet er mich, die Stellung des Generals der Schlachtflieger anzunehmen. Mit der

eben erreichten Zusage vom Führer aber glaubt er sicher heute selbst nicht an seinen Erfolg.
Abends sitze ich im Sonderzug nach Berlin, wo meine Maschine steht, die mich zu meinen Kameraden an die Front bringen wird. In Berlin bin ich nur wenige Stunden, aber sie genügen, um eine Unmenge »goldene Eichenlaub-Neugierige« anzulocken, da es durch Presse und Rundfunk bereits bekannt ist. Am Abend treffe ich Ritter von Halt, den derzeitigen Führer des deutschen Sports. Er teilt mir mit, daß es ihm nach langen Bemühungen gelungen ist, Hitler davon zu überzeugen, daß ich nach dem Kriege das Amt des Reichssportführers übernehmen soll. Wenn die Kriegserfahrung schriftlich niedergelegt sei und sich ein anderer in mein augenblickliches Gebiet eingearbeitet habe, soll es Tatsache werden.
Zurück fliege ich über Görlitz, bei meiner Familie vorbei, und starte noch am selben Tag wieder Richtung Ungarn, da die Meldungen aus diesem Frontgebiet sehr ernst sind. Bei meinem Eintreffen ist das Geschwader angetreten, um durch den ältesten Gruppenkommandeur zur neuerlichen Auszeichnung und Beförderung zu gratulieren. Dann geht es sofort wieder in die Maschine zum Einsatz im Raum Budapest.
»Wenn die russische Flak wüßte, wieviel Gold und Brillanten bei ihnen vorbeifliegt, würde sie sicher besser schießen und sich mehr Mühe geben!« meint einer vom Bodenpersonal scherzend.
In diesen Tagen ruft mich auch noch eine Aufforderung von dem Staatsführer des Nationalen Ungarn, Salaszy, in dessen Hauptquartier südlich Sopron. Der Luftwaffenbefehlshaber Ungarn, General Fütterer, und Fridolin begleiten mich. Als Anerkennung für den Einsatz in Ungarn gegen den Bolschewismus verleiht mir Salaszy den höchsten ungarischen Orden, die Tapferkeitsmedaille. Bisher wurde sie nur an sieben Ungarn verliehen. Ich bin der achte Träger und einzige Ausländer. Das damit verbundene Rittergut macht mir noch keine Sorgen. Es soll nach dem Krieg geregelt werden und wird sicher ein »Geschwader-Ausflugsort«.
Kurz vor Mitte des Monats Januar erreichen uns Alarmnach-

richten: die Sowjets sind aus dem Baranow-Brückenkopf heraus zum Angriff angetreten und schon weit in Richtung Schlesien durchgestoßen. Schlesien ist meine Heimat. Ich bitte um sofortige Verlegung meines Geschwaders in diesen Raum. Der endgültige Befehl läßt bis zum 15. Januar auf sich warten. Mein Geschwader soll bis auf die I. Gruppe sofort nach Udetfeld in Oberschlesien verlegen. Da es an Transportmaschinen mangelt, nehmen wir in unseren Ju 87 den ersten Wart und das Waffenpersonal mit, um sofort beim Eintreffen einsatzbereit zu sein. In Ölmütz machen wir eine Zwischenlandung, um zu tanken; in der Höhe Wiens gibt der Staffelkapitän der Panzerstaffel, Leutnant Korol, durch:
»Ich muß landen ... wegen Motorschaden!«
Es ärgert mich, nicht so sehr, weil ich annehme, daß die in Wien befindliche Braut dem Rütteln des Motors etwas nachgeholfen hat, sondern weil er in seiner Maschine den Einsatzbearbeiter, Leutnant Weißbach, mitgenommen hat. Weißbach wird somit nicht auf dem neuen Platz sofort mit mir eintreffen, und so wird das unangenehme Telefon mir wieder zur Last fallen!
Über die heimatlichen, schneebeeckten Sudeten geht es dem Zielhafen entgegen. Wer hätte gedacht, daß ich über diesem Gebiet noch einmal Einsatz fliegen würde? Als wir in der weiten Steppe Rußlands waren – zweitausend Kilometer von der Heimat – und die ersten Absetzbewegungen erforderlich wurden, scherzten wir:
»Wenn das so weitergeht, fliegen wir bald von Krakau aus.«
Diese Stadt galt als typische Etappenstadt mit allen dazugehörigen Begleiterscheinungen und besaß in manchen Kreisen eine gewisse Anziehungskraft – wenigstens für ein paar Tage. Nun ist es tatsächlich soweit, sogar noch schlimmer. Krakau liegt jetzt schon weit in der russischen Etappe.
Wir landen in Udetfeld. Von der hier eingesetzten Fliegerdivision erfahre ich nicht viel, die Lage ist verworren, da die Verbindung zu Einheiten vorn größtenteils unterbrochen ist. Vierzig Kilometer ostwärts Tschenstochau sollen schon die russischen Panzer anrollen. Sicher ist nichts, wie immer bei solcher verwor-

renen Lage. Die Panzer-Feuerwehr aus diesem Raum, die 16. und 17. Panzerdivision, ist derzeit abgeschnitten und kämpft verzweifelt um ihre eigene Existenz, ohne den anderen Divisionen helfen zu können. Die anstürmenden roten Massen sollen wieder gewaltig sein, sie führen über Nacht bis in die Bereitstellung der 16. und 17. Panzerdivision hinein. Bei jedem Angriff aus der Luft wird daher größte Vorsicht geboten sein; nicht jede Einheit weit hinter der russischen Spitze braucht Feind zu sein. Eigene Einheiten können sich durchaus von hier zurückschlagen wollen. Ich gebe an alle daher den Befehl, vor jedem Angriff sich im Tiefflug zu überzeugen, ob es wirklich Sowjets sind. Ich schaue auf die Benzinuhr, die Tankwagen sind noch nicht in Sicht, munitioniert hatten wir schon in Ungarn. Für einen kurzen Einsatz wird es noch reichen. Zwanzig Minuten nach der Landung in Udetfeld starten wir zum ersten Feindflug in diesem Raum. Da ist auch schon Tschenstochau; ich will mir die Straße, die nach Osten führt, suchen, um die angegebenen Panzer zu finden. Tief geht es über die Häuser der Stadt. Aber was ist los? In der Hauptstraße fährt ein Panzer, da ein zweiter, ein dritter; fast sieht es aus wie T 34, aber das ist doch nicht möglich. Sicher sind es Panzer der 16. und 17. Panzerdivision. Ich kurve noch einmal, jetzt ist kein Irrtum mehr möglich, es sind T 34 mit aufgesessenen Schützen, Iwans, das ist ganz sicher. Ehemalige Beutepanzer, die teilweise mit eingesetzt werden, können es auch nicht sein, sie würden sich kenntlich machen mit Signalmunition oder Hoheitsabzeichen. Der letzte Zweifel vergeht als ich sehe, daß die Begleitschützen auf uns schießen. Ich gebe den Angriffsbefehl. Bomben dürfen innerhalb der Stadt nicht geworfen werden, es ist damit zu rechnen, daß die gesamte Bevölkerung noch da ist, weil sie überrascht wurde und keine Fluchtmöglichkeit mehr hatte. Die hohen Straßenzüge und großen Häuser mit Antennen und anderen Hindernissen machen Tiefangriffe mit den Kanonenmaschinen sehr schwierig. Mehrere der T 34 fahren ununterbrochen im Kreis um Häuserblocks, so daß man sie schon im Anflug aus den Augen verliert. Drei im Stadtzentrum schieße ich ab. Irgendwo müssen die Panzer ja herkommen. Allein sind die ersten sicher nicht hier. Wir fliegen weiter nach Osten. Hier verlaufen eine Bahnstrecke und eine Straße. Nur wenige Kilometer von der Stadt rollen die nächsten, ihnen folgen schon Lastwagen mit Infanterie, Nachschub und Flugzeugabwehrgeschützen. Hier im offenen Gelände sind wir in unserem Element und bereiten den Panzern eine unangenehme Überraschung. Langsam wird es dunkel, wir drehen um zu unserem Einsatzplatz. Acht Panzer brennen. Wir haben keine Munition mehr.

Leicht haben wir unsere Aufgabe nie genommen, aber vielleicht lag bei der ganzen Panzerjägerei immer noch eine gewisse sportliche Note darin; ich fühle, das ist jetzt vorbei! Wenn ich keine Munition mehr habe und noch Panzer sehe, möchte ich diese am liebsten mit dem Flugzeug rammen. Eine grenzenlose Wut packt mich, wenn ich daran denke, daß diese Steppenhorden nun in das Herz Europas vorstoßen. Wird jemand sie je wieder daraus vertreiben können? Sie haben mächtige Bundesgenossen, die sie heute mit Material und der Errichtung der zweiten Front unterstützen. Ob es wohl so viel ausgleichende Gerechtigkeit gibt, daß sich das noch einmal furchtbar rächen wird?
Von früh bis spät fliegen wir, ohne Rücksicht auf Verluste, Abwehr und schlechte Wetterlagen nicht achtend; wir befinden uns in einem heiligen Krieg. Zwischen den Einsätzen und auch abends wird nicht mehr viel gesprochen. Jeder meiner Soldaten tut still in sich gekehrt seine Pflicht bis zur Selbstaufgabe. Offizier und Mann fühlen sich als lebendige Einheit im Geist der Kameradschaft und nicht der Rang- und Klassenunterschiede; so war es stets bei uns.

In diesen Tagen ruft ein Funkgespräch der höchsten Dringlichkeitsstufe vom Reichsmarschall mich sofort nach Karinhall; keinesfalls darf ich noch fliegen, es sei »Führerbefehl«. Ich fiebere vor Erregung, bei dieser Lage einen Tag nicht fliegen und nach Berlin zu gehen! Unmöglich, ich tue es nicht! In diesem Augenblick fühle ich mich nur mir selbst verantwortlich. Zwischen zwei Einsätzen telefoniere ich mit Berlin und will den Reichsmar-

schall bitten, mir eine Frist zu bewilligen bis nach den jetzigen Krisentagen. Auf die letzte Fluggenehmigung vom Führer mich stützend, muß ich auch das Weiterfliegen erreichen, ich kann nicht zuschauen, es ist unmöglich. Der Reichsmarschall ist nicht da, ich versuche, den Generalstabschef zu erreichen, sie sind alle in der Lagebesprechung beim Führer und so nicht erreichbar. Der Grund ist dringend, vor meiner wissentlichen Befehlsübertragung will ich alles versucht haben. Als letzte Möglichkeit rufe ich den Führer an. Die Telefonvermittlung im Führerhauptquartier hat anscheinend nicht recht verstanden, mit wem sie weiterverbinden soll, und nimmt wohl an, es handle sich um einen General. Als ich sage, ich möchte mit dem Führer verbunden werden, ertönt es:
»Welchen Dienstgrad?«
»Gefreiter«, antworte ich. Jemand lacht verständnisvoll auf da hinten am Draht und verbindet. Am Apparat ist Oberst von Below.
»Was Sie wollen, weiß ich, machen Sie den Führer nicht böse, hat es Ihnen der Reichsmarschall nicht gesagt?«
Ich erkläre ihm, daß ich deswegen gerade anrufe, und schildere die Dringlichkeit der augenblicklichen Lage. Es hilft nichts. Er rät mir auf jeden Fall nach Berlin zu kommen und mit dem Reichsmarschall zu sprechen, er habe neue Anweisungen für mich. Wütend, weil ich im Augenblick nicht weiß, wie ich dagegen an kann, hänge ich auf. Schweigen auf meinem Gefechtsstand. Sie alle wissen, wenn ein Punkt an innerer Erregung bei mir erreicht ist, dann ist es besser, ihn schweigend allein abklingen zu lassen.
Morgen sollen wir nach Klein-Eiche verlegen. Ich kenne diese Gegend gut, ganz in der Nähe ist unser »Panzerbekannter« Graf Strachwitz zu Hause. Den Verlegungstag kann ich noch am besten verschmerzen, darum fliege ich nach Berlin zum Reichsmarschall. In Karinhall empfängt er mich, er macht einen etwas verärgerten, frostigen Eindruck. Wir unterhalten uns auf einem kurzen Spaziergang in seinem Forst. Er beginnt gleich mit schwersten Geschützen:

»Ich war vor Tagen beim Führer Ihretwegen, und er hat folgendes geäußert: Wenn Rudel da ist, bringe ich es nicht übers Herz, ihm zu sagen, daß er nicht mehr fliegen darf, ich kann's einfach nicht. Aber wozu sind Sie Oberbefehlshaber der Luftwaffe? Sie können es ihm sagen, ich nicht. So gern, wie ich Rudel bei mir habe, will ich ihn erst wiedersehen, wenn er sich damit abgefunden hat. Das hat der Führer gesagt, und hiermit sage ich es Ihnen und will auch nicht mehr, daß darüber noch weiter debattiert wird; ich kenne Ihre Einwände und Begründungen zur Genüge.«
Ich bin zunächst wie erschlagen, melde mich ab und fliege zurück nach Klein-Eiche. Im Flug befassen sich meine Gedanken mit den letzten Stunden. Ich weiß, daß ich nun gegen den Befehl handeln muß – ich fühle mich der Heimat, der deutschen Erde verpflichtet, meine Erfahrungen durch persönlichen Einsatz mit in die Waagschale zu werfen; ich käme mir sonst schlecht vor. Ich fliege weiter, was auch kommen mag.

In meiner Abwesenheit fliegt das Geschwader Einsatz. Leutnant Weißbach hat Flugverbot von mir, ich brauche ihn als Einsatzbearbeiter, er fliegt mit dem Ritterkreuzträger Oberfeldwebel Ludwig, der ein hervorragender Schütze in der Panzerjagd ist. Beide fallen in diesem Einsatz. Wir verlieren wertvolle Kameraden in ihnen. Die Tage verlangen jetzt alles von uns. Die Einsätze strengen mich wesentlich mehr an als vorher wegen der seelischen Belastung, gegen den Befehl der obersten Führung zu handeln. Sollte etwas passieren, so wird man mir die militärische Ehre versagen und anderes mehr, so geht es mir oft durch den Sinn. Aber ich kann nicht anders; ich fliege von früh bis spät. Alle Offiziere sind angewiesen, »daß ich nicht fliege«, sondern immer gerade »mal rausgegangen« bin, wenn ich gesucht werde. Bei den Tagesabschußmeldungen, die abends ans Fliegerkorps und an die Luftflotte gehen, sind die einzelnen Erfolge stets aufgeführt, so die Panzerabschüsse mit den Schützen. Seitdem das neue Flugverbot in Kraft ist, werden meine Abschüsse nicht mehr gemeldet, sondern gehen auf Konto »Gesamtgeschwa-

der«. Früher waren unter dieser Rubrik Abschüsse gemeldet, wo zwei Schützen auf einen Panzer geschossen hatten. Um Doppelmeldungen zu vermeiden, ging er dann auf Konto: »Schütze nicht einwandfrei feststellbar – Gesamtgeschwadererfolg.« In letzter Zeit haben wir dauernd Nachfragen von oben, wir hätten doch früher immer feststellen können, wer die Panzer abschösse, warum jetzt das große »Allgemeinkonto«? Wir reden uns zunächst damit heraus, daß wir sagen, »wenn jetzt einer einen Panzer sieht, stürzt sich alles gleich drauf, keiner läßt sich davon abhalten«. Als ich einmal gerade im Einsatz bin, kommt ein Spion in Person eines Offiziers von der Luftflotte und preßt meinen Einsatzbearbeiter aus, was es mit den Panzerabschüssen auf sich habe. Auf die Zusicherung, daß er es natürlich ganz für sich behalten werde, gibt mein Offizier das Geheimnis preis. Überdies erwischt mich ein General in Grottkau, wohin wir verlegt haben, als ich gerade vom Feindflug komme. Meine Beteuerungen »nur kurzer Werkstattflug« glaubt er nicht, ist auch nicht nötig, denn er meint, »er hätte nichts gesehen«. Aber nach oben ist es schnell durchgedrungen, das sollte ich gleich erfahren. An einem der nächsten Tage erscheinen von mir im Wehrmachtsbericht wieder elf Panzerabschüsse an einem Tage, zugleich ein erneuter Funkspruch, wieder nach Karinhall zu kommen. Ich fliege hin, es wird eine sehr unangenehme Meldung. Der Reichsmarschall empfängt mich:
»Der Führer weiß, daß Sie weiterfliegen. Die Quittung dafür haben Sie ja gestern im Wehrmachtsbericht gelesen. Er hat mir nun noch einmal gesagt, ich soll Sie ermahnen, es endlich einzustellen. Sie sollen ihn nicht in Verlegenheit bringen, daß er Sie wegen Nichtausführung eines Befehls bestrafen müßte; außerdem weiß er nicht, wie das mit dem Mann zu tun ist, der als einziger die höchste deutsche Tapferkeitsauszeichnung trägt. Ich von mir aus brauche nichts mehr hinzuzufügen.«
Ich habe schweigend zugehört. Nach kurzer Information seinerseits über die Lage in Schlesien bin ich entlassen und fliege noch am selben Tage zurück. Der Bogen ist wohl nicht mehr weiter zu spannen; ich selbst bin mir darüber klar, daß ich weiterfliegen

muß, um bei der Lage, in der meine Heimat sich befindet, das seelische Gleichgewicht zu behalten. Welche Folgen es auch immer haben wird, ich fühle mich nur noch mir selbst verantwortlich und fliege weiter.
Im Industrie- und Waldgebiet von Oberschlesien jagen wir Panzer, die Tarnung des Feindes ist hier verhältnismäßig einfach und sein Auffinden für uns schwierig. Zwischen den Schloten der oberschlesischen Industriestädte erscheinen unsere Ju 87 zum Angriff. Bei Kiefernstädtel treffen wir nach längerer Zeit wieder einmal auf eigene Sturmgeschütze und helfen ihnen, die zahlenmäßig vielfach überlegenen Sowjets und ihre T 34 abzuschießen. Langsam baut sich die neue Front an der Oder auf. Aus dem Nichts eine neue Front aufzubauen, das kann eben nur Feldmarschall Schörner! Oft sehen wir ihn nun bei mir auf dem Gefechtsstand zu gemeinsamen Besprechungen der augenblicklichen Lage und der möglichen Operationen, besonders unsere Aufklärungsergebnisse sind für ihn von größter Wichtigkeit. In diesen Tagen bleibt die Besatzung Major Lau weg, durch Erdabwehr getroffen, muß er im Raum Groß-Wartenberg notlanden und gerät hier in russische Gefangenschaft. Er landet direkt zwischen sowjetischen Soldaten; ein Landeversuch daneben ist ausgeschlossen.

Die Oderfront stabilisiert sich langsam ein wenig. Ich bekomme einen telefonischen Befehl, sofort mit meinen Geschwader nach Märkisch-Friedland in Pommern und mit der II. Gruppe nach Frankfurt zu verlegen, die Lage hier sei noch gefährlicher als bei uns in Schlesien. Dichtes Schneetreiben verhindert die Verlegung im geschlossenen Verband; jeweils zu dreien startend, versuchen wir über Frankfurt Märkisch-Friedland zu erreichen. Einige Maschinen landen auf den Zwischenhäfen Sagan und Sorau; es ist allerschlechtestes Wetter. In Frankfurt wartet man schon auf meine Landung, ich soll sofort Grottkau anrufen, meinen alten Gefechtsstand. Als die Verbindung hergestellt ist, höre ich, daß kurz nach meinem Abflug Feldmarschall Schörner auf den Gefechtsstand kam, mächtig tobte, mit der Faust auf den

Tisch schlug, und fragte, wer den Befehl gegeben habe, daß ich wegginge aus seinem Abschnitt. Mein augenblicklicher Einsatzbearbeiter, Hauptmann Niermann, sagt ihm, daß der Befehl vom Fliegerkorps und der Luftflotte gekommen sei.
»Was heißt Fliegerkorps und Luftflotte, alles Firmenschilder; ich will wissen, wer Rudel hier weggeholt hat. Rufen Sie ihn in Frankfurt an, er soll warten, ich beantrage Führerentscheidung, er muß unbedingt hierbleiben. Soll ich nur mit Pampelmüsern die Front halten?«
Alles das erfahre ich am Telefon. Wenn ich noch nach Märkisch-Friedland kommen will vor Dunkelheit, muß ich mich beeilen. Ich rufe im Führerhauptquartier an, ob ich nun nach Norden oder zurück nach Schlesien solle. Im ersten Falle muß Feldmarschall Schörner meine augenblicklich von ihm festgehaltenen Teile in Grottkau loslassen, damit ich hier oben fliegen kann und mir kein Personal und Gerät fehlt. Mir wird mitgeteilt, daß die Entscheidung soeben gefallen sei und ich nun endgültig nach Norden verlegen solle, da die Lage im Frontabschnitt des Reichsführers-SS Himmler, den dieser seit kurzem befehligt, tatsächlich noch gefährlicher sei. In dichtem Schneetreiben lande ich mit zunächst wenigen Maschinen bei völliger Dunkelheit in Märkisch-Friedland; die anderen werden morgen eintreffen, die zweite Gruppe wird von Frankfurt aus eingesetzt werden. Nachdem notdürftig Quartiere gefunden sind, rufe ich Himmler an in der Ordensburg Krössinsee, um meine Anwesenheit in seinem Abschnitt zu melden. Er freut sich, daß ich da bin und er den Zweikampf mit Feldmarschall Schörner gewonnen hat. Er fragt mich, was ich jetzt augenblicklich machen wolle. Es ist 23.00 Uhr, und so antworte ich: schlafen – denn morgen früh wolle ich mir gleich die Gesamtlage in diesem Abschnitt anschauen. Er ist damit nicht einverstanden:
»Ich kann auch nicht schlafen!«
Ich sage ihm, er brauche morgen ja auch nicht zu fliegen, und das Schlafen sei bei meiner ununterbrochenen Fliegerei unerläßlich. Nach längerem Hin und Her kündigt er mir seinen Wagen an, der mich so schnell wie möglich abholen soll. Es fehlen mir so-

wieso der Sprit und Munition, und die Einweisung in den neuen Abschnitt durch den Befehlshaber kann viele organisatorische Fragen zumindest erleichtern. Im tiefen Schnee bleiben wir auf der Fahrt zur Ordensburg stecken; um 2.00 Uhr morgens bin ich endlich dort. Ich bin zunächst bei seinem Chef des Stabes, mit dem ich mich längere Zeit über die Lage und allgemeine Dinge unterhalte. Besonders will ich von ihm hören, wie sich Himmler mit seiner neuen Aufgabe abfindet, ihm fehlt doch die nötige Ausbildung und Erfahrung dafür. Der Stabschef stammt vom Heer, nicht aus den Verbänden der Waffen-SS. Er sagt, die Zusammenarbeit mit Himmler sei angenehm, weil er nicht starrköpfig sei oder aufgrund seiner gewissen Machtstellung alles besser wissen wolle, sondern sich den Vorschlägen der Fachleute seines Stabes anschlösse und lediglich dann hinter die Ausführung und all die nötigen Dinge dafür seine Autorität stelle. Damit gehe es dann gut.
»Nur eines wird Ihnen auffallen. Sie werden immer das Gefühl haben, Himmler sagt nie das, was er wirklich denkt.«
Kurze Zeit darauf spreche ich mit Himmler über die Lage und meine Aufgabe in diesem Abschnitt. Es sieht trübe aus, das stelle ich bald fest. Die Sowjets sind beiderseits Schneidemühl vorbeigestoßen und im Vordringen nach Vorpommern und der Oder, teils durchs Netzetal, teils nördlich und südlich davon. An eigenen Verbänden ist nicht viel im Raum, was man als kampfkräftig bezeichnen kann. Eine Kampfgruppe ist in der Umgebung von Märkisch-Friedland in Aufstellung begriffen, sie soll den durchgestoßenen Feind bekämpfen und sein weiteres Vordringen auf die Oder verhindern. Inwieweit sich eigene Einheiten aus dem Raum Posen – Graudenz zurückkämpfen werden, ist noch nicht abzusehen; auf jeden Fall würden sie auch dann nicht sofort ihre volle Kampfkraft wieder besitzen. Die Aufklärung läßt im Augenblick zu wünschen übrig, so daß man noch keinen umfassenden Überblick gewonnen hat. Das wird also eine unserer Aufgaben sein. Darüber hinaus die Bekämpfung dieses festgestellten Feindes, hauptsächlich der motorisierten Panzerkräfte. Ich trage meine Bomben-, Benzin- und Muni-

tionswünsche vor, ohne deren Berücksichtigung ich in wenigen Tagen nicht mehr einsatzbereit sein werde. Er verspricht mir, in seinem eigenen Interesse für alles mit Nachdruck zu sorgen. Ich erkläre ihm, welche Möglichkeiten ich für meinen Einsatz aufgrund der geschilderten Umstände hier sehe.
Um 4.30 Uhr morgens verlasse ich die Ordensburg Krössinsee und weiß, daß ich in zwei Stunden bereits über diesem Abschnitt fliegen werde. Nun starten den ganzen Tag über ununterbrochen die Stukas mit dem Zeichen des Deutschritterordens. Wie vor sechshundert Jahren, so gilt es auch jetzt dem Kampf gegen den Osten. Es herrscht große Kälte, auf dem Platz liegt bis zu vierzig Zentimeter Pulverschnee, beim Start weht unseren Panzermaschinen dieser Schneestaub zwischen die Schloßteile der Kanonen, und in der Luft vereist dieser Staub sofort. Nach einem oder zwei Schüssen heißt das: Hemmungen am Ziel; ich zittere vor Erregung. Da fahren in unserer Heimat die russischen Panzerkolonnen, und wir fliegen bei teils sehr starker Abwehr ran, und es kommt nichts aus den Kanonen. Draufschmeißen möchte man sich vor Wut auf die Panzer. Anflug auf Anflug mit neuen Versuchen – vergeblich! Bei Scharnikau, bei Filehne, an vielen Stellen geht es uns so; die T 34 brausen Richtung Westen. Manchmal genügt der eine Schuß, um einen Panzer zur Explosion zu bringen, öfter aber nicht. Wertvollste Tage sind vergangen, dann bekomme ich endlich Arbeitskräfte, genug, um eine annähernd schneefreie Startbahn zu schaffen. Die Panzermengen sind unheimlich; wir fliegen nach allen Richtungen, der Tag müßte dreimal so lang sein. Die Zusammenarbeit mit der eigenen Kampfgruppe in diesem Raum ist gut. Auf jede neue Aufklärungsmeldung von uns – »der vorderste Feind steht da und da« – können sie reagieren. Ostwärts Deutsch-Krone können wir mit ihnen zusammen den Sowjets erhebliche Verluste zufügen, ebenso südlich davon bei Schoppe und in den angrenzenden Waldgebieten. Die Panzer fahren, sofern sie in Ortschaften sind, meistens in die Wohnhäuser hinein und versuchen sich darin zu verstecken; dann erkennt man sie nur daran, daß vorn aus dem Haus eine lange Stange ragt; es ist das Geschützrohr. Hin-

ten ist das Haus offen. In diesen Häusern werden keine Deutschen mehr wohnen. Wir schießen von hinten in den Motor, eine andere Angriffsart kommt hier nicht in Frage, die Panzer brennen, und dann fliegen sie mit den Häuserruinen in die Luft. Wenn die Besatzung noch intakt ist, versucht sie manchmal brennend herauszufahren in neue Deckung, dann ist sie aber erst recht verloren, da der Panzer dann auch an allen verwundbaren Stellen Angriffsmöglichkeiten bietet. Mit Bombenmaschinen greife ich in Ortschaften nie an, auch wenn es militärisch angebracht wäre, ich schaudere vor dem Gedanken, durch unsre eigenen Bomben deutsche Bevölkerung zu treffen; sie ist sowieso schon dem russischen Terror ausgesetzt.
Fliegen und kämpfen über unserer eigenen Heimat ist fürchterlich, besonders dann, wenn man sieht, daß unendlich große Material- und Menschenmassen sich wie ein Hochwasser über unser Land ergießen. Wir sind wie ein Stein, etwas halten wir auf, aber nicht alles. Um Deutschland, um ganz Europa, treibt der Teufel jetzt sein Spiel. Wertvollste Kräfte verbluten, die letzte Bastion *der Welt* gegen das rote Asien bröckelt ab. Von dieser Erkenntnis sind wir abends mehr erschöpft als von den pausenlosen Einsätzen des Tages. Das Aufbäumen gegen das Schicksal und der Wille »es darf nicht sein« halten uns aufrecht. Ich möchte mir selbst nie den Vorwurf machen müssen, nicht bis zur letzten Stunde alles getan zu haben, um dieses entsetzlich drohende Gespenst mit aller Kraft zu bekämpfen.
Südlich unseres Abschnittes sieht es schlechter aus; Frankfurt an der Oder ist in Gefahr. So erreicht uns über Nacht der Verlegebefehl nach Fürstenwalde, von wo aus dieser Abschnitt besser erreichbar ist. Wenige Stunden später fliegen wir in den Einsatzraum Frankfurt-Küstrin. Die Sowjets stehen mit ihren Angriffsspitzen auf der anderen Oderseite, am Stadtrand von Frankfurt. Weiter nördlich ist Küstrin eingeschlossen, und der Feind versucht bei Görlitz-Reitwein sofort einen Brückenkopf über das Eis der Oder auf der Westseite zu bilden.
Eines Tages kämpfen wir ostwärts Frankfurt über historischem Boden, wie dreihundert Jahre vor uns der preußische Reiterge-

neral Ziethen. Eine kleine deutsche Gruppe ist hier von sowjetischen Panzern eingeschlossen, wir greifen die Panzer an; sofern sie nicht sofort brennen, versuchen sie über das freie Feld zu flüchten. Anflug auf Anflug unserer Maschinen folgt, und die Kameraden auf der Erde, die sich schon verloren geglaubt haben, springen auf, werfen vor Freude ihre Gewehre und Stahlhelme in die Höhe, laufen ohne jede Deckung den Panzern hinterher. Durch unseren Beschuß bleiben alle Panzer liegen. Wir in der Luft sind begeistert, daß wir diesmal so augenscheinlich unseren Erfolg selbst begutachten können. Nachdem alle Panzer genommen sind, mache ich eine Abwurfmeldebüchse fertig und schicke den Kameraden einen geschriebenen Gruß von meinem Geschwader und mir. In einigen Metern Höhe kreise ich und werfe ihnen die Büchse einschließlich etwas Schokolade vor die Füße. Wir blicken in dankbare, begeisterte Augen, sie werden uns für kommende schwere Einsätze Kraft geben, immer wieder alles daranzusetzen, um den Kameraden Entlastung zu bringen.

Leider ist es jetzt in den ersten Februartagen sehr kalt, die Oder ist an vielen Stellen so fest gefroren, daß die Russen den Fluß überschreiten können. Zur Stabilisierung legen sie Bretter aufs Eis; öfter sehe ich, wie Fahrzeuge darüberfahren. Für Panzer scheint es noch nicht stark genug zu sein. Da hier oben die Oderfront noch im Aufbau begriffen ist und noch Stellen vorhanden sind, wo kein deutscher Soldat steht, gelingt es den Sowjets, einige Brückenköpfe zu bilden, so zum Beispiel bei Reitwein. Später herangeführte Panzerkräfte finden dann schon starken Feind mit schweren Waffen auf dem Westufer vor. Diese Übergangsstellen sind kräftig flakgeschützt, denn vom ersten Tage an weiß der Iwan ganz genau, daß wir da sind. Ich habe von oben den Auftrag, jeden Tag alle Brücken über die Oder zu zerstören, damit Zeit gewonnen wird und Soldaten und Material nach vorn gebracht werden können. Ich melde, daß die Brückenbekämpfung augenblicklich ziemlich zwecklos sei, weil es fast überall möglich ist, die Oder zu überschreiten. Die Bomben sausen durchs Eis, hinterlassen verhältnismäßig kleine Löcher, und das ist der ganze Erfolg. Ich bin dafür, nur erkannte Feindziele auf beiden Flußseiten anzugreifen oder die Übergangsbewegung selbst, aber nicht die sogenannten Brücken, die keine sind. Auf Luftbildern sieht es nur so aus, es sind die Fuß- und Fahrspuren auf dem Eis; sie und die dazwischengelegten Bretter täuschen die Brücken vor. Wirft man in die Übergangsspuren Bomben, so geht der Iwan auf dem Eis eben darum herum. Dies ist mir vom ersten Tage an klar, weil ich im Tiefflug ungezählte Male darüberflog; außerdem ist es mir nichts Neues, ich kenne es vom Don, Donez und Dnjestr und anderen russischen Flüssen.

Ungeachtet der täglichen Brückenangriffsbefehle greife ich auf beiden Ufern wirkliche Ziele an, Panzer, Fahrzeuge und Geschütze. Eines Tages kommt, von Berlin geschickt, ein General zu mir und erklärt, daß die Lichtbildaufklärung immer neue Brücken zeige.
»Sie melden die aber dann nicht als zerstört! Diese Brücken sollen Sie immer wieder angreifen.«
Ich erkläre ihm:
»In der Masse sind das gar keine Brücken.« Und wie ich sehe, daß er sein Gesicht zu einem Fragezeichen verzieht, kommt mir eine Idee. Gerade will ich starten und bitte ihn, er möchte sich bei mir hinten hineinsetzen, dann würde ich ihm das alles in der Praxis zeigen. Einen Moment zögert er, dann sieht er in die neugierigen Augen meiner jungen Offiziere, die dem Vorschlag belustigt zugehört haben, und stimmt zu. Die Gruppe hat von mir festen Auftrag, wie immer die Brückenköpfe anzugreifen, ich selbst bleibe im Anflug gleich tief und fliege von Schwedt bis Frankfurt die Oder ab. An einigen Stellen anständige Flakabwehr, und bald bestätigt der General, daß er jetzt selbst sieht, wie es nur Spuren, nicht Brücken sind; er hat genug beobachtet. Nach der Landung ist er begeistert, daß er sich selbst überzeugen konnte und dementsprechend melden kann. Den täglichen Brückenauftrag sind wir los.

Leutnant Rudel in Polen, September 1939

Straße nach Bialystock

Zerschossene Feindpanzer

rbombte russische Panzer, 1941

as russische Schlachtschiff Marat
in der Kronstädter Bucht

Der Hafen von Kronstadt mit der 23606 BRT großen Marat

Explosionswolke nach dem Treffer mit einer 1000-kg-Bombe auf die Marat durch Oberleutnant Rudel am 23.9.1941

Die brennende Marat im Hafen von Kronstadt

Splitterschutz für Besatzung und Mannschaft während der Einsätze in Dugino

Russisches Mädchen in Dugino

Angriff auf Nicolskoje, Herbst 1941

Nach dem Stuka-Angriff auf Rshawki und Moskau gehen deutsche Panzer vor

Einsatzbesprechung

Oberleutnant Rudel nach dem 600. Feindflug in Rußland

Zwanzig Kilometer vor Stalingrad. Oberleutnant Rudel mit seinem Bordschützen Henschel, November 1942

Abwehrschlacht am Kuban-Brückenkopf, Juni 1943

Major Becker und Eichenlaubträger Rudel mit einem Heereskameraden

Hauptmann Rudel bei der Einsatzbesprechung vor dem Angriff auf den Kuban-Brückenkopf, Kertsch 1943

In Kertsch

Kertsch 1943, Einsatzbesprechung

Hauptmann Rudel beim Kartenstudium

Reichsminister Speer, Major Dr. Kupfer, Krauß, Boest, Hauptmann Rudel (von links)

Hauptmann Rudel beim Unterricht zur Erkennung feindlicher Panzer

Hauptmann Rudel mit seinem Bordfunker Oberfeldwebel Henschel nach dem 1300. bzw. 1000. Feindflug, 23.9.1943

1200. Feindflug in Orel, 24.7.1943. Rudel mit Offizieren des Geschwaders

Hauptmann Rudel bei Dnjepropetrowsk mit Bordwart Nicolaus Danz, September 1943

Rudel mit Stabsarzt Dr. Ernst Gadermann in Kirowograd

Hauptmann Rudel bei Bol. Costromka, Oktober 1943

Leutnant Cervais macht „Rundfunk“ bei Bol. Costromka

Gratulation zum 1.500 Feindflug, 9.10.1943. Geschwaderkommodore Major Stepp, General der Flieger Pflugbeil, Hauptmann Rudel (von links)

Einsatzbesprechung mit Besatzungen

Der Staudamm in Saparoskoje

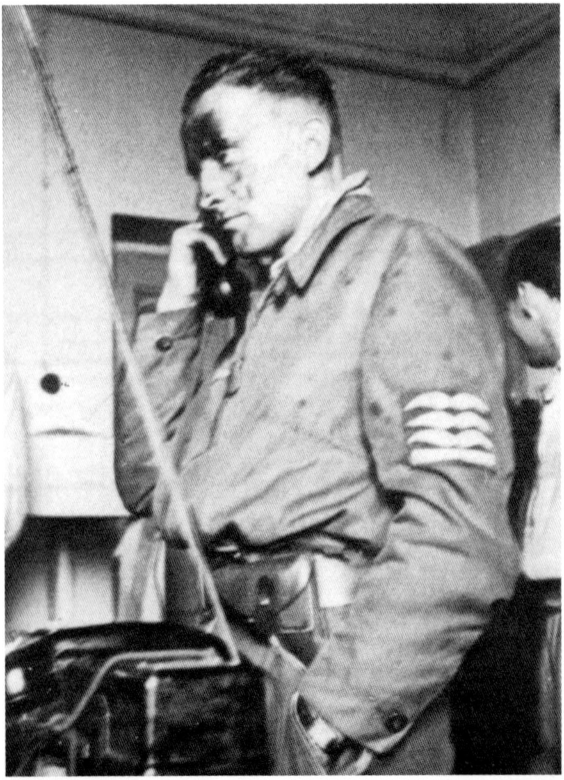

Nach einem Flakvolltreffer bei Orel, Herbst 1943

Oberfeldwebel Erwin Henschel nach der Verleihung des Ritterkreuzes, November 1943

Hauptmann Rudel mit seinem 1. Wart Feldwebel Günther, November 1943

Dr. Gadermann, Schwerterträger Major Rudel und Oberfeldwebel Rottmann, 15.1.1944 (nach dem Abschuß des 150. Panzers)

Rudel mit Dr. Breisendanz – 1. Gruppe –, März 1944

Hauptmann Möbius, Oberleutnant Jäckl, Hauptmann Dilley, Hauptmann Rudel und Oberleutnant Thiede (von links)

Ritterkreuzträger Generaloberst Deßloch im Gespräch mit Major Rudel, April 1944

Major Rudel 1944

Anläßlich seines 2000. Feindfluges wurde Major Rudel am 3.6.1944 mit dem Flugzeugführerabzeichen in Gold mit Brillanten und der Frontflugspange in Gold mit Brillanten und Anhänger ausgezeichnet.

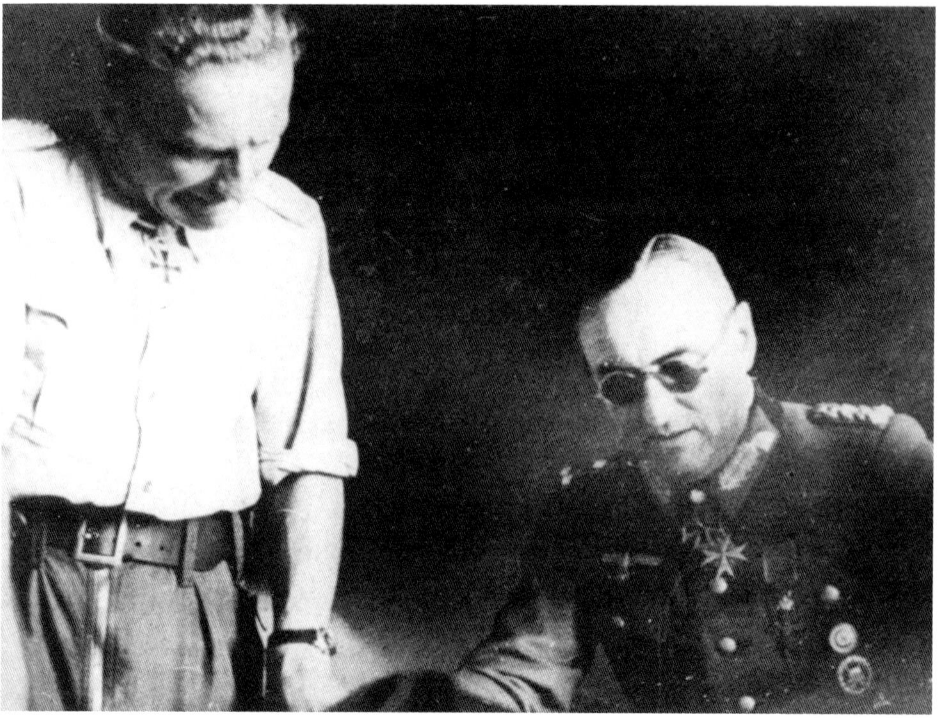

Mit Generaloberst Ferdinand Schörner in Husi in Rumänien, Juni 1944

Mit dem Geschwader-T.O. Hauptmann Katzschern in Husi, 1944

Bei Generaloberst Schörner in der Nähe von Cilesta

Mit dem rumänischen Luftwaffengeneral Jounescu in Husi

Begutachtung eines von Rudel abgeschossenen Panzers

»Kanonenvogel« Ju 87 mit 3,7-cm-Kanonen

Ju 87-Bombermaschine

Waffenwart beim Beladen der Kanonen

Bruchgelandete Ju 87

Einsatzbesprechung, 1944

Vorbereitung zum Feindflug

Rudel in Ostpommern, 1945

Ju 87 beim Feindflug

*

Eines Nachts bringt mir Minister Speer einen neuen Auftrag des Führers, den ich vorbereiten soll. Kurz zusammengefaßt sagt er: »Der Führer plant Angriffe auf die Stauwerke der Uralrüstungsindustrie und verspricht sich dadurch einen Rüstungsausfall von einem Jahr, besonders bei der Panzerproduktion. In diesem Jahr wird es dann eine Möglichkeit geben, diese Entlastung entscheidend auszunutzen. Sie sollen es organisieren, fliegen dürfen Sie selbst nicht, das hat der Führer ausdrücklich wiederholt.«
Ich gebe dem Minister zu bedenken, daß es für diese Aufgabe bestimmt jemanden Geeigneten gibt, und zwar auf dem Sektor der Fernkampffliegerei. Dem sind diese Dinge, wie astronomische Navigation und so weiter, wesentlich geläufiger als mir, der ich aus dem Stukafach komme und damit ganz anders geartete Erfahrungen und Kenntnisse habe. Außerdem muß ich selbst fliegen dürfen, um ein ruhiges Gewissen bei der Auftragserteilung an meine Besatzungen zu haben.
»Der Führer will, daß Sie es machen«, wendet Speer ein.
Ich frage einige technische Dinge grundsätzlicher Art, nach dem Maschinentyp, womit dieser Angriff ausgeführt werden soll und mit welchen Bomben. Wenn es bald geschehen soll, kommt nur die Heinkel 177 in Betracht, deren Erprobung auf Eignung für diesen Zweck aber nicht als völlig abgeschlossen gelten kann. Als Bombe für das Ziel kommt meiner Ansicht nach nur eine Art Torpedo in Frage, der ist aber auch noch in Erprobung. Zur Debatte gestellte Tausend-Kilo-Bomben lehne ich entschieden ab, da es sicher keinen Erfolg damit geben kann. Ich zeige dem Minister Aufnahmen aus dem Nordabschnitt der Ostfront, wo ich Tausend-Kilo-Bomben auf die Betonbrücke der Newabrükke warf und diese nicht einstürzte. Diese Frage der Bomben muß also noch geklärt werden sowie die Erlaubnis für mich, den Auftrag selbst mitfliegen zu können. Das sind die Vorbedingungen, wenn der Führer weiter darauf bestehen sollte, daß ich diesen Auftrag übernehme. Meine Einwände, daß meine praktische Erfahrung auf ganz anderem Gebiet liegt, kennt er bereits.

Nun schaue ich mir interessiert die Bildunterlagen dieser Industrien an und erkenne daraus, daß schon ein großer Prozentsatz unter der Erde liegt. Die Fabriken als solche sind also zum Teil aus der Luft unangreifbar. Die Bilder zeigen die Stau- und Elektrizitätsanlagen sowie teilweise die Produktionsstätten selbst. Das Bildmaterial stammt aus der Kriegszeit. Wie mag es zustande gekommen sein? Ich erinnere mich an meine Zeit auf der Krim und kann es mir jetzt gut zusammenreimen. Als ich in Sarabus lag und nach den Einsätzen mich etwas mit Kugel und Diskus beschäftigte, landete des öfteren eine schwarz angestrichene Maschine. Sehr geheimnisvoll stiegen Fahrgäste ein. Eines Tages berichtete mir ein Besatzungsmitglied unter dem Siegel der Verschwiegenheit, was hier vor sich ging. Russische Priester aus den freiheitsliebenden Staaten des Kaukasusgebietes flogen oft mit wallenden Bärten und in ihrer Amtstracht freiwillig in dieser Maschine, um wichtige Aufträge für die deutsche Führung zu erledigen. Vor der Brust trugen sie ein Päckchen, je nach Aufgabe Fotoapparate oder Sprengmittel. Sie sahen im deutschen Sieg die einzige Möglichkeit, wieder ihre Selbständigkeit und damit religiöse Freiheit zu erlangen. Sie waren fanatische Kämpfer für die Freiheit gegen den Weltbolschewismus und daher unsere Bundesgenossen. Ich sehe sie noch vor mir, oft waren es schon Männer mit schneeweißem Haar, rassige Köpfe, wie aus Holz geschnitzt. Weit aus dem Hinterland Rußlands brachten sie Unterlagen jeder Art, waren Monate unterwegs und kehrten zumeist mit erfülltem Auftrag wieder zurück. Wer verschollen blieb, gab vermutlich sein Leben für die Freiheit, beim Sprung verunglückt, bei Ausführung seines Vorhabens oder beim Rückweg durch die Front ertappt. Es beeindruckte mich sehr, als mir geschildert wurde, wie diese geistlichen Männer, ohne zu zögern, in die Nacht sprangen, im Glauben an ihre große Mission. Zu dieser Zeit kämpfen wir um den Kaukasus, und sie sprangen in verschiedenen Gebirgstälern ab. Da hatten die einzelnen ihre Sippen, mit deren Hilfe sie dann Widerstand oder Sabotage organisierten.

Alles das kommt mir wieder in den Sinn, als ich mir über den Ursprung der Bilder von diesen Industrieanlagen Gedanken mache.
Nach einigen allgemeinen Betrachtungen zur augenblicklichen Kriegslage, in der Speer sein volles Vertrauen zum Führer ausdrückt, verläßt er mich gegen Morgen. Näheres über den Uralauftrag soll folgen. Es kam nie soweit, denn der 9. Februar machte wenige Tage später alles unmöglich.
Somit mußte ein anderer diesen Auftrag übernehmen. Die Ausführung sollte dann aber aufgrund der sich schnell überstürzenden Ereignisse zum Ende des Krieges nicht mehr möglich werden.

XVII

VERZWEIFELTER KAMPF DER LETZTEN MONATE

Am 9. Februar frühmorgens kommt von oben ein Anruf, soeben komme aus Frankfurt die Nachricht, die Russen hätten heute nacht etwas nördlich von Frankfurt bei Lebus eine Brücke gebaut und seien mit einigen Panzern schon ans Westufer gefahren. Die Lage sei mehr als gefährlich, an dieser Stelle stehe nichts von der Erdtruppe, und so schnell könnten auch keine schweren Waffen hingebracht werden. Die sowjetischen Panzer könnten also ohne weiteres Richtung Reichshauptstadt rollen oder sich zumindest auf die Eisenbahn und Autobahn Berlin-Frankfurt stellen, die als Nachschubstrecken für den Ausbau der Oderfront lebensnotwendig seien.
Wir fliegen hin, um zu sehen, was an dieser Meldung wahr ist. Von weitem erkenne ich schon die Pontonbrücke; noch ein ganzes Stück entfernt, bekommen wir schwere Flakfeuer; die Russen dichten uns sicher schlechte Absichten an! Eine Gruppe von mir greift die auf dem Eis aufgebaute Brücke an, wir machen uns keine Illusionen bei diesen Angriffen, wir wissen, der Iwan hat so viel Brückenbaumaterial bei sich, daß er diese Zerstörungen meistens in kurzer Zeit beheben kann. Ich selbst mit der Panzerstaffel fliege tiefer, um Panzer auf dem Westufer zu finden, die Spuren kann ich sehen, die Kolosse selbst noch nicht. Oder sind es Spuren der Zugmaschinen für die Flak? Ich gehe tiefer und sehe gut getarnt in den kleinen Geländeausschnitten der Flußniederung am Nordrand des Dorfes Lebus einige Panzer, und ich habe einen Treffer der leichten Flak darin. Ich bleibe tief, es blitzt von allen Ecken und Enden auf, schätzungsweise schützen sechs bis acht Batterien diese Übergangsoperation. Die Flakgeschützbedienungen scheinen alte Hasen mit viel Stukapraxis zu sein. Sie schießen ohne Leuchtspurgeschosse, man sieht keine Perlenketten auf sich zukommen, sondern merkt es erst, wenn es kracht und die Maschine getroffen ist. Sie schießen auch

nicht, wenn man höher fliegt, und damit können unsere Bombenmaschinen sie auch nicht angreifen. Nur wenn man sich ganz tief über dem Objekt befindet, ist das Aufblitzen des Mündungsfeuers zu sehen, wie ein anhaltendes Aufblenden einer Taschenlampe. Ich überlege, was zu machen ist; ein geschicktes Anfliegen hinter einer Deckung her kommt nicht in Betracht, da die glatte Flußniederung dazu keine Möglichkeit bietet. Hohe Bäume oder andere künstliche Aufbauten sind nicht vorhanden. Die klare Überlegung ergibt, daß es mit Erfahrung und Taktik nicht mehr viel zu tun hat, wenn man gegen alle grundsätzlichen Regeln, die man daraus abgeleitet hat, verstößt. Es entsteht ein stures Angreifen, nur noch vom Glück abhängig; hätte ich immer so gehandelt, wäre ich schon oft gestorben. Von der Erdtruppe ist niemand hier, achtzig Kilometer sind wir von der Reichshauptstadt entfernt, ein tödlich-gefährlicher Abstand, wenn schon hier Feindpanzer vordringen. Jetzt ist keine Zeit für reife Überlegung. Diesmal mußt du es mit Glück schaffen! Ich greife an. Die anderen Maschinen sollen oben bleiben, es sind mehrere neue Besatzungen dabei, ihr Erfolg wird bei dieser Abwehr nicht groß sein, die zu erwartenden Verluste aber größer. Diese Maschinen sollen, wenn ich tief fliege und sie das Aufblitzen sehen, mit ihren Kanonen in die Flak reinschießen, vielleicht läßt sich der Iwan in seiner Treffsicherheit doch etwas irritieren. Es sind mehrere Stalin-Panzer dabei, der Rest T 34. Nachdem vier brennen und ich keine Munition mehr habe, fliege ich zurück. Ich melde die gemachten Beobachtungen und betone auch, daß ich lediglich angreife, weil wir achtzig Kilometer von Berlin kämpfen, ansonsten sei es nicht zu verantworten. Stünden wir noch weiter ostwärts, würde ich eine günstigere Situation abwarten, bis die Panzer wenigstens aus dem Brückenflakschutz herausgefahren wären. Bei zwei Einsätzen wechsele ich die Maschine wegen Flaktreffern. Zum vierten Male ran, und insgesamt brennen zwölf Panzer. Ich hacke schon mehrere Anflüge auf einem Stalin-Panzer rum, der zwar qualmt, aber nicht brennen will.

Um anzufliegen, gehe ich jedesmal auf achthundert Meter Höhe, denn so weit verfolgt die Flak mich nicht. Von achthundert Meter Höhe fliege ich steil nach unten in stärksten Abwehrbewegungen, besonders um die Querachse. Bin ich dicht am Panzer, dann halte ich einen Augenblick still zum Schießen. Ist der Schuß raus, dann brause ich in den gleichen Abwehrbewegungen tief über den Panzern hinweg bis zu einem Punkt, wo ich – außerhalb des Flakbereiches – wieder Höhe sammeln kann. Eigentlich müßte ich länger ruhig anfliegen, aber das wäre jetzt Selbstmord. Die Maschine den Bruchteil einer Sekunde stillhalten und da genau die empfindlichen Panzerteile treffen, das kann ich nur dank meiner vielfachen Erfahrung und schlafwandlerischen Sicherheit. Solche Angriffe kommen natürlich für meine Kameraden nicht in Betracht, gerade weil die Erfahrung fehlt.

Das Blut pocht in meinen Schläfen, ich weiß, ich spiele Katze und Maus mit dem Schicksal, aber dieser Stalin-Panzer soll brennen. Wieder rauf auf achthundert Meter und runter auf das Sechzig-Tonnen-Ungetüm. Es brennt noch nicht! Wut packt mich; es *muß* ran!

Das Schauzeichen meiner Kanone leuchtet auf; auch das noch! Auf der einen Seite habe ich Ladehemmung; die andere Kanone wird vielleicht noch einen Schuß haben. Wieder sammle ich Höhe. Noch ein Schuß bleibt mir also übrig, ist es kein Wahnsinn, für einen armseligen Schuß nochmals alles zu riskieren? Rede nicht, wie oft hast du Panzer mit einem Schuß erledigt!

Mit der Ju 87 achthundert Meter Höhe sammeln dauert lange, viel zu lange, denn ich fange an zu überlegen. Das eine »Ich« sagt: »Wenn der dreizehnte Panzer bis jetzt noch nicht gebrannt hat, brauchst du nicht zu glauben, daß er es bei einem einzigen weiteren Schuß tun wird. Flieg nach Hause, munitioniere neu, du wirst den schon wieder ausfindig machen.« Darauf antwortet das andere »Ich« hitzig:

»Vielleicht fehlt dem Panzer gerade dieser eine Schuß, um zu verhindern, daß er weiter durch Deutschland rollt.«

»Weiter durch Deutschland rollt, das klingt viel zu feierlich! Viel mehr Russen-Panzer werden weiter durch Deutschland rollen,

wenn du jetzt abschmierst, und du schmierst ab, verlasse dich darauf; es ist Wahnsinn, wegen eines einzigen Schusses noch mal in diese Hölle runterzugehen, Wahnsinn!«
»Gleich sagst du noch, daß ich deshalb abschmiere, weil es der dreizehnte ist. Alles Altweiberklatsch, du hast noch einen Schuß, also nicht grübeln, angreifen!«
Und schon rase ich aus achthundert Meter Höhe herunter. Völlig auf den neuen Anflug konzentrieren, Abwehrbewegungen, aus vollen Rohren schlägt mir wieder Feuer entgegen. Jetzt stillhalten ... schießen ... er brennt! Jubel in meinem Herzen, tief donnere ich über den Panzer hinweg. Abwehrbewegungen ... ein Schlag in der Maschine, etwas lodert durch mein Bein durch, wie eine Scheibe glühenden Stahls. Mir wird schwarz vor Augen, und der Atem stockt. Aber ich muß doch fliegen ... fliegen ... du darfst nicht willenlos schwachwerden; beiß die Zähne aufeinander, du mußt es erzwingen. Es zuckt durch meinen ganzen Körper.
»Ernst, mein rechtes Bein ist weg!«
»Nein, dein Bein wird nicht weg sein, dann könntest du gar nichts mehr sagen; aber die linke Fläche brennt. Du mußt runter, wir haben zwei Treffer von der Vier-Zentimeter-Flak.«
Es ist unheimlich dunkel um mich, ich kann nichts mehr erkennen.
»Dirigiere mich, wo ich die Maschine hinwerfen kann. Zieh mich dann schnell raus, damit ich nicht verbrenne.«
Ich sehe nichts mehr, handle im Unterbewußtsein. Schwach dämmert der Gedanke, daß ich immer von Süden nach Norden angriff und in Linkskurven abflog. Ich müßte mich also auf Westkurs befinden und somit richtig sein. So fliege ich noch einige Minuten. Warum die Fläche nicht schon weg ist, weiß ich nicht. In Wirklichkeit bewege ich mich nach Nord-Nordwesten, fast parallel zur Russenfront.
»Ziehen!« schreit Gadermann durch den Kopfhörer, und jetzt fühle ich, wie ich langsam weggleite in etwas Nebliges ... Angenehmes ...
»Ziehen!« Wieder schreit Gadermann – waren das Bäume oder

Telefondrähte? Ich habe kein Gefühl in meiner Hand und ziehe nur am Höhensteuer, weil Gadermann mich anschreit. Wenn dieses Brennen in meinem Bein doch aufhören würde ... und dieses Fliegen ... wenn ich mich doch endlich weggleiten lassen könnte in diese sonderbare, graue Stille und Weite, die mich lockt ...

»Ziehen!« Wieder reiße ich automatisch am Höhensteuer, aber jetzt hat Gadermann mich für einen Augenblick ganz »wachgeschrien«. Ich erkenne blitzartig, daß ich hier etwas tun muß.

»Wie ist das Gelände?« frage ich über Sprechfunk.

»Schlecht – hügelig.«

Aber ich muß runter, sonst schleicht aus dem wunden Körper die gefährliche Gleichgültigkeit wieder über mich. Ich trete links rein ins Seitensteuer und brülle vor Schmerz; aber das rechte Bein wurde doch getroffen? Knüppel nach rechts, die Motorschnauze hebe ich an und slippe so die Maschine auf den Boden, denn vielleicht funktioniert die Absprengvorrichtung für das Fahrwerk nicht, und so kann ich es dann abscheren. Sonst überschlagen wir uns. Die Maschine brennt ... Es knallt und schleift kurz.

Jetzt ist Ruhe, jetzt kann ich weggleiten in die graue Weite ... schön! Irrsinnige Schmerzen zerren mich zurück. Zieht man an mir herum ... holpern wir über ein rauhes Gelände? Nun ist es aus ... die Stille nimmt mich endlich ganz auf ...

Ich erwache, alles um mich herum ist weiß ... aufmerksame Gesichter ... scharfer Geruch ... ich liege auf einem Operationstisch. Ein plötzlicher, heftiger Schrecken durchfährt mich: wo ist mein Bein?

»Ist es weg?«

Der Arzt nickt. Abfahrtslauf auf neuen Skiern ... Tauchen ... Zehnkampf ... Stabhochsprung ... Alles unwichtig! Wie viele Kameraden sind nicht viel schwerer verwundet? Weißt du noch ... der eine im Lazarett in Dnjepropetrowsk, dem das ganze Gesicht und beide Hände von einer Mine weggerissen worden waren? Es ist alles unwichtig, das Bein, der Arm, der Kopf ... wenn nur die Heimat in ihrer tödlichen Gefahr damit gerettet

werden könnte … ist alles nicht schlimm. Schlimmer ist nur, daß ich einige Wochen nicht fliegen werde … und das bei dieser Lage! In einer Sekunde sind mir diese Gedanken durch den Kopf geblitzt, und jetzt sagt der Arzt leise:
»Ich konnte nicht anders handeln, denn außer ein paar Fetzen Fleisch und einigen Sehnenteilen war nichts mehr da, also mußte ich amputieren.«
Wenn nichts mehr da war, wieso dann amputieren, sinne ich mit etwas Humor vor mich hin. Na ja, für ihn ist das nichts Neues.
»Aber Sie haben doch um Ihr anderes Bein auch noch einen Gipsverband?« fragt er mich erstaunt.
»Vom November her – wo bin ich hier?«
»Auf einem Hauptverbandsplatz der Waffen-SS bei Seelow.«
»Ah so, bei Seelow.« Das ist etwa sieben Kilometer hinter der Hauptkampfinie; also bin ich nordnordwestwärts geflogen, nicht nach Westen.
»Soldaten der Waffen-SS brachten Sie hierher und ein Arzt unserer Einheit operierte Sie. Sie haben noch einen zweiten Verwundeten auf Ihrem Gewissen!« fügt er lächelnd hinzu.
»Habe ich den operierenden Arzt etwa gebissen?«
»So weit kommt es noch«, sagt er kopfschüttelnd. »Nein, gebissen nicht, aber ein Leutnant Korol von Ihrer Einheit wollte mit einem Fieseler Storch an Ihrer Notlandestelle landen. Das war aber wohl schwierig, denn er überschlug sich … und jetzt hat er seinen Kopf dick verbunden!«
Der gute Korol; ich scheine also beim Fliegen im Unterbewußtsein noch einen größeren Schutzengel zu haben.
Indessen hat der Reichsmarschall seinen Arzt geschickt, er soll mich gleich nach Berlin mitnehmen in das bombensichere Lazarett im Zoo-Bunker. Aber der Operationsarzt will nichts davon hören, weil der Blutverlust zu groß ist. Morgen wird es gehen.
Der Arzt vom Reichsmarschall erzählt mir, daß Göring den Vorfall gleich dem Führer meldete. Hitler habe sich sehr gefreut, daß es noch einmal so glimpflich abgelaufen sei.
»Ja, wenn die Küken klüger sein wollen als die Henne«, soll er unter anderem gesagt haben. Beruhigt bin ich, daß das Wort

Flugverbot nicht mehr gefallen ist. Ich glaube, daß bei dem verzweifelten Widerstand der ganzen Nation in den letzten Wochen der Führung mein Weiterkämpfen selbstverständlich ist.
Am nächsten Tag ziehe ich in den Zoo-Bunker ein, auf ihm stehen die schweren Flakgeschütze, sie sollen die alliierten Angriffe auf die Zivilbevölkerung der Reichshauptstadt mit abwehren.
Am zweiten Tag steht ein Telefonapparat auf meinem Nachttisch, ich muß mich mit meinem Geschwader unterhalten können über den Einsatz, die Lage und so weiter. Ich weiß, ich werde nicht lange liegen und will die Führung des Geschwaders nicht verlieren, darum will ich bis ins kleinste alles genau wissen und miterleben, auch wenn ich das nur »telefonisch« wissen und »erleben« kann. Die Ärzte und die mich rührend pflegenden Schwestern sind, in dieser Beziehung zumindest, von ihrem neuen Patienten nicht begeistert. Sie reden immer etwas von »Ruhe«.
Fast täglich sind Kameraden des Geschwaders da oder andere Freunde, teilweise auch solche, die sich als Freunde ausgeben, um so ins Krankenzimmer vorzudringen. Wenn nette Mädchen »vordringen«, ziehen sie große Augen und die wohl dazugehörigen Fragezeichen-Augenbrauen, wenn sie an meinem Bett meine Frau sitzen sehen. »Wat et nich alles jibt«, würden die Berliner sagen.
Mit Fachleuten unterhalte ich mich schon jetzt über Prothesen; wenn es nur bald soweit wäre. Ich bin ungeduldig und mag nicht mehr liegen. Etwas später locke ich mir einen Prothesenmacher herbei. Er soll sofort ein provisorisches Kunstbein zum Fliegen bauen, auch wenn der Stumpf nicht zugeheilt ist. Einige erstklassige Geschäfte lehnen es ab, mit der Begründung, es sei zu zeitig. Einer übernimmt es, wenn es auch nur bei einem Versuch bleibt. Auf jeden Fall geht er forsch ran, so daß mir fast schwindlig wird. Er gipst den Oberschenkel und alles, was drum und ran ist, ein, ohne alles vorher zu fetten oder eine Schutzhülle anzulegen. Er läßt es trocknen, dann sagt er lakonisch:
»Denken Sie mal an was Schönes!«
Im gleichen Augenblick reißt er mit aller Kraft an der harten

Gipshülle, in der die Körperhaare mit eingegipst sind und reißt sie herunter, ich denke die Welt geht unter. Der Kerl hat seinen Beruf verfehlt, er wäre ein ausgezeichneter Hufschmied geworden.

Die III. Gruppe von mir und der Geschwaderstab liegen indessen in Görlitz, wo ich zur Schule ging. Ganz in der Nähe wohnen meine Eltern. Jetzt dringen in dieses Dorf gerade die Russen ein. Sowjetische Panzer fahren auf den Spielplätzen meiner Jugend; ich könnte verrückt werden bei diesem Gedanken. Meine Angehörigen mußten längst wie viele Millionen flüchten, sie konnten nur das nackte Leben retten. Ich liege zur Untätigkeit verurteilt. Womit habe ich das verdient? Ich darf nicht daran denken.

Blumen und Liebesgaben jeder Art beweisen die Zuneigung der Bevölkerung zu ihren Soldaten, täglich kommen sie in mein Zimmer. Außer dem Reichsmarschall besucht mich zweimal Minister Goebbels, den ich nicht kannte. Sehr interessant ist eine Unterhaltung mit ihm. So fragt er mich nach meiner Meinung über die rein strategische Lage im Osten.

»Die Oderfront ist die letzte Möglichkeit, die Sowjets zu halten, darüber hinaus sehe ich keine, denn dann fällt auch die Reichshauptstadt«, sage ich ihm.

Aber er vergleicht Berlin mit Leningrad, das sei auch nicht gefallen, weil jedes Haus von der Gesamtbevölkerung zur Festung gemacht worden sei. Und was Leningrad gekonnt habe, werde die Berliner Bevölkerung mit ihm erst recht können. Mit Drahtfunk in jedem Haus will er das höchste Maß von Organisation für den Häuserkampf erreichen. Er ist überzeugt, daß »seine Berliner« lieber sterben; als den roten Horden zum Opfer fallen wollen. Wie ernst ihm diese Ansicht ist, soll sein späteres Schicksal zeigen.

»Vom militärischen Standpunkt aus sehe ich es anders«, erwidere ich ihm. »Sollte erst einmal der Kampf um Berlin nach einem Durchstoß der Oderfront im Gange sein, so halte ich es für ganz ausgeschlossen, daß Berlin gehalten werden kann. Ich gebe Ihnen zu bedenken, daß sich die beiden angeführten Städte in dieser Beziehung nicht miteinander vergleichen lassen. Leningrad hatte den Vorteil, westlich durch den Finnischen Meerbusen geschützt zu sein, östlich durch den Ladoga-See. Im Norden stand eine nicht sehr starke und schmale Finnlandfront. Nur im Süden gab es eine reelle Chance. Aber von dieser Seite aus war Leningrad stark befestigt und verfügte über ein ausgezeichnetes Stellungssystem; auch war es nie restlos vom Nachschub abgeschlossen. Über den Ladoga-See fuhren die Frachtkähne im Sommer; im Winter legte man Schienen über das Eis und versorgte so die Stadt vom Osten her.« Ich kann ihn damit nicht überzeugen.

Nach vierzehn Tagen stehe ich zum erstenmal kurz auf und kann etwas frische Luft genießen. Bei den Luftangriffen der Alliierten bin ich oben auf der Plattform bei der Flak und sehe mir von unten an, was von oben sehr unangenehm sein kann. Langeweile gibt es nie. Fridolin kommt mit der Unterschriftenmappe oder anderen Problemen angewetzt, manchmal in Begleitung von Kameraden. Feldmarschall Greim, Skorzeny oder Hanna Reitsch kommen zu einem Plauderstündchen; irgend etwas ist immer los, nur die innere Unruhe quält mich, daß ich nicht dabei bin. Beim Einzug in den Zoo-Bunker habe ich »feierlich« erklärt, daß ich in sechs Wochen wieder gehen und fliegen werde. Die Ärzte wissen, daß ihr Nein sowieso nichts nützt und mich nur ärgern würde. Anfang März gehe ich zum ersten Male an die frische Luft – auf Krücken.

In diesen Tagen werde ich durch eine meiner Krankenschwestern in ihren Familienkreis eingeladen und bin somit Gast des Außenministers von Ribbentrop. Ein wirklicher Soldat wird selten ein guter Diplomat sein, und so hat diese Zusammenkunft einen gewissen Reiz; sie ermöglicht Unterhaltungen, durch die die andere Seite des Krieges, die ohne Waffen geführt wird, beleuchtet wird. Ihn interessiert meine Ansicht über die Stärke der Ostfront und unsere militärische Leistungsfähigkeit zu diesem Zeitpunkt überhaupt. Ich mache ihm klar, daß wir an der Front

hoffen, es tue sich diplomatisch etwas, um diesen Druck von allen Seiten auf uns etwas zu lockern.
»Ist denn den Westmächten nicht klarzumachen, daß ihr größter Feind der Bolschewismus ist, der ihnen nach einem etwaigen Siege über Deutschland genauso drohen wird wie uns und den sie allein nicht mehr werden bannen können?«
Er faßt es als leisen Vorwurf gegen sich auf und hat diese Platte wohl schon oft zu hören bekommen. Er setzt mir sofort auseinander, daß er schon viele Versuche unternommen habe, die dann scheiterten, weil jedesmal eine erneut erforderliche Absetzbewegung der Wehrmacht an irgendeinem Frontabschnitt kurz nach den jeweiligen Verhandlungen den Gegner ermutigte, auf jeden Fall den Krieg fortzusetzen und nicht weiter am Verhandlungstisch zu bleiben. Er führt dafür Beispiele an und sagt etwas vorwurfsvoll, die Verträge vor dem Kriege, unter anderem mit England und Rußland, die er unter Dach und Fach gebracht habe, seien sicher keine Kleinigkeit gewesen, sondern bestimmt ein großer Erfolg. Aber davon spreche kein Mensch mehr, sondern man sehe heute nur die negativen Seiten, für die er nicht so ohne weiteres verantwortlich zu machen sei. Selbstverständlich seien auch jetzt noch Verhandlungen im Gange, aber ob bei dieser Gesamtlage der gewünschte Erfolg noch möglich sein werde, bleibe dahingestellt. Dieser Einblick in die Diplomatie genügt mir vollauf, und ich bin nicht neugierig, mehr zu erfahren.

Mitte März mache ich bei der Frühlingssonne die ersten Spaziergänge mit einer Schwester im Zoo, und beim ersten Ausflug passiert ein kleines Malheur. Wie viele, zieht auch uns der Affenkäfig an. Mich beeindruckt ein besonders großes Vieh, das ganz behäbig und faul auf einem Ast sitzt und etwas kaut. Es beachtet seine Umwelt gar nicht, seinen langen Schwanz läßt es nach unten baumeln. Was man nicht tun soll, reizt mich natürlich, und ich stecke meine beiden Krücken durch das Gitter und will damit etwas seinen Schwanz bewegen. Kaum habe ich diesen berührt, als er mit schnellem Zugriff die Krücken faßt und mit seinen Affenkräften versucht, mich nach innen zu ziehen. Ich stolpere auf einem Bein bis zum Gitter; durch wird das Biest mich ja nicht kriegen. Schwester Edelgarde zieht an mir, und so ziehen wir beide gegen den Affen, an den Krücken. Menschen gegen Affen! Mit seinen Pfoten ist er jetzt an den Stützen etwas runtergerutscht und stößt auf die montierten Gummipfropfen, die beim Laufen das Einsinken und Ausgleiten auf dem Boden verhindern sollen. Die Pfropfen kitzeln seine Neugier, er beschnüffelt sie, reißt sie ab und verschlingt sie mit breitem Grinsen. Im selben Augenblick kann ich die nackten Stäbe aus dem Käfig ziehen und habe so wenigstens einen Teil vom Affensieg verhindert. Wenige Sekunden später heulen die Sirenen Luftalarm. Das Laufen durch den Sandboden im Zoo bringt mich in Schweiß, weil die Krücken tief einsinken und kaum einen Widerstand finden. Ringsum hastet und jagt alles, und so kann ich mich kaum stützen und humpele unbeholfen vorwärts. Es geht langsam; beim Fallen der ersten Bomben erreichen wir gerade noch den Bunker.

Langsam geht es auf Ostern zu. Ostermontag will ich wieder bei den Kameraden sein. Mein Geschwader liegt zur Zeit im Raum Großenhain in Sachsen, meine I. Gruppe hat aus Ungarn nach dem Wiener Raum verlegt und bleibt nach wie vor an der südöstlichen Front. Gadermann ist an einer Fliegersichtungsstelle in Braunschweig, solange ich nicht da bin, um in dieser Zeit in seinem Beruf als Arzt tätig sein zu können. Ich rufe ihn an, daß ich am Ende der Woche mir eine Ju 87 nach Tempelhof bestellt habe und zum Geschwader fliege.Er glaubt es nicht recht, nachdem er kurz vorher mit meinem behandelnden Professor gesprochen hat. Außerdem fühlt er sich nicht wohl. Ich soll ihn zum folgenden Endeinsatz in diesem Krieg nicht mehr wiedersehen.
Als neuer Bordschütze kommt zu mir der einsatzerfahrene Hauptmann und Ritterkreuzträger Niermann.

Ich verlasse den Bunker, nachdem ich mich befehlsgemäß beim Führer abgemeldet habe. Er drückt mir nochmals seine Freude aus, daß alles so verhältnismäßig glatt gegangen ist; vom Fliegen sagt er nichts, denn auf den Gedanken kam er wohl nicht. Seit sechs Wochen sitze ich zum ersten Male wieder in meiner Maschine. Mit Flugrichtung zu den Kameraden. Es ist Ostersonnabend, und ich bin glücklich. Kurz vor dem Start ruft mich Fridolin an und sagt mir, ich solle sofort ins Sudetenland fliegen, er sei gerade dabei, nach Kummer am See bei Niemes zu verlegen. Noch komme ich mir in der Maschine zunächst wie der erste Mensch vor; bald aber fühle ich mich wieder in meinem Element. Etwas erschwert ist das Steuern des Flugzeuges, weil ich nur mit einem Fuß das Seitensteuer bedienen kann. Rechts eintreten kann ich nicht, weil ich noch keine Prothese und auch kein anderes Hilfsmittel habe, deshalb ziehe ich mit dem linken Fuß; damit geht das rechte Seitenruder nach unten, und es entsteht der gewünschte Steueranschlag. Der Stumpf ist dick verpackt in einer Gipsschiene und hängt ohne irgendwo anzustoßen unter dem Instrumentenbrett. So lande ich nach eineinhalb Stunden auf meinem neuen Platz in Kummer. Die fliegenden Teile des Geschwaders sind vor einer Stunde hier eingetroffen.

Landschaftlich liegt unser Feldflugplatz herrlich, zwischen den Vorbergen der Sudeten, ringsherum Wald, in der Nähe größere Seen, in Kummer selbst ein schöner Waldsee. Bis die Quartierfrage gelöst ist, sitzen wir am Abend in einem Raum des Gasthofes. Hier im Sudetenland macht alles noch einen völlig friedlichen Eindruck. Der Feind steht jenseits der Berge. Geschützt wird diese Front durch Feldmarschall Schörner, also ist die Ruhe hier nicht unbegründet. Abends gegen 11 Uhr klingt vor unserer Tür ein Kinderchor »Gott grüße dich.« Es ist die hiesige Schule mit ihrer Lehrerin, die uns dieses Willkommensständchen bringt. Uns hartgesottenen Soldatenseelen ist dies etwas Neues, es rührt uns an einer Stelle, die wir jetzt während des Einsatzes lieber vergessen möchten. Jeder in sich gekehrt, hören wir nachdenklich zu; wir fühlen, diese Kinder haben Vertrauen zu uns, daß wir die furchtbar drohende Gefahr aufhalten können. An unserem Willen und Einsatz hier vor ihren Heimatgrenzen soll es nicht fehlen. Als sie geendet haben, danke ich für ihren lieben Empfang und lade sie für die nächsten Tage ein, zu uns auf den Platz zu kommen, um ihnen etwas von unseren Vögeln zu zeigen, das interessiert sie brennend. Bald darauf kommen sie zu uns. Ich schieße mit meiner Panzermaschine aus der Luft zunächst auf eine Tafel von einem Quadratmeter. Die Kinder umstehen sie im Halbkreis und können sich nun vorstellen, wie auf Panzer geschossen wird, für mich ist es eine gute Probe, wie das einbeinig zu machen ist. Auf der anderen Seite der Sudeten ist noch Nebel, und wir können noch nicht zum Einsatz starten, so habe ich noch etwas Zeit und nehme mir eine FW 190 D 9 und mache damit noch etwas Kunstflug unten und auch oben. Die Bremsen, die für das schnelle Flugzeug auf unserem Platz unbedingt erforderlich sind und in den Fußpedalen liegen, hat mein T.O., »das Genie« Hauptmann Klatzschner, schon zur Handbedienung umgebaut.

Als ich lande, winken alle Soldaten aufgeregt heftig und zeigen nach oben. Ich schaue rauf, über der durchbrochenen Hochnebeldecke sieht man durch die Löcher amerikanische Jäger und Jabos, Mustangs und Thunderbolts kreisen. Sie fliegen in eintausendsechshundert bis eintausendachthundert Meter über einer Dunstschicht. Mich allein da oben haben sie nicht beobachtet, sonst hätte ich sie dort schon zu sehen bekommen. Die Thunderbolts haben Bomben und scheinen zu suchen, das wird also unserem Platz gelten. Ich hüpfe schnell, sofern man das von einem Einbeinigen mit Gipsverband behaupten kann, zum Gefechtsstand, alles soll volle Deckung nehmen. Die Kinder schikke ich in den Keller, da werden sie wenigstens vor Splittern sicher sein. Vor mehr auch nicht, denn unser einzeln stehendes Haus am Platz, das als Gefechtsstand dient, könnte einen dieser Burschen durchaus reizen. Als letzter gehe ich ins Haus, um die Kinder zu beruhigen; da fallen die Bomben, einige dicht neben dem Gebäude, die Fensterscheiben klirren und das halbe Dach wird weggefegt. Wir haben am Platz nur eine geringe Flakabwehr, sie kann das weitere Angreifen mit Bomben nicht verhindern, lediglich um Tiefangriffe kommen wir dadurch herum.

Unter den Kindern haben wir glücklicherweise keine Verletzten. Mit tut es leid, daß sie aus der harmlosen Fliegerromantik in die rauhe Wirklichkeit gerissen werden. Bald sind sie wieder beruhigt, und die Lehrerin geht mit ihren Schäflein »in Fliegermarschtiefe« dem Dorf zu. Hauptmann Niermann strahlt, er hofft den ganzen Angriff gefilmt zu haben. Er stand während dieses Theaters in einem Erdloch und filmte fallende Bomben vom Auslösen vom Flugzeug an bis zum Einschlag und Aufspritzen der Erdfontänen. Das sind Leckerbissen für den Bildexperten von Spitzbergen, wo er ebenfalls seltene Aufnahmen zustande brachte.
Neue Wettermeldungen aus dem Raum Görlitz-Bautzen besagen, es reiße langsam auf; wir starten. Unter Umgehung von Görlitz sind die Sowjets über Bautzen, das mit seiner deutschen Besatzung eingeschlossen ist, hinausgestoßen, um über Bischofswerda Dresden zu erreichen. Immer geht es auf diese Angriffsspitze, die Feldmarschall Schörners Front zu Fall bringen möchte. Wir unterstützen diese Gegenangriffe. Bautzen wird befreit, wir schießen eine große Zahl Fahrzeuge und Panzer ab. Leicht fällt mir das Fliegen nicht, der Blutverlust muß groß gewesen sein, und meine scheinbar unerschöpflichen Kräfte haben doch irgendwo eine Grenze. Mitbeteiligt an unseren Erfolgen sind mir unterstellte Schlacht- und Jagdverbände, die auf unserem Platz und in der Nachbarschaft liegen.
In der ersten Aprilhälfte ruft mich ein Funkspruch zur Reichskanzlei. Der Führer sagt mir, ich solle die gesamte Turbinenfliegerei übernehmen und mit dieser den Luftraum über der sich neu aufstellenden Armee des Generals Wenck in der Gegend von Hamburg freihalten. Der Armee ist als Aufgabe zunächst ein Stoß aus der Umgebung dieser Stadt in die Harzgegend zugedacht, um somit die Nachschubverbindungen der alliierten Armeen abzuschneiden, die selbst teilweise schon weiter ostwärts stehen. Voraussetzung für jedes erfolgreiche Handeln der Wehrmacht auf dem Boden in dieser kritischen Situation wäre der freie Luftraum über der eigenen Front. Ohne diese Voraussetzung ist jede Mühe vergeblich, darüber ist sich der Führer

klar und ebenfalls General Wenck, der diese Operation führen soll. Ich bitte den Führer, mich des Auftrages zu entbinden, da ich mich augenblicklich im Raum der Armee Schörner unabkömmlich fühle, weil sie im allerschwersten Abwehrkampf steht. Ich schlage außerdem vor, für diese Aufgabe jemanden zu wählen, der aus der Turbinenfliegerei kommt, für den nicht alles so völlig neu ist. Ich sage ihm, daß meine Erfahrung auf dem Sturzkampfsektor und der Panzerbekämpfung liegt und daß ich bisher immer nur Dinge empfohlen habe, die ich dann selbst mit durchführte. Mit Turbinenmaschinen könnte ich das nicht und ich würde mich deshalb den Verbandsführern und Besatzungen gegenüber nicht wohl fühlen. Ich muß immer vornweg fliegen können.

»Sie sollen ja gar nicht mehr fliegen, nur organisieren. Wer deswegen an Ihrer Tapferkeit zweifelt, den hänge ich auf.«

Etwas hart, denke ich, aber er will wahrscheinlich nur meine Bedenken zerstreuen.

»Leute mit Erfahrungen gibt es genug, das allein genügt nicht; ich will jemanden, der es straff organisiert und durchführt.«

Eine endgültige Entscheidungen fällt an diesem Tage noch nicht. Ich fliege zurück. Einige Tage darauf werde ich zum Reichsmarschall befohlen, wo es mir als Befehl übermittelt wird, diese Aufgabe zu übernehmen. In der Zwischenzeit hat sich die Frontlage dermaßen verschlechtert, daß das Reichsgebiet in zwei Kessel aufgeteilt zu werden droht und eine einwandfreie Führung der Verbände kaum noch möglich wäre. Aus diesem und den vorhin angeführten Gründen lehne ich es nun ab. Wie mir der Reichsmarschall zu verstehen gibt, ist es für ihn keine Überraschung, da er meinen Standpunkt genau kennt, seitdem ich es unbeugsam ablehnte, General der Schlachtflieger zu werden. Um jeden Preis will ich mein Frontgeschwader, mit dem eine große Leistung fürs Ganze zu erreichen ist, behalten. Hauptmotiv ist jedoch diesmal, daß ich keine Verantwortung übernehme für etwas, von dessen Durchführbarkeit ich selber nicht mehr überzeugt bin. Wie ernst der Reichsmarschall die Lage sieht, erkenne ich bald. Als wir uns über die Frontlage unter-

halten und über den Kartentisch beugen, murmelt er vor sich hin:
»Ich bin neugierig, wann wir die Bude hier anzünden müssen« – er meint Karinhall. Er rät mir, selbst ins Führerhauptquartier zu fahren und meine Ablehnung mitzuteilen, doch da ich hierzu keinen Befehl habe, fliege ich sofort zum Geschwader zurück, wo ich dringend erwartet werde. Es soll aber nicht mein letzter Berlinflug sein.

Ein Funkspruch am 19. April ruft mich erneut zur Reichskanzlei. Von der Tschechoslowakei aus Berlin mit einem Einzelflugzeug zu erreichen, ist zu dieser Zeit nicht mehr ganz einfach; an mehreren Stellen sind die russische und die amerikanische Front nahe aneinandergerückt. Der Luftraum wimmelt von Flugzeugen, nur nicht von deutschen. Ich komme zur Reichskanzlei, in das Vorzimmer des Führerbunkers. Unter den Anwesenden herrscht größte Ruhe und Zuversicht, es sind hauptsächlich Militärs, die an den augenblicklichen und geplanten Operationen beteiligt sind. Draußen dröhnen die Tausend-Kilo-Bomben, die Moskitoflugzeuge in das Stadtzentrum abwerfen.
Gegen 23 Uhr stehe ich dem Obersten Befehlshaber gegenüber. Von vornherein ist mir kar, welchen Zweck diese Unterredung haben soll: die endgültige Übernahme des bereits besprochenen Auftrages. Es ist eine Eigenart des Führers, sehr weit auszuholen und nie den eigentlichen Kernpunkt sofort zu besprechen. So ist es auch an diesem Abend. Zunächst setzt er in einer halben Stunde auseinander, wie ausschlaggebend im Laufe der Jahrhunderte immer die technische Entwicklung gewesen ist, in der wir einen großen Vorsprung besäßen, die nun auch bis zu Ende geführt werden müsse und für uns noch die positive Wendung bringen könne. Er sagt mir, daß die ganze Welt die deutsche Technik und Wissenschaft fürchte, und zeigt mir einige Informationen, die andeuten, wie die Alliierten jetzt schon alles vorbereiteten, um sich diese Technik und unsere Wissenschaftler gegenseitig zu erschwindeln. Verblüffend sind immer wieder sein Zahlengedächtnis und die Spezialkenntnis in allen technischen Din-

gen. Ich habe zu dieser Zeit etwa sechstausend Flugstunden und bin in den betreffenden Flugzeugmustern hinreichend durch die viele Übung unterrichtet, es gibt aber nichts, was er mir nicht mit einer Selbstverständlichkeit ohnegleichen auseinandersetzt und wobei er nicht entsprechende Änderungsvorschläge macht. Sein körperlicher Zustand ist nicht so gut wie vielleicht noch vor drei oder vier Monaten. In seinen Augen liegt ein leichter Glanz. Oberst von Below erzählt mir, daß Hitler in den letzten acht Wochen so gut wie nicht geschlafen habe, eine Besprechung jagte die andere. Das Zittern in seiner Hand ist stärker als sonst, es rührt vom Attentat des 20. Juli her. In der langen Debatte des Abends kommt es außerdem vor, daß er sich in einigen Gedankengängen wiederholt, was früher ausgeschlossen war. Seine Ausführungen sind klar durchdacht und entschlossen.
Nachdem die lange Einleitung beendet ist, kommt der Führer auf das mir bekannte Hauptthema. Er wiederholt die Begründung, die ich einige Tage vorher schon einmal gehört habe, und schließt:
»Ich wünsche, daß diese schwere Aufgabe von Ihnen, dem alleinigen Träger der höchsten deutschen Tapferkeitsauszeichnung, übernommen wird.«
Mit gleichen und ähnlichen Argumenten wie das letzte Mal lehne ich es auch dieses Mal wieder ab. Zumal die Frontlage sich noch weiter verschlechtert hat und ich betone, daß es nur noch kürzester Zeit bedürfe, bis die Ost- und Westfronten in der Mitte des Reiches sich berühren würden und zwei Kessel dann getrennt voneinander operieren müßten. Zur Erfüllung dieser Aufgabe würde dann nur der Nordkessel in Betracht kommen, in dem man dann die gesamten Turbinenflugzeuge konzentrieren müßte. Interessant ist mir die für den heutigen Tag als einsatzklar gemeldete Zahl von einhundertachtzig Turbinenflugzeugen, Bomber und Jäger zusammengenommen. An der Front verspüren wir seit langem die fast zwanzigfache zahlenmäßige Luftüberlegenheit der Gegenseite. Da die Turbinenflugzeuge besonders große Plätze erfordern, käme dafür von vornherein nur eine beschränkte Zahl von Rollfeldern im Nordkessel in Fra-

ge. Ich führe an, daß diese Flugplätze nach Belegung Tag und Nacht unter dem Bombenhagel der feindlichen Luftwaffe liegen würden und die Einsatzbereitschaft rein technisch in wenigen Tagen gleich Null sein werde. Ein Freihalten des Luftraumes über der Armee Wenck sei dann aber nicht mehr möglich und die Katastrophe unaufhaltsam, weil dann das Heer keinerlei Nachschubbewegungen und Kampfoperationen mehr durchführen könne. Ich weiß aus meiner persönlichen Verbindung zu General Wenck, daß das Heer meine etwaige Zusage des freien Luftraumes als festen Faktor in allen Berechnungen mit einbezieht, so wie wir es oft zusammen in Rußland mit Erfolg gemacht haben.
Das kann ich diesmal nicht vor mir selbst verantworten und bleibe beim »Nein«. Und stelle damit wieder einmal fest, daß jeder, von dem Hitler Grund hat anzunehmen, daß er das Beste für das Ganze will, frei seine Meinung äußern darf und er auch dann die seine revidieren läßt, während er Menschen, die ihn schon mehrfach enttäuscht und getäuscht haben, verständlicherweise nichts mehr glaubt.
Meine Zweikesseltheorie will er nicht als kommende Tatsache nehmen und begründet es damit, die entsprechenden Heerführer dieser Abschnitte hätten ihm fest versprochen, unbedingt in der augenblicklichen Frontlinie stehenzubleiben, im großen gesehen, im Westen die Elbe und im Osten Oder, Neiße und die Sudeten. Ich bringe zum Ausdruck, daß ich gerade jetzt dem deutschen Soldaten auf deutschem Boden noch besonders große Leistungen zutraue, daß aber bei einer starken Truppenkonzentration den Russen an einem Schwerpunkt ein Durchbruch gelingen und damit die beiden Fronten sich berühren würden. Ich führe Beispiele der Ostfront aus den vergangenen Jahren an. Panzer auf Panzer warfen die Russen in die Schlacht, ging es nicht mit drei, so griffen eben zehn Panzerdivisionen an. Unter größten Menschen- und Materialverlusten gewannen sie dann doch Boden an der dünnen Rußlandfront, ohne daß es zu verhindern gewesen wäre. Es war damals die Frage, würden sich die Menschenmassen restlos erschöpfen, bevor Deutschland am

Boden liegt oder nicht. Sie erschöpfen sich nicht, da die Hilfe des Westens zu stark war. Rein militärisch gesehen waren es damals in Rußland absolute Abwehrerfolge, wenn Gelände aufgegeben wurde und die Sowjets die vielfach höheren Menschen- und Materialverluste hatten. Wenn auch die Gegenseite diese Erfolge ins Lächerliche zog, uns ist es gleich, wir wissen, daß es so war. Aber diesmal nutzt ein Abwehrerfolg mit Geländeaufgabe nichts mehr, denn schon mit wenigen Kilometern steht der Russe dann im Rücken der Westfront. Eine schwere Verantwortung – vielleicht für Jahrhunderte – haben die Westmächte auf sich genommen, indem sie Deutschland nur schwächen, um Rußland zusätzliche Kräfte zu geben. Am Ende der Unterhaltung sage ich dem Führer wörtlich:

»Nach meiner Ansicht ist der Krieg zu dieser Zeit nicht mehr nach beiden Seiten hin erfolgreich zu beenden, wohl aber nach einer, wenn es gelingt, mit einer der beiden Seiten einen Waffenstillstand zu erreichen.«

Ein etwas müdes Lächeln gleitet über sein Gesicht bei seiner Antwort:

»Sie haben leicht reden, seit 1943 versuche ich ununterbrochen Frieden zu schließen, aber die Alliierten wollen es nicht, sie fordern von Anfang an bedingungslose Kapitulation. Mein persönliches Schicksal spielt natürlich keine Rolle, aber daß ich bedingungslose Kapitulation für das deutsche Volk nicht annehmen konnte, wird jedem vernünftigen Menschen einleuchten. Auch jetzt schweben noch Verhandlungen, an deren Erfolg ich aber nicht mehr glaube. Darum müssen wir diese Krise auf jeden Fall überstehen, damit entscheidende Waffen uns noch den Sieg bringen können.«

Nachdem wir noch einiges über die Lage der Armee Schörner besprochen haben, erklärt er mir, er wolle nun einige Tage abwarten, ob die Entwicklung der Großlage so vor sich gehe, wie er sich das vorstelle, oder ob meine Befürchtungen eintreffen würden. Im ersten Falle will er mich dann nochmals nach Berlin beordern zur endgültigen Entgegennahme des Auftrages. Gegen 1 Uhr nachts verlasse ich den Führerbunker, im Vorraum warten die ersten Geburtstagsgratulanten.

Früh fliege ich nach Kummer zurück, im Tiefflug, über uns die Russen, ein Stück weiter Amerikaner, Mustangs, Viermotorige und Thunderbolts. So geht es fast ohne Pause bis zu unserem Platz. Wenn man unten so allein fliegt und nur schauen muß, »haben die dich nun gesehen oder nicht, so ist es anstrengender als mancher Feindflug. Wenn Niermann und mir ab und zu etwas warm wird vor Anspannung, ist das nicht weiter verwunderlich. Wir sind froh, als wir wieder den heimatlichen Platz unter uns haben.
Der Druck der Russen westlich Görlitz hat ein wenig nachgelassen, nicht zuletzt durch die täglichen Angriffe von uns, die ihnen große Verluste zufügten. Abends nach dem letzten Einsatz fahre ich mit einem Wagen nach Görlitz, meiner engeren Heimat, jetzt Frontgebiet. Hier treffe ich viele Bekannte aus meiner Jugendzeit. Sie stehen alle in einer Funktion, nicht zuletzt im Volkssturm, um ihre Heimat zu verteidigen. Es ist ein eigenartiges Wiedersehen, vieles bleibt unausgesprochen. Sorgen, Leid und Kummer, jeder hat seinen Teil davon zu tragen. Alles sieht im Augenblick nur die Gefahr aus dem Osten. Frauen schuften beim Anlegen von Panzergräben und lassen den Spaten einen Augenblick ruhen, um die Säuglinge anzulegen, bejahrte Männer vergessen die Beschwernisse ihres Alters und arbeiten, daß der Schweiß auf die Stirn tritt. Auf den Gesichtern der jungen Mädchen steht grimmige Entschlossenheit: sie wissen, was ihnen bevorsteht, wenn die Russen durchbrechen. Ein Volk wehrt sich im Todeskampf. Könnten die Völker aus dem Westen Augenzeugen sein von diesen Zeiten und deren schicksalschwerem Inhalt, sie würden ihre Frivolitäten dem Bolschewismus gegenüber sehr schnell einstellen.

Nur die zweite Gruppe wohnt in Kummer. Der Geschwaderstab hat seinen Sitz in der Schule in Niemes mit teilweiser Einquartierung bei der Bevölkerung, die zu fünfundneunzig Prozent deutsch ist und uns jeden Wunsch von den Augen abliest. Die Hin- und Herfahrt zum Platz ist nicht ganz einfach, ein Mann sitzt immer als Luftspäher auf dem Kotflügel jedes Wagens. Alle

Augenblicke brausen amerikanische und russische Tiefflieger durchs Gelände, in diesem Gebiet überschneiden sie sich. Die einen, die unangenehmeren, kommen vom Westen, die anderen vom Osten.
Starten wir zum Feindflug, so warten des öfteren auf der einen Seite die Amis und auf der anderen die Ruskis. Wir laufen Spießruten da oben in der Heimatluft. Unsere alte Ju 87 ist schneckenlangsam im Vergleich mit den Feindmaschinen, und der ständige Luftkampf strengt uns bis aufs äußerste an, wenn wir dem Ziel unseres Auftrages entgegenfliegen. Greifen wir an, dann wimmelt es auch von Feindmaschinen; fliegen wir zurück zum eigenen Platz, so müssen wir uns nochmals einen Weg bahnen durch die Sperriegel der gegnerischen Luftwaffe. Die eigene Flak am Platz muß uns meistens erst die Landung »freischießen«.
Amerikanische Jäger greifen nicht an, wenn sie erkennen, daß wir nach der Ostfront fliegen und uns bereits mit den Iwans im Luftkampf herumschlagen.
Auf dem Platz in Kummer starten wir morgens meistens mit vier oder fünf Panzermaschinen, zwölf bis vierzehn Focke Wolf 190 begleiten uns mit Bomben und übernehmen gleichzeitig den Jagdschutz. Die Gegenseite wartet dann mit einem ungeheuren Aufgebot. Nur in den seltenen Fällen, wenn wir genug Benzin haben, können wir mit allen mir zugeteilten Verbänden fliegen. Dann ist der Gegner in der Luft nur noch fünfmal so stark! Ja, das Brot, das wir derzeit essen, ist sauer verdient.
Am 25. April erreicht mich ein weiterer Funkspruch des Führerhauptquartiers, völlig verstümmelt. Es ist so gut wie nichts erkennbar, doch entnehme ich, daß ich wiederum nach Berlin kommen soll. Ich rufe das Korps an und melde, daß ich vermutlich nach Berlin kommen muß und daher abfliegen möchte. Der General läßt den Start nicht zu, da laut Wehrmachtsbericht auch das Tempelhofer Feld umkämpft ist und er nicht weiß, ob überhaupt noch ein Flugfeld feindfrei ist. Er meint:
»Wenn Sie bei den Russen landen, schlägt man mir den Kopf ab, weil ich Sie weggelassen habe.«

Er will sofort mit Funk versuchen, bei Oberst von Below zu erfragen, wie der Funkspruch in Wirklichkeit lautet und wo ich eventuell landen kann. Einige Tage höre ich nichts. Am 27. April, 11 Uhr abends, ruft mich der General an und teilt mir mit, daß er nun endlich Verbindung bekommen habe; ich soll noch heute nacht mit einer Heinkel 111 nach Berlin fliegen und auf der großen Verkehrsstraße der Ost-West-Achse landen, wo auch das Brandenburger Tor und die Siegessäule stehen. Niermann wird mich begleiten.

Der Start in einer He 111, ist nicht ganz einfach, da der Platz weder Randbefeuerung noch sonstige Beleuchtung hat. Außerdem ist er klein und hat auf der einen Seite größere Höhen. Um auf dem Platz starten zu können, müssen wir noch Benzin ablassen, damit das Flugzeug leichter wird. Selbstverständlich geht das auf Kosten unserer Flugdauer; sie ist also sehr begrenzt.

Um 1 Uhr nachts starten wir – stockfinstere Nacht. Wir fliegen über die Sudeten ins Kampfgebiet hinein mit nordnordwestlichem Kurs. Unten ist alles gespenstisch durch Brände erleuchtet, viele Orte und Städte brennen, die Heimat steht in Flammen. Wir erkennen unsere Ohnmacht, es zu verhindern – nur nicht daran denken. Am Stadtrand Berlins greifen schon sowjetische Scheinwerfer und Flak nach uns, das Stadtbild ist kaum einzusehen, weil die Rauchentwicklung stark ist und eine dicke Dunstschicht träge darüberliegt. Teilweise machen taghelle Brände es unmöglich, Ziele auf der Erde aufzufinden, da die Augen geblendet sind. Ich muß dann erst wieder einige Zeit ins Dunkel sehen, um die Augen daran zu gewöhnen; aber ich kann die Ost-West-Achse doch nicht erkennen. Brand neben Brand, Aufblitzen der Artillerie, ein gespenstisches Schauspiel. Der Funker hat Verbindung mit der angegebenen Bodenstelle aufgenommen; sie heißt uns zunächst »Warten«; das fehlt uns gerade noch, zumal wir auch mit dem Brennstoff begrenzt sind. Nach etwa fünfzehn Minuten wird eine Nachricht von Oberst von Below übermittelt, die besagt, daß eine Landung unmöglich sei, da die vorgesehene Landebahn unter schwerem Granatfeuer liege

und die Sowjets bereits am Potsdamer Platz stünden. Ich soll nach Rechlin weiterfliegen und von dort aus mit Berlin telefonieren, um weiteres zu besprechen.
Der Funker hat die Frequenz von diesem Ort, wir fliegen nach Norden und rufen Rechlin. Es wird Zeit, unser Brennstoff ist bald zu Ende. Unter uns ein Flammenmeer, daß heißt also, daß auch auf der anderen Seite Berlins die Sowjets durchgebrochen sind, im Raum Neuruppin, und nur noch ein kleiner Ausgang nach Westen bestenfalls frei sein kann. Rechlin will auf Anforderung seinen Platz zur Landung nicht beleuchten; sie befürchten sofort Nachtangriffe der feindlichen Luftstreitkräfte. Im Klartext gebe ich denen da unten meinen Landeauftrag bekannt, begleitet von einigen nicht gerade höflichen Redensarten. Langsam wird es ungemütlich, weil jeden Augenblick der Brennstoff zu Ende sein muß. Plötzlich unten links eine notdürftige Platzbeleuchtung. Wir landen. Wo sind wir? In Wittstock, dreißig Kilometer von Rechlin entfernt. Wittstock hat mitgehört und daher uns einen Platz angezeigt. Einige Stunden später, gegen 5 Uhr morgens, erreiche ich Rechlin, wo im Zimmer des Generals das Dezimeterwellengerät steht. Hiermit kann ich Berlin telefonisch erreichen. Oberst von Below sagt mir, daß ich nicht nach Berlin kommen solle, da Feldmarschall Greim im Gegensatz zu mir durch Funk rechtzeitig erreicht worden sei und meinen Auftrag mitübernommen habe; außerdem sei es im Augenblick unmöglich, in Berlin zu landen. Ich sage Oberst von Below:
»Ich mache Ihnen den Vorschlag, heute mit einem Stukaflugzeug am Tage auf die Ost-West-Achse zu kommen. Ich halte das mit einer solchen Maschine noch für möglich, zumal die Lage doch dazu zwingt, die Führung aus dem exponierten Punkt zu bringen, damit der Gesamtüberblick für sie nicht verlorengeht.«
Oberst von Below läßt mich einen Augenblick warten, um nachzufragen. Er kommt wieder zum Apparat und sagt:
»Der Führer hat entschieden; er will unbedingt Berlin halten und kann daher jetzt, wo es kritisch aussieht, selber die Hauptstadt nicht verlassen. Er begründet es damit, daß dann die käm-

pfende Truppe in Berlin sagen würde, er selbst gäbe Berlin auf, und daraus den Schluß ziehen würde, daß jeder Widerstand zwecklos sei. Darum bleibt der Führer in Berlin. Sie sollen nicht mehr reinkommen, sondern sofort in das Sudetenland zurückfliegen, um mit Ihren Verbänden die Arme Schörner zu unterstützen, die jetzt ebenfalls einen Stoß Richtung Berlin unternehmen soll.«
Ich frage von Below über die Stimmung bei dieser Lage, weil er mir alles so ruhig und selbstverständlich darstellt.
»Unsere Lage ist nicht schön, doch muß es möglich sein, daß ein Durchstoß von General Wenck oder Schörner Berlin entsetzen kann.«
Ich bewundere seine Ruhe. Für mich ist alles klar, und ich fliege sofort zum Geschwader zurück, zu weiterem Einsatz.

Groß ist die Schockwirkung auf die Truppe, als der Tod des Staatsoberhauptes und Obersten Befehlshabers der Wehrmacht bekannt wird. Aber die Rote Armee verwüstet unsere Heimat, und darum müssen wir weiterkämpfen. Wir werden erst die Waffen aus der Hand legen, wenn unsere Führung dies befiehlt. Das fordert unser Fahneneid, das fordert das uns drohende furchtbare Schicksal, wenn wir bedingungslos kapitulieren, wie der Gegner es will. Das fordert auch unser Schicksal, das uns ins Herz von Europa stellte und uns durch die Jahrhunderte zwang, Europas Bollwerk gegen den Osten zu sein. Ob Europa das versteht und wünscht, oder ob es mit tödlicher Teilnahmslosigkeit oder gar Gegnerschaft antwortet, ändert nichts an unserer europäischen Pflicht! Wollen wir doch der Geschichte unseres Kontinents gegenüber, gerade in den kommenden gefährlichen Zeiten, den Kopf hoch tragen können.

Die Ost- und Westfront nähern sich immer mehr, unser Einsatz gestaltet sich immer schwieriger. Bewundernswert ist die Disziplin meiner Soldaten, wie am ersten Kriegstage. Darauf bin ich stolz. Für meine Offiziere ist die schwerste Strafe nach wie vor, nicht mit zum Feindflug kommen zu dürfen. Ich selbst habe etwas Schwierigkeiten mit meinem Stumpf. Meine Flugzeugmechaniker haben mir aus Leichtmetall einen Apparat gebaut wie ein Teufelsfuß; mit diesem fliege ich. Er ist unter dem Kniegelenk befestigt, und bei jedem Druck dagegen, also wenn ich aufs Seitensteuer rechts treten muß, zieht es die Haut, die gerade zusammenwachsen möchte, unten am Stumpf auseinander. Es reißt immer wieder erneut auf unter starkem Bluten. Besonders im Luftkampf, wenn ich äußerst rechts kurven muß, hindert mich die Verwundung sehr, und manchmal muß mein Wart die bebluteten Maschinenteile wieder reinigen.

Großes Glück habe ich noch mal in den ersten Maitagen. Ich habe mich mit Generalfeldmarschall Schörner besprochen und will vorher bei dem Korps vorbei, dessen Stab in einem Schloß, etwa achtzig Kilometer ostwärts von uns, in Hermannstädtel liegt. Ich fliege mit einem Fieseler Storch hin und stelle fest, daß das Schloß von hohen Bäumen umgeben ist. Dazwischen liegt ein Park, in dem ich glaube landen zu können. Hinten in der Maschine mein treuer Fridolin. Das Landen geht gut, wir laden nach kurzem Aufenthalt noch einige Karten in den Storch ein und dann starten wir vom Schloß weg in Richtung der hohen Bäume, leicht bergauf. Der Storch holt nur langsam Fahrt auf, die Klappen drehe ich zur Starthilfe kurz vor dem Hochwald heraus. Damit komme ich aber nur dicht unter die Baumspitzenhöhe. Ich ziehe etwas am Knüppel, die Fahrt reicht nicht aus. Weiteres Ziehen ist zwecklos, die Maschine sackt weich im Steuer durch. Da knallt es auch schon und knistert. Jetzt zerschlage ich mir den Stumpf endgültig, vermutlich sogar noch mehr. Es ist mäuschenstill um mich herum. Bin ich am Boden? Nein , ich sitze in meiner Kabine, Fridolin auch , wir schaukeln. Auf einer hohen Kiefer sitzen wir mit unserer Kabine, ganz fidel, eingeklemmt in einer Astgabel. Der ganze Baum schaukelt mit uns einige Male hin und her, der Anflug war ihm wohl zu stark. Ich fürchte, daß jetzt der Storch uns doch noch einen Streich spielt und nachträglich die Kabine rückwärts hinunterfällt. Fridolin ist nach vorn gekommen, erschrocken: »Was ist los?«

Ich rufe ihm zu: »Bewege dich nicht, sonst fällt der restliche Storch uns noch aus zehn Metern Höhe vom Baum herunter.« Der Schwanz ist abgebrochen, wie auch große Teile der Flächen; alles liegt unten. Ich habe den Knüppel noch in der Hand, mein Stumpf liegt ruhig, nirgends bin ich damit angestoßen. Glück muß man haben! Runter vom Baum können wir nicht, er ist sehr hoch und hat einen dicken, glatten Stamm. Wir warten, nach einiger Zeit kommt der General; er hat den Knall gehört, und nun sieht er uns oben auf dem Baum sitzen. Er freut sich mächtig, daß es noch so gut abgelaufen ist. Da es keine andere Möglichkeit gibt, uns runterzuholen, schickt er nach der Feuerwehr des Ortes. Sie hilft uns mit einer langen, fahrbaren Leiter nach unten.

Die Russen haben Dresden umgangen und versuchen, vom Norden her das Erzgebirge zu überschreiten, um somit ins Protektorat zu gelangen und die Armee Schörner damit abzuschneiden. Die sowjetischen Kräfte stehen hauptsächlich im Raum Freiberg und südostwärs davon. Bei einem der letzten Einsätze sehen wir südlich Diepoldiswalde eine lange Flüchtlingskolonne, in ihr wälzen sich sowjetische Panzer, unter sich alles zermalmend.
Wir greifen sofort die Panzer an und vernichten sie; die Kolonne setzt ihren Weg nach Süden fort. Anscheinend will sie über die schützenden Berge das Sudetenland erreichen, wo sie glaubt, sicher zu sein. Im gleichen Raum greifen wir weitere Panzerziele an; die Flakabwehr ist wütend. Ich schieße gerade auf einen Stalin und ziehe auf zweihundert Meter hoch. Schaue mich um, dicht hinter mir rieselt es runter, irgendwelche Teile. Von oben kommt es herunter. Ich frage:
»Niermann, wer von uns wurde soeben angeschossen?«
Anders kann ich mir das nicht erklären, und Niermann glaubt es auch. Er zählt eifrig die Maschinen, alle sind da. Also abgeschossen ist keiner. Ich schaue nach unten auf meinen Stalin, den ich gerade beschossen habe und sehe nur einen schwarzen Fleck, sollten also der Panzer explodiert und seine Teile in diese Höhe geschleudert worden sein?

Nach diesem Feindflug bestätigen die Besatzungen, die mir nachflogen, daß dieser Panzer unter einer Riesendetonation hinter mir in die Luft flog; die zertrümmerten Teile, die ich von oben runterkommen sah, waren von ihm. Vermutlich war er mit hochexplosivem Sprengstoff angefüllt und hatte die Aufgabe, vor den anderen Panzern Panzersperren und andere Hindernisse aus dem Weg zu räumen. Niermann beneide ich bei diesen Einsätzen nicht; denn nun ist die Fliegerei mit mir sicher keine Lebensversicherung mehr; muß ich irgendwo notlanden, so gibt es keine Fluchtmöglichkeiten. Er fliegt mit einer Selbstverständlichkeit ohnegleichen; ich bewundere es an ihm.

XVIII

DAS ENDE

Am 7. Mai sind alle Verbandsführer im Bereich der Armee Schörner beim Korps versammelt, und es wird der Plan besprochen,der soeben von der Obersten Führung bekanntgemacht wurde. Man will in Etappen mit der ganzen Ostfront zurückgehen, nach und nach bis auf die Höhe der Westfront. Wir merken, größte Entscheidungen bahnen sich an. Wird der Westen noch seine Chance gegen den Osten erkennen und sich mit uns gegen den Bolschewismus stellen, oder werden sie die Situation nicht erfassen? Die Ansichten unter uns sind geteilt.
Am 8. Mai suchen wir Panzer, nördlich Bruex und bei Oberleutensdorf. Ich kann zum ersten Mal im Kriege meine Gedanken nicht völlig auf den Angriff konzentrieren, denn ein undefinierbares, erstickendes Gefühl hält mich gefangen. Ich schieße keine Panzer ab, sie stehen noch im Gebirge, sind da nicht anzugreifen.
Ganz mit meinen Gedanken beschäftigt, fliege ich zurück. Wir landen und gehen in das Gebäude der Flugleitung. Fridolin ist nicht da, er sei zum Korps gerufen. Ob das ...? Ich reiße mich von dumpfen Gedanken los:
»Niermann, telefonieren Sie mit der Gruppe in Reichenberg und machen Sie einen neuen Angriff aus sowie den nächsten Treffpunkt mit den Jägern.« Ich schaue mir eine Landkarte an ... es geht nicht ... Wo bleibt Fridolin? Ich sehe, wie draußen ein Storch landet, das wird er sein. Ob ich rauslaufe? Nein, ich warte besser hier ... es scheint mir sehr warm zu sein für die Jahreszeit ... und vorgestern sind zwei meiner Soldaten aus dem Hinterhalt von Tschechen in Zivil erschosen worden ... wo bleibt Fridolin so lange? Ich höre, wie die Tür aufgeht und jemand hereinkommt, ich zwinge mich dazu, mich nicht umzudrehen. Jemand hustet leise. Niermann telefoniert weiter ... also war das Fridolin nicht. Niermann kommt schlecht durch mit sei-

nem Gespräch ... merkwürdig ... ich bemerke, daß mein Gedächtnis heute alles schärfstens registriert ... lächerliche Einzelheiten ...
Ich drehe mich um, die Tür geht auf ... Fridolin. Er sieht fahl aus, wir schauen uns an, mir wird die Kehle plötzlich ganz trokken. Ich kann nichts weiter fragen als: »Und? ...«
»Es ist aus ... bedingungslos kapituliert!« Fridolin flüstert fast.
Aus ... Es ist mir, als falle ich in eine atemlose Leere, und dann ziehen sie an meinen Augen vorüber, in einem wirren Durcheinander: die vielen Kameraden, die ich verlor, die Millionen Soldaten, die auf dem Meer, in der Luft, auf der Erde gefallen sind ... die Millionen Blutsopfer in der Heimat ... die Horden des Ostens, die sich jetzt über die Heimat ergießen werden ...
Fridolin schreit auf einmal nervös:
»Was telefonieren Sie da noch, Niermann, der Krieg ist aus!«
»Wann *wir* aufhören, das bestimmen *wir«,* sagt Niermann.
Jemand lacht auf, viel zu laut, unecht. Ich muß was tun ... was sagen ... was fragen ...
»Niermann, geben Sie unserer Gruppe in Reichenberg durch, daß in einer Stunde ein Storch landet mit einem wichtigen Befehl.«
Fridolin bemerkt meine hilflose Verlegenheit und erzählt Einzelheiten mit bewegter Stimme.
»Eine Absetzbewegung bis zum Westen kommt nicht mehr in Betracht ... sondern es wurde von dem Engländer und Amerikaner nur die bedingungslose Kapitulatiton angenommen, mit dem Stichtag 8. Mai ... also das ist heute. Der Befehl lautet, bis 23.00 Uhr bedingungslos alles den Russen zu übergeben. Aber weil die Tschechoslowakei von den Sowjets besetzt wird, wurde beschlossen, daß alle deutschen Verbände so schnell wie möglich nach Westen ausweichen sollen, um nicht in russische Hände zu fallen. Die fliegenden Teile sollen fliegen, nach Hause, oder so ...«
»Fridolin, laß das Geschwader antreten«, unterbreche ich ihn.
Ich kann das alles nicht mitanhören. Aber wird es nicht noch viel schwieriger sein, was du jetzt vorhast? ... Was kannst du deinen

Soldaten sagen? ... noch nie haben sie dich niedergeschlagen gesehen, jetzt aber bist du innerlich ein Wrack! – Fridolin unterbricht meine Gedanken:
»Die Gruppe ist angetreten.« Ich gehe hinaus. Die Behelfsprothese macht es mir unmöglich, anständig zu gehen. Die Sonne strahlt in voller Frühlingspracht ... ein leichter Dunst schimmert hie und da silbern in der Ferne ... Jetzt stehe ich vor meinen Soldaten:
»Kameraden! ...«
Ich *kann* nicht sprechen. Hier steht meine zweite Gruppe, die erste liegt da unten in Österreich ... werde ich sie je wiedersehen? Und die dritte bei Prag ... wo sind die jetzt alle, jetzt ,wo ich sie um mich herum sehen möchte ... alle ... auch die Toten unseres Geschwaders ...
Es ist unheimlich still, alle meine Soldaten schauen mich an. Ich *muß* etwas sagen.
»... Nachdem wir so viele Kameraden verloren haben ... nachdem so viel deutsches Blut in der Heimat und an den Fronten geflossen ist ... hat ein unverständliches Schicksal uns nicht vergönnt, den Krieg zu gewinnen ... Die Leistung unserer Soldaten ... unseres ganzen Volkes ... ist unvergleichlich groß gewesen ... der Krieg ist verloren ... Ich danke euch für die Treue, mit der ihr ... im Geschwader ... der Heimat gedient habt ...«
Jedem gebe ich die Hand, niemand sagt etwas, der wortlose Handschlag zeigt mir, daß sie mich auch jetzt verstehen. Beim Weggehen höre ich zum letzten Male den kurzen Befehl von Fridolin:
»Augen ... rechts!«
»Augen ... rechts!« für die vielen, vielen Kameraden, die ihr junges Leben opferten. »Augen ... rechts!« für die Haltung unserer Heimat, für ihr Heldentum, das höchste, das je von einer Zivilbevölkerung aufgebracht wurde. »Augen ... rechts!« für das größte Vermächtnis, das je Deutschlands Gefallene hinterließen. »Augen ... rechts!« für das Abendland, das sie verteidigen wollten, und das jetzt in die tödliche Umarmung des Bolschewismus gerät ...

Was sollen wir jetzt machen, ist der Krieg für das Geschwader »Immelmann« beendet? Wenn die deutsche Jugend einstmals sich wieder daran aufrichten könnte, daß unser ganzes Geschwader als letzte Tat dieses Krieges sich auf irgendein Hauptquartier oder ein anderes, wichtiges Feindziel stürzte, dann hätten wir mit solchem Tod unserem Kämpfen ein sinnvolles Ende gegeben. Das ganze Geschwader würde mitmachen, das weiß ich. Man fragt beim Korps an. Es wird mit Nachdruck verboten ... mag sein, daß es richtig ist ... es sind genug der Toten ... und vielleicht haben wir noch eine andere Aufgabe zu erfüllen.

Ich werde die Bodenkolonne führen, sie wird sehr groß ein, weil alle mir unterstellten Verbände, einschließlich der Flak, mitmarschieren werden. Bis 18.00 Uhr wird alles klar sein, und dann soll es losgehen. Der Kommandeur der zweiten Gruppe wird mit den Maschinen nach dem Westen fliegen. Als der General hört, daß ich den Landtransport führen will, befiehlt er, daß ich aufgrund meiner Verwundung fliegen und Fridolin die Kolonne führen soll. Auf dem Platz in Reichenberg ist ein Verband, der mir unterstellt ist. Ich kann ihn telefonisch nicht erreichen und fliege nun mit Niermann nach dort, um ihn von der neuen Lage zu unterrichten. Unterwegs fliegt meinem Storch das Dach weg, seine Steigeigenschaften sind schlecht; ich brauche sie aber, weil Reichenberg für uns hinter den Bergen liegt. Durch ein Tal schleiche ich mich an den Platz heran, der schon einen sehr verlassenen Eindruck macht. Ich sehe zunächst niemanden und stelle das Flugzeug in einer Halle ab, um in der Flugleitung zu telefonieren. Gerade will ich aus dem Storch aussteigen, da knallt es unheimlich, und vor mir fliegt die Halle in die Luft. Instinktiv werfen wir uns auf den Bauch und warten das Runterprasseln der Steine ab, die uns einige Löcher in die Tragflächen schlagen; uns selbst geschieht nichts. Neben der Flugleitung brennt ein Lastwagen mit Signalmunition, die in allen Farben in unserer Nähe explodiert. Ein Bild der Auflösung; das Herz blutet mir – nur nicht denken. Hier wartet jedenfalls niemand mehr auf meine Nachricht, daß es zu Ende sei, anscheinend kam sie von anderer Seite schon wesentlich früher. Wir klettern in den kaputten Storch, und mit einer endlos langen Startstrecke hebt er sich endlich müde vom Platz weg. Auf dem Talweg, wie wir gekommen sind, erreichen wir wieder Kummer. Alles ist beim Packen und im Aufbruch begriffen; die Kolonnen werden zusammengestellt, so wie es uns aus taktischen Erwägungen heraus für den Marsch am geeignetsten erscheint. Die Flugzeugabwehrgeschütze werden auf die gesamte Kolonne verteilt, um sie notfalls gegen Angreifer einsetzen zu können, gegen alle, die den Marsch nach Westen verhindern wollen. Ziel ist das amerikanisch besetzte Gebiet im Süden Deutschlands.

Nachdem die Kolonne weg ist, fliegt jeder weg, der nicht auf meinen Start warten will; für viele wird es möglich sein, sich der Gefangenschaft zu entziehen, wenn sie irgendwo in der Nähe ihres Zuhause landen. Für mich kommt es nicht in Betracht, sondern ich werde auf einem amerikanisch besetzten Platz landen, da ich sofort für mein Bein ärztliche Versorgung brauche; damit ist ein Versteckthalten für mich ausgeschlossen. Außerdem werde ich von zu vielen erkannt werden. Ich weiß eigentlich auch nicht, was gegen meine Absicht spricht, auf einem normalen Platz zu landen; ich glaube, die alliierten Soldaten werden die Ritterlichkeit aufbringen, die der Leistung auch des geschlagenen Gegners zukommt. Der Krieg ist aus, deshalb glaube ich auch an kein langes Festhalten oder Gefangennahme, sondern bin der Auffassung, daß für jeden bald die Zeit gekommen sein wird, in seine Heimat zurückkehren zu können.

Ich stehe bei meiner Kolonne, um das Beladen zu beobachten; da brummt es über uns in großer Höhe; es sind etwa fünfzig bis sechzig Russenbomber, Boston. Ich kann gerade noch warnen, da surrt auch schon das Zischen der Bomben. Ich liege mit meinen Krücken platt auf der Straße und denke: wenn die Burschen gut werfen, wird es unheimliche Verluste geben, weil wir so dicht hintereinanderstehen. Da schlagen die Bomben auch schon krachend ein. Ein kleiner Teppich trifft dreihundert Meter neben der Straße, auf der wir uns aufstellen, mitten in die Stadt. Arme Bevölkerung von Niemes!

Die Russen werfen in zwei Anflügen. Auch beim zweiten Versuch beschädigen sie unsere Kolonne nicht. Jetzt ist die Marscheinheit fertig und rückt ab. Zum letzten Male sehe ich das Gros meines Geschwaders, das jahrelang meine Welt, mein Alles bedeutete. Wieviel gemeinsam vergossenes Blut uns doch verbindet! Ich grüße zum letzten Male.
Nordwestlich Prag, bei Kladno, stößt sie auf russische Panzer und stärksten Feind. Laut Waffenstillstandsbedingungen müssen die Waffen abgegeben und niedergelegt werden. Ohne Waffen wird freier Durchzug gewährt. Schon nach kurzer Zeit stürzen sich bewaffnete Tschechen auf die nun Wehrlosen. Unter schändlichsten Mißhandlungen ermorden sie viehisch deutsche Soldaten. Nur wenige können sich nach dem Westen durchschlagen, unter ihnen mein junger Nachrichtenoffizier Leutnant Haufe. Die restlichen gehen in tschechische und russische Gefangenschaft. Auch mein bester Freund Fridolin fällt dem Terror der Tschechen zum Opfer. Unendlich tragisch, nach Kriegsschluß dieses Ende zu finden. Wie die gefallenen Kameraden des Krieges sind uns auch sie Märtyrer für ein freies Deutschland.
Die Kolonne ist abgerückt, und ich begebe mich zum Platz nach Kummer. Katschner und Fridolin begleiten mich noch; sie fahren dann der Kolonne wieder nach, ihrem bitteren Schicksal entgegen. Mit mir nach Westen wollen unbedingt sechs weitere Maschinen fliegen; wir sind drei Ju 87 und vier FW 190. Der Kommandeur der zweiten Gruppe und Leutnant Schirblat sind dabei, mein einbeiniger Kompagnon, der in den letzten Wochen noch hervorragend Panzer abschoß. Er meinte immer: »Den Panzern ist es völlig gleich, ob sie von uns mit einem oder zwei Beinen abgeschossen werden!«
Nach schwerem Abschied von Fridolin und Hauptmann Katschner – eine dunkle Ahnung sagt mir, daß wir uns nicht mehr wiedersehen werden – starten wir zum letzten Flug mit unseren Maschinen. Ein eigenartiges, nicht zu beschreibendes Gefühl. Wir nehmen Abschied von einer Welt. Wir beschließen, nach Kitzingen zu fliegen, weil wir es als großen Platz kennen und da-

her annehmen, daß er augenblicklich von fliegenden Verbänden der Amerikaner besetzt ist. Im Raum Saaz kurbeln wir noch ein wenig mit den Russen, die plötzlich aus dem Dunst auftauchen und in ihrem Siegesrausch uns noch mühelos zu verschlucken hoffen. Was ihnen in fünf Jahren nicht gelang, gelingt ihnen auch heute – beim letztenmal – nicht.
Nach knapp zwei Stunden nähern wir uns dem Platz, gespannt, ob die amerikanische Luftabwehr noch in Tätigkeit treten wird. Da liegt schon vor uns der große Platz Kitzingen. An alle Maschinen gebe ich durch, daß sie nur mit Bruch gelandet werden dürfen; wir wollen keine flugklaren Maschinen übergeben. Das Fahrwerk soll ausgefahren und dann in hoher Fahrt weggeschert werden. Durch starkes einseitiges Bremsen und Hineintreten in dasselbe Seitenruder ist diese Absicht am besten zu verwirklichen. Auf dem Platz erblicke ich eine Menge Soldaten. Sie sind – wohl zu einer Art Siegesappell – unter der amerikanischen Fahne angetreten. Wir fliegen zunächst tief über den Platz, um uns zu vergewissern, daß uns die Flak auch bei der Landung nicht angreifen wird. Einige der Angetretenen erkennen uns jetzt und entdecken plötzlich das deutsche Balkenkreuz auf den Tragflächen über sich. Ein Teil der feierlichen Versammlung liegt lang. Wir landen wie befohlen, nur eine Maschine landet glatt und rollt aus. Ein Feldwebel der zweiten Gruppe hat hinten im Flugzeugschwanz ein Mädchen liegen und fürchtet, bei einer sogenannten Bauchlandung auch edle Teile des weiblichen Wesens mit zu verletzen. Er kennt sie »natürlich« nicht; sie stand so verloren am Platzrand und wollte nicht bei den Russen bleiben. Seine Kameraden wissen es jedoch besser.
Als erster liege ich nun hingeworfen vorn auf der Startbahn; da steht schon ein USA-Soldat an meiner Kabine und hält mir eine Maschinenpistole entgegen. Ich öffne das Kabinendach; schon langt er mir an das goldene Eichenlaub, um es wegzureißen; ich stoße ihn zurück und schließe mein Dach wieder. Vermutlich ginge diese erste Bewegung schon übel aus, wenn nicht in einem Jeep amerikanische Offiziere kämen, die diesen Kerl zurechtweisen und wegschicken. Sie treten näher und erkennen, daß ich

einen völlig durchgebluteten Verband habe; er stammt vom Luftkampf über Saaz. Sie bringen mich zunächst in ihr Krankenrevier, wo ich neu verbunden werde. Niermann läßt mich nicht aus den Augen und ist immer dabei. Anschließend komme ich in ein großes Abteil in einer oberen Halle, das zu einer Art Kasino eingerichtet ist.

Hier treffe ich auch die anderen Kameraden, die sofort hierhergebracht worden waren; sie erheben sich und grüßen mich mit dem von unserer Führung vorgeschriebenen Gruß. Auf der anderen Seite stehen etliche USA-Offiziere; ihnen mißfällt diese herzliche Begrüßung und sie murren. Sie gehören wohl zu einer gemischten Jagdgruppe, die hier mit Thunderbolts und Mustangs liegt. Ein Dolmetscher tritt auf mich zu und fragt, ob ich Englisch spreche. Vor allem wünsche der Kommandeur diesen Gruß nicht.

»Wenn ich auch englisch sprechen kann, so sind wir hier in Deutschland und sprechen nur deutsch!« entgegnete ich ihm. »Was den Gruß anbetrifft, so ist er uns in dieser Weise befohlen, und da wir Soldaten sind, führen wir erteilte Befehle aus. Im übrigen interessiert es uns nicht, ob Ihnen der Gruß gefällt oder nicht. Sagen Sie Ihrem Kommandeur, daß wir das Geschwader ›Immelmann‹ seien und daß wir uns nicht als Gefangene fühlen, da der Krieg beendet ist und uns in der Luft niemand besiegte. Der deutsche Soldat ist in seiner persönlichen Leistung nicht geschlagen, sondern lediglich durch überlegene Materialmassen erdrückt worden. Wir sind hier gelandet, weil wir nicht bei den Sowjets bleiben wollten. Wir möchten auch darüber nicht debattieren, sondern uns irgendwo waschen und anschließend etwas essen.«

Ein Teil der Offiziere macht noch finstere Gesichter; aber wir können uns in dem Kasinoraum ausgiebig waschen, so daß einiges schwimmt. Wir fühlen uns ganz zu Hause, warum auch nicht; wir sind ja in Deutschland. Wir unterhalten uns ungezwungen. Anschließend essen wir, und es kommt der Dolmetscher, der im Namen des Kommandeurs fragt, ob wir uns nachher mit ihm und seinen Offizieren etwas unterhalten mögen. Aus fliegerischem

Interesse tun wir es, zumal über »Krieg gewonnen oder verloren, und warum« nicht gesprochen werden soll. Draußen knallt und grölt es, die Neger feiern Sieg, der Schnaps tut seine Wirkung. Durch die untere Halle möchte ich nicht gehen; überall pfeifen die Kugeln der Freudenschüsse durch die Luft! Später erst kommen wir zum Schlafen.

Fast alles, was wir nicht am Körper hatten, ist uns über Nacht gestohlen worden. Mir fehlt als Wertvollstes mein Flugbuch, in dem vom ersten bis zum zweitausendfünfhundertdreißigsten jeder Feindflug mit sämtliche Angaben und Unterlagen verzeichnet ist. Auch die Zweitausfertigung von den »Brillanten«, die Urkunde vom brillantenen Flugzeugführerabzeichen, die hohe ungarische Auszeichnung und anderes mehr ist fort, von Uhren und übrigen Dingen gar nicht zu reden. Selbst meine Behelfsprothese zieht Niermann einem Kerl unterm Bett hervor, vermutlich wollte sich der ein Andenken daraus schneiden und es später als ein Stück von einem »highranking Jerry officer« verkaufen.
Ich solle sofort in das Hauptquartier der 9. amerikanischen Luftarmee nach Erlangen kommen, wird mir früh mitgeteilt. Ich weigere mich, solange nicht alle meine entwendeten Sachen wieder zurückgebracht worden seien. Auf langes Zureden, es sei eilig, und die Sachen bekäme ich bestimmt wieder, wenn man erst die Diebe gefaßt hätte, fahre ich mit Niermann los. Bei der Luftarmee werden wir zunächst durch drei Generalstabsoffiziere im Oberstrang vernommen. Sie zeigen uns eingangs Bilder, die sie – so wird uns erklärt – in Konzentrationslagern aufgenommen hätten. Da wir dafür gekämpft hätten, seien wir also mitschuldig. Daß ich nie etwas von Konzentrationslagern gesehen habe, glaubt man mir nicht. Ich erwähne weiter, daß, wenn Übergriffe vorgekommen sind, sie bedauerlich und verwerflich seien und die wirklich Verantwortlichen bestraft werden sollten; es sei aber nicht allein in unserem Volk, sondern bei allen Völkern zu jeder Zeit vorgekommen; ich erinnere an die Buren. Es müsse daher mit gleichem Maß

gemessen werden. Ich könne mir nicht vorstellen, daß die auf diesen Bildern gezeigten Leichenberge aus den Konzentrationslagern stammten. Solche Bilder, erkläre ich ihnen, hatten wir nach den Luftangriffen der viermotorigen alliierten Bomber auf Dresden und Hamburg sowie andere Städte gesehen, wo wahllos hineingefeuert wurde mit Phosphor und Sprengbomben. Unzählige Frauen und Kinder gingen so zugrunde. Und wenn die Herrschaften sich für Greueltaten besonders interessierten, würden sie gewiß übergenug Material – und »lebendiges« noch dazu – bei ihren östlichen Bundesgenossen finden können.
Die Bilder bekomme ich nicht wieder zu sehen. Mit einem giftigen Blick auf uns meint der protokollführende Offizier nach meiner Ausführung: »Typischer Nazioffizier.« Warum man ein »typischer Nazioffizier« ist, wenn man die Wahrheit sagt, wird mir nicht ganz klar. Es ist den Herren wohl unbekannt, daß wir nie für eine politische Partei gekämpft haben, sondern nur für Deutschland. In diesem Glauben sind auch die Millionen Kameraden gefallen. Meiner Feststellung, daß sie noch einmal mächtig bereuen würden, uns als Bollwerk gegen den Bolschewismus zerschlagen zu haben, messen sie nur propagandistische Bedeutung bei und wollen es nicht glauben. Sie meinen, bei uns wäre nur der Wunsch der Vater des Gedankens, die Bundesgenossen unter sich zu entzweien und zu verfeinden. Einige Stunden später kommen wir zum kommandierenden General dieser Luftarmee, Wyland.
Der General soll deutscher Abstammung sein, aus Bremen. Er macht auf mich einen guten Eindruck; im Verlauf der Unterhaltung erzähle ich ihm, daß mir in Kitzingen die erwähnten, mir so wertvollen Gegenstände von Angehörigen seiner Armee gestohlen worden seien. Ich frage, ob das hier so üblich sei. Er tobt furchtbar, nicht etwa über meine freie Meinungsäußerung, sondern über den beschämenden Diebstahl. Er beauftragt seinen Adjutanten, bei dem betreffenden Einheitsführer in Kitzingen zu veranlassen, daß die Gegenstände herbeigeschafft würden und droht mit einem Kriegsgerichtsverfahren. Mich bittet er, so

lange in Erlangen sein Gast zu sein, bis alles wieder herbeigeschafft worden sei.
Nach unserer Unterhaltung geht's dann mit dem Jeep an den Stadtrand, wo uns beiden eine unbewohnte Villa zugewiesen wird. Ein Posten davor zeigt uns, daß wir nicht ganz frei sind. Zu den Mahlzeiten fährt uns jeweils ein Wagen zum Kasino. Bei der Bevölkerung von Erlangen hat sich unser Aufenthalt bald rumgesprochen, und der Posten hat Mühe mit dem zahlreichen Zaunbesuch. Wenn er selbst keine Kontrolle fürchtet, meint er zu uns: »Ich nix sehen.«
So sind wir fünf Tage in Erlangen. Die in Kitzingen zurückgebliebenen Kameraden sehen wir nicht mehr wieder; sie gehen einen unkomplizierten Weg.

Am 14. Mai erscheint Kapitän Ross, der IC der Luftarmee. Er spricht gut Deutsch und übermittelt uns von General Wyland, daß in Kitzingen bisher leider noch nichts zutage getreten sei. Im Augenblick aber sei ein Anruf erfolgt, wonach wir sofort nach England zu einer Vernehmung kommen sollten. Mit kurzer Zwischenlandung in Wiesbaden treffen wir am 16. Mai in der Nähe Londons in einem Vernehmungslager ein. Unterkunft und Verpflegung sind dürftig, die Behandlung durch englische Offiziere ist korrekt. Der alte »Captain«, dem wir »anvertraut« sind, ist im Zivilberuf Patentanwalt in London. Er inspiziert uns täglich und erblickt eines Tages auf meinem Tisch mein goldenes Eichenlaub. Er betrachtet es nachdenklich, wiegt den Kopf und murmelt dann fast feierlich: »Wie viele Tote mag uns das gekostet haben!«
Als ich ihm erkläre, daß ich es in Rußland erworben habe, geht er wesentlich erleichtert wieder von uns.
Im Laufe des Tages suchen mich des öfteren englische, auch amerikanische Vernehmungsoffiziere auf, die sich für Verschiedenes interessieren. Wir waren grundsätzlicch verschiedener Auffassung. Es ist nicht verwunderlich, da ich die meisten meiner Einsätze mit einer geschwindigkeitsmäßig weit unterlegenen Maschine geflogen bin und daher zu anderen Erkenntnissen ge-

langt bin als die Alliierten, denen an jedem gewonnenen Stundenkilometer, schon aus Gründen der eigenen Sicherheit, ungemein viel liegt. Sie können sich meine Einsatzzahl von über zweitausendfünfhundert mit einem solch langsamen Flugzeug kaum vorstellen und sind auch nicht interessiert, etwa selbst in meine Fußstapfen zu treten, da sie darin keine Lebensversicherung erblicken. Sie preisen ihre mir bereits bekannten Raketen, die sie aus schnellsten Flugzeugen abschießen können, und hören nur ungern, daß deren Treffsicherheit im Vergleich zu meinen Kanonen nur gering ist. Die Vernehmung belastet mich nicht sonderlich, es sind ja keine technischen Geheimnisse, mit denen ich meine Erfolge errang. Es läuft also mehr oder weniger auf eine Unterhaltung über Fliegerei und den soeben beendeten Krieg hinaus. Bei Offizieren der Inselengländer klingt stets die Achtung vor der Leistung des Gegners durch, sie haben eine sportlich faire Auffassung, was uns angenehm berührt. Täglich sind wir fünfundvierzig Minuten im Freien und wandeln hinter dem Stacheldraht auf und ab. In der übrigen Zeit lesen wir oder schmieden Nachkriegspläne.
Nach etwa vierzehn Tagen werden wir nach Norden gebracht und in ein normales Gefangenenlager der Amerikaner eingeliefert. Viele Tausende Gefangene sind in diesem Lager. Die Verpflegung ist minimal, und ein Teil der Kameraden, die schon länger hier sind, sind schwach vor Abmagerung. Mein Beinstumpf macht mir schwer zu schaffen und müßte operiert werden; der zuständige Arzt lehnt es ab, mit der Begründung, ich sei ja mit einem Bein geflogen, und es interessiere ihn nicht, was mit meinem Stumpf geschähe. Der Stumpf ist dick entzündet, und ich leide unter starken Schmerzen. Eine bessere Propaganda können die Lagergewaltigen bei den Tausenden von deutschen Soldaten für deren ehemalige Offiziere nicht machen. Ein großer Teil der Bewachungsmannschaften kennt Deutschland; es sind Emigranten, die nach 1933 Deutschland verließen. Sie sprechen deutsch wie wir. In jeder Weise gutmütig sind die Neger, sofern sie nicht gerade Alkohol genossen haben.
Drei Wochen später geht es mit dem Zug nach Southampton, in

Begleitung von Niermann und einem großen Teil der Schwerverletzten. Wir werden auf das Deck eines Kaiser-Frachtschiffes verladen. Als wir nach vierundzwanzig Stunden noch nichts zu essen erhalten und mutmaßen, daß es bis Cherbourg so weitergehen soll, weil die amerikanische Schiffsbesatzung die Lebensmittel an die französische Bevölkerung verschieben will, dringt ein Kommando alter Rußlandkämpfer zum Vorratsraum und übernimmt die Verteilung selbst. Die Schiffsbesatzung merkt es erst viel später und zieht lange Gesichter. Die Fahrt bis Cherbourg zum neuen Lager in der Nähe von Carentan ist nicht angenehm, da die französische Zivilbevölkerung selbst schwerverwundete Soldaten mit Steinwürfen empfängt. Wir denken unwillkürlich an das oft gemütliche Leben der französischen Zivilarbeiter in Deutschland zurück. Viele von ihnen wußten zu schätzen, daß wir währenddessen die Sowjets im Osten aufhielten. Auch bei diesen Steinwerfern wird das Erwachen kommen.

Die Verhältnisse im neuen Lager sind etwa die gleichen wie in England. Operieren will man mich auch hier zunächst nicht. An eine Entlassung ist gar nicht zu denken, allein schon wegen meines Dienstgrades. Eines Tages bringt man mich zum Flugplatz nach Cherbourg, und ich glaube zunächst, daß ich dem Iwan ausgeliefert werden solle. Das wäre etwas für die Sowjets, Feldmarschall Schörner vom Landkrieg und mich vom Luftkrieg in Händen zu haben! Der Kompaß steht auf dreihundert Grad, also geht es nach England! Warum? Wir landen etwa dreißig Kilometer landeinwärts auf dem Platz Tangmere, der Verbandsführerschule der RAF. Hier erfahre ich, daß Group-Captain Bader meinen Abtransport veranlaßt habe. Bader ist der populärste Flieger der RAF. Im Verlauf des Krieges wurde er über Frankreich abgeschossen; er flog mit zwei Unterschenkelprothesen. Er hatte erfahren, daß ich im Lager bei Carentan war. Er selbst war in deutscher Gefangenschaft gewesen und hatte mehrere Fluchtversuche unternommen. Er weiß anderes zu berichten als die ewigen Hetzer, die uns Deutsche mit allen Mitteln zu Barbaren stempeln wollen.

Diese Zeit in England ist für mich eine Erholung von der Lagerzeit; hier empfand ich zum ersten Male wieder, daß es noch eine Achtung vor der Leistung des Gegners gibt, eine Ritterlichkeit, die im gesamten Offizierkorps der Welt eine Selbstverständlichkeit sein müßte.
Bader holt mir aus London seinen Prothesenmacher, der mir eine Prothese anfertigen soll. Ich lehne ab, da ich nicht bezahlen kann. Im Osten verlor ich alle meine Habe, und ich weiß noch nicht, wie sich die Zukunft gestalten wird. Zumindest wird es nicht möglich sein, in Devisen zurückzubezahlen. Group-Captain Bader ist fast beleidigt, als ich nicht annehmen will und mir über die Bezahlung Gedanken mache. Er bringt den Prothesenmacher mit, und dieser macht einen Gipsabdruck. Einige Tage später kommt er wieder und erklärt, daß der Stumpf innerlich eine dicke Entzündung haben muß, weil er unten dicker ist als oben. Deswegen sei zunächst eine Operation erforderlich, bevor die Prothese angefertigt werden kann.

Einige Tage darauf kommt eine Anfrage der Amerikaner, »ich sei doch nur geborgt«, und solle zurückkommen. Die Erholungszeit geht zu Ende. In den letzten Tagen ergibt sich vor dem Verbandsführerlehrgang noch eine aufschlußreiche Unterhaltung. Ein Angehöriger der RAF, Nichtengländer, möchte mich wohl reizen oder einschüchtern und fragt mich, was die Russen wohl mit mir machen würden, wenn ich jetzt nach Schlesien zurückmüßte, wo ich meiner Heimat nach hingehörte.
»Ich halte die Russen für klug genug, daß sie sich meine Erfahrung zunutze machen würden. Allein auf dem Gebiet der Panzerjagd, die in jedem kommenden Krieg noch eine Rolle spielen wird, kann sich meine Lehrtätigkeit nachteilig für den jeweiligen Gegner auswirken. Ich selbst habe über fünfhundert Panzerabschüsse zu verzeichnen, und wenn ich nun in den nächsten Jahren fünf- bis sechshundert Piloten ausbilden würde, von denen jeder wenigstens hundert Panzer abschösse, kann man sich ausrechenen, wie viele Panzer die gegnerische Rüstungsindustrie allein meinetwegen ersetzen muß.«

Es erhebt sich ein allgemein betretenes und bestürztes Gemurmel und man fragt mich erregt, wie das denn mit meiner sonstigen Einstellung gegenüber dem Bolschewismus zu vereinbaren sei. Bisher hat man nicht gestattet, Negatives über Rußland – dem Bundesgenossen – zu sagen. Nun aber erzählt man mir über die Verschleppung aus dem Osten, die Vergewaltigungen und Grausamkeiten, über den blutigen Terror, mit dem die »asiatischen Steppenhorden« die von ihnen unterworfenen Völker martern ... Für mich ist dies neu, denn bisher vermied man peinlichst, solche Themen zu berühren, die eine getreue Wiedergabe sind von unseren eigenen, oft genug proklamierten Thesen, und deren Terminologie sogar oft von der unseren kopiert ist. Einheitsführer der RAF, die bei Murmansk auf russischer Seite mit Hurricanes flogen, erzählen ihre Eindrücke; sie sind erschütternd. Von unseren dort abgeschossenen Besatzungen blieben kaum welche am Leben.
»Und dann wollen Sie bei den Russen tätig sein?«
»Es war mir sehr interessant, Ihre wahre Meinung über Ihren Bundesgenossen zu hören. Von meinen Absichten habe ich ja nicht gesprochen, sondern mich nur zu der gestellten Frage geäußert«, erwidere ich. Das Thema Rußland fällt in meiner Anwesenheit nie mehr.
Eine Maschine bringt mich wieder ins Lager nach Frankreich zurück, in dem ich noch kurze Zeit zubringen muß. Dem Bemühen deutscher Ärzte gelingt es endlich, eine Verlegung in ein Krankenlager zu erwirken. Niermann ist einige Tage vorher in die englische Zone entlassen worden. Es ließ sich bei ihm nicht länger hinausschieben; er hatte es schon mehrfach getan, um bei mir bleiben zu können. Vom französischen Lager komme ich schon innerhalb der ersten acht Tage in einen Lazarettzug, der mich eigentlich in ein Spital am Starnberger See bringen soll. In Augsburg aber macht der Zug kehrt und dampft nach Fürth. Dort wird im Kriegslazarett mein Beinstumpf endlich in sachgemäße Behandlung genommen.

INHALT

[Wilhelm Tieke]

Ziel Kaukasus – Mit der »Wiking« im Südabschnitt der Ostfront 1942/43

504 S., viele Abb., Karten, geb.

Best.-Nr.: 10974 24,90 €

[Erich Konrad Lundt]

Männer in Sturm und Tod

Kriegserinnerungen eines Soldaten der Waffen-SS 1944/45

200 S., Abb., geb.

Best.-Nr.: 11136 18,90 €

[Otto Skorzeny]

Deutsche Kommandoeinsätze im 2. Weltkrieg

Der Zweite Weltkrieg brachte viele unkonventionelle Kampfformen hervor: List und Täuschung bei Kommandoeinsätzen, Sabotage hinter gegnerischen Linien, Operationen in feindlichen Uniformen, Kamikaze-Einsätze. Obersturmbannführer Skorzeny war einer der führenden Protagonisten dieser neuartigen Kampfesweisen. Er wurde 1944 Kommandeur der SS-Jagdverbände. Hoch ausgezeichnet mit dem Deutschen Kreuz in Gold und als 826. Soldat mit dem Eichenlaub zum Ritterkreuz beliehen sowie von den Siegermächten als „Kriegsverbrecher" gebrandmarkt, umweht Skorzeny bis heute der Mythos als „Hitlers gefährlichster Mann". Hier sind seine Kriegserinnerungen.

Band 1:

Lebe gefährlich

272 Seiten, Abb., gebunden.

Best.-Nr. 12067 € 19,95

Band 2:

Wir kämpften, wir verloren

272 Seiten, Abb., gebunden.

Best.-Nr. 12068 € 19,95

Band 1 u. 2 im preisgünstigen Paket:

Best.-Nr. 12070 nur € 34,95

[Günter Werdorf]

Obersturmführer Normann

Bis zum vierten Tag danach

Normann leistet nach seiner Genesung Dienst als Ausbilder bei der »Frundsberg« in Brünn. Seine Schilderungen gewähren tiefe Einblicke in das Innenleben und den Geist der Elitetruppe. Anfang 1945 soll Normann Hitlerjungen als Werwolf-Einheiten in die letzten Abwehrkämpfe führen. Mit dem SS-Regiment „Panzerteufel" bleibt er im Einsatz bis zum 12. Mai 1945 – dem vierten Tag nach der bedingungslosen Kapitulation.

288 S., geb.,

Best.-Nr.: 11236 19,95 €

[Günter Werdorf]

Standartenoberjunker Normann

Als Panzerjäger bei der »Wiking«

Der erste Teil der Reihe: Als junger Kriegsfreiwilliger nimmt Holger Normann am Ostfeldzug teil.

268 S., viele Abb., geb.,

Best.-Nr.: 11174 19,95 €